海外中国研究丛书
刘东 主编

[美] 格雷戈里·摩尔 著
赵嘉玉 译

1901—1909年的门户开放政策
西奥多·罗斯福与中国

DEFINING AND DEFENDING THE OPEN DOOR POLICY
Theodore Roosevelt and China, 1901–1909

江苏人民出版社

图书在版编目(CIP)数据

1901—1909年的门户开放政策：西奥多·罗斯福与中国 /（美）格雷戈里·摩尔著；赵嘉玉译. -- 南京：江苏人民出版社，2021.11
（海外中国研究丛书 / 刘东主编）
ISBN 978 - 7 - 214 - 26530 - 2

Ⅰ. ①1… Ⅱ. ①格… ②赵… Ⅲ. ①中美关系－研究－1901－1909 Ⅳ. ①D829.712

中国版本图书馆CIP数据核字(2021)第184072号

Defining and Defending the Open Door Policy: Theodore Roosevelt and China, 1901 - 1909 by Gregory Moore
Copyright ⓒ 2015 by Lexington Books
All rights reserved. No part of this publication may be reproduced, stored in a retrieval system, or transmitted in any form or by any means, electronic, mechanical, photocopying, recording, or otherwise without the prior permission of the publisher.

Simplified Chinese edition published by agreement with the Rowman & Littlefield Publishing Group through the Chinese Connection Agency, a division of The Yao Enterprises, LLC.
Simplified Chinese edition copyright ⓒ 2021 by Jiangsu People's Publishing House. All rights reserved.

江苏省版权局著作权合同登记号：图字10 - 2019 - 174号

书　　名	1901—1909年的门户开放政策:西奥多·罗斯福与中国
著　　者	[美]格雷戈里·摩尔
译　　者	赵嘉玉
责任编辑	康海源
特约编辑	岳　清
责任校对	解冰清
封面设计	陈　婕
责任监制	王　娟
出版发行	江苏人民出版社
出版社地址	南京市湖南路1号A楼,邮编:210009
照　　排	江苏凤凰制版有限公司
印　　刷	江苏凤凰通达印刷有限公司
开　　本	652毫米×960毫米　1/16
印　　张	19.75　插页4
字　　数	216千字
版　　次	2021年11月第1版　2021年11月第1次印刷
标准书号	ISBN 978 - 7 - 214 - 26530 - 2
定　　价	78.00元

(江苏人民出版社图书凡印装错误可向承印厂调换)

序"海外中国研究丛书"

中国曾经遗忘过世界,但世界却并未因此而遗忘中国。令人嗟讶的是,20世纪60年代以后,就在中国越来越闭锁的同时,世界各国的中国研究却得到了越来越富于成果的发展。而到了中国门户重开的今天,这种发展就把国内学界逼到了如此的窘境:我们不仅必须放眼海外去认识世界,还必须放眼海外来重新认识中国;不仅必须向国内读者迻译海外的西学,还必须向他们系统地介绍海外的中学。

这个系列不可避免地会加深我们150年以来一直怀有的危机感和失落感,因为单是它的学术水准也足以提醒我们,中国文明在现时代所面对的绝不再是某个粗蛮不文的、很快就将被自己同化的、马背上的战胜者,而是一个高度发展了的、必将对自己的根本价值取向大大触动的文明。可正因为这样,借别人的眼光去获得自知之明,又正是摆在我们面前的紧迫历史使命,因为只要不跳出自家的文化圈子去透过强烈的反差反观自身,中华文明就找不到进入其现代形态的入口。

当然,既是本着这样的目的,我们就不能只从各家学说中筛选那些我们可以或者乐于接受的东西,否则我们的"筛子"本身就可能使读者失去选择、挑剔和批判的广阔天地。我们的译介毕竟还只是初步的尝试,而我们所努力去做的,毕竟也只是和读者一起去反复思索这些奉献给大家的东西。

刘　东

献给我的妻子金伯莉(Kimberly)、
我的孩子肖恩(Sean)和泰勒(Taylor),
谨以此书纪念我的父母

目 录

致 谢 *1*

引 言 *3*

第一章 背景 *11*

第二章 态度和观念 *54*

第三章 "满洲"的门户开放——俄国的挑战 *80*

第四章 日俄战争及中国中立问题 *124*

第五章 排华、修路和1905年抵制美货运动 *154*

第六章 "默默地坚定维护我们的立场,才是我们真正的政策……" *194*

第七章 门户关闭?——《桂太郎—塔夫脱备忘录》和《鲁特—高平协定》 *225*

结　语　267

参考文献　286

索　引　295

译后记　302

致　谢

我对西奥多·罗斯福的研究兴趣可以追溯到我在肯特州立大学攻读研究生时期，那时我选修了劳伦斯·S. 卡普兰（Lawrence S. Kaplan）的"美国外交历史"这门课。我写了一篇关于《鲁特—高平协定》的学期论文，对罗斯福的品性、他对国际关系的看法和他实施外交政策的方式都感到着迷。当时，众多国家竞相追逐在中国获得影响力、贸易机会和特权。我很快发现，罗斯福如何看待与东亚国家的关系，与他对参与这场竞争的国家的看法密切相关。这一点也可以从他对中国和中国人民的看法中确认。

在这当中，美国所实行的外交政策通常都似乎缺乏对其他民族与文化的认识，尤其是那些非西方国家与文化。实际上，作为一个民族，我们对那些与自身文化不同的民族及其文化太过于无知。这个观点影响了我多年来的教学——我一直都在呼吁了解非西方文化的重要性，也要尽量避免刻板印象带来的危险，在当今这个时代尤为如此。在我的职业生涯里，劳伦斯·S. 卡普兰无论是作为学者还是老师,都对我有很大的启发。我还记得,我们曾一起讨论罗斯福是否畏惧日本(我更喜欢用"敬畏"这个词)。他是研究美国外交政策的领先学者,有机会向这位优秀的历史学家请教,是我的一大幸事。我在事业上取得的任何成就,都有他的功劳。

我想特别感谢埃里克·达尔(Eric Dahl)博士、马修·菲利普斯(Matthew Phillips)博士、威廉·施普拉赫(William Spracher)博士和蒂莫西·沃尔顿(Timothy Walton)博士,他们阅读了本书全部或部分原稿,给出了珍贵的意见和建议。

最后,我还想感谢列克星敦出版社的埃林·沃波尔(Erin Walpole)、布赖恩·希尔(Brian Hill)、布里吉·克利克(Broghid Klick)和梅甘·德兰西(Megan DeLancey)在整个过程中提供的支持和帮助。

引 言

中美关系的历史包含很多复杂而有趣的问题,在西奥多·罗斯福于 1901 年就任总统后更是如此。列强在远东地区的竞争使美国与中国的关系变得复杂。早在帝国主义列强提出要求,企图剥削中国谋求利益之前,衰落的中华帝国已经一蹶不振。中日(甲午)战争以及紧接着的"租界争夺"之后,欧洲列强和日本把中国瓜分成多个不同的经济势力范围。西奥多·罗斯福接任总统时,俄国对"满洲"的谋划危及美国在"满洲"的贸易利益,这让当时的美国倍感担忧。日俄战争以俄国的失败告终,自此日本成为"满洲"门户开放的主要威胁。罗斯福必须寻找出路,避免在"满洲"问题上和任意一国产生敌意。而且,要保护自己在"满洲"地区和中国其他地区的利益,美国必须在继续坚持中国"开放门户"的同时,避免与其他潜在竞争对手的正面冲突。

门户开放只是其中一个担忧。此外,美国拒绝中国劳工入境的政策引起了越来越多的愤恨,民族主义在中国愈发高涨。当时,只有少数学生、商人和游客可以进入美国境内。即便是获得了入境许可的那些人,也常常会受到狂热无礼、持有偏见的海关人员的骚扰和羞辱,因为海关的职责就是要阻止大批中国人移民到美国。中国人对美国的排华政策和赴美同胞遭受的残酷对待充满怨恨,最终导致 1894 年《中美华工条约》(*American-Chinese*

Treaty）的修订出现困难。中国的这种不满情绪在 1905 年的抵制美货运动得到了充分表达。

其他问题则关于庚子赔款的结算、美国在中国的投资、对在华传教士和游客的保护、通商口岸规定，等等。对华政策涉及相当复杂的问题，容不得一丝草率。不论罗斯福政府选择以何种方式处理与中国的关系，美国决策者都必须牢记，中国是大国对抗中应该关注的一个重点。美国外交必须接受并应对这一现实。

有限的经济利益和美国公众的舆论使得制定有效的对华政策变得更加困难。美国与中国的贸易只占全国总贸易的一小部分，而且总体上看，美国民众对远东既不关心，也不了解。这些因素都为维持门户开放和解决中美之间的问题带来了挑战。

在那些对中国感兴趣的人当中，意见各有不同。关注贸易利益的人眼里的中国是美国工业制成品的巨大潜在市场。参与对华贸易的商人和看好中国这一潜在市场的人表示，美国应该更多地参与到中国的事务当中，保护并发展这个市场。有些人则在中国身上看到了救人类于堕落、不道德和精神枯竭之中的机会。他们认为，由于缺乏西方文明（特别是美国文明）的美德和价值观，中国的内部形势不断恶化，社会腐化堕落。传教士和教师等人前往东方，希望可以拯救中国。这些人和他们在美国的支持者同样认为美国应该加强对中国事务的参与。他们表示，美国应该发挥引领作用，帮助中国接受现代世界的运作方式，向其赐予美国生活方式的一切好处，防止中国社会进一步解体。

另一方面，有人对中国市场的潜力表示怀疑，有人认为中国已经无药可救，有人担心中国接受现代国家的文明后会产生某些说不清道不明的"黄祸"，还有人单纯出于种族歧视而仇视亚洲人。这些人全都反对美国进一步参与中国事务。很多人根本不关心中国人的感受以及这些感受对中美关系的影响。例如，很多美国工人担心和反对中国劳工移民到美国。由于中国劳工愿意接受比美国人更低的薪酬，美国劳工担心，中国劳动力的大量涌入会抢占他们的工作，降低他们的生活水平。要是有任何人试图放宽法律对亚洲移民的限制，都会遭到这些人激烈的反对。他们要求立法更加严格，并不在意自己的立场会在中国激起大量的不满和愤怒，进而深刻地影响中美之间的关系。

最后，这里有观念调和问题：一方面，新的观点认为美国是一个不断发展的世界强国，肩负越来越多的国际责任；另一方面，孤立主义等陈旧、传统的外交政策理念依然存在。比如，处理与中国的关系时，门户开放政策必须同时考虑到新旧两种理念，在二者之间达成某种和解。

前人对罗斯福政府与中国之间关系的探索基本上离不开两种研究方式。有些研究选取的关注面较窄，只关注中美关系当中一两个特定问题；另一些研究的角度则十分宽泛，但只把对美国政府的分析置于概括性研究的一两个章节之中。本研究旨在尝试以第三种方式进行探索，既不关注中美关系的某个特定问题，也不关注罗斯福政府如何影响中美关系的整体发展趋势，而是把罗斯福领导之下的、正在处理对华关系的美国政府作为一个整体进行研究。本文试图对美国政府对华政策的成功与否进行整体评价，而不必措意于其对单一问题或危机的反应。本文更多地关注罗斯福及其政府对中国的看法和态度，以及这些看法和态度对政策的后续影响。该部分应该引起重视。

本书将优先关注西奥多·罗斯福本人——他在美国的对华外交上发挥了重要的影响和作用。尽管美国政府的其他成员也有过重要的贡献或作用，但罗斯福作为总统必须为美国的对华政策负责。罗斯福把他在外交政策上的坚定观点带到了白宫。当时，他从前任手上接过了门户开放政策，必须付诸实施。在其政府努力阐释和捍卫门户开放政策的过程中，每每遇到问题时，正是其坚定的观点让他得以应对那些问题。罗斯福是一名热切的扩张主义者，对美利坚帝国的建立起了很大的推动作用，现在他必须管理和保护这个国家。美国民众对远东地区普遍不感兴趣，而且那里的经济参与和海军部署又相当有限，面对这些不利因素，罗斯福要依靠均势政治来维护门户开放。他的决策反映了其实用主义和对美国在远东地区的有限力量的深刻理解。

罗斯福本人的观点，以及其顾问的观点，都影响着他选择与其他国家打交道的方式——这些国家不仅包括中国，还包括参与侵华的其他竞争对手。罗斯福总统关于中国的看法与当时盛行的观念比较一致，影响了他对中美关系的处理方式。在罗斯福眼里，中国是一个疲弱、衰败的帝国，已经失去了当初使其成为一个伟大国家的品质。被西方世界赶超的中国，如果要在国际舞台上扮演重要角色，就要在西方列强和日本的指导下走向现代化。尽管罗斯福怀有种族主义观点，但他关于中国的看法更多地反映了一种文化视角，而不限于生物学角度。虽然罗斯福已经不只一次表达过他希望公正地对待中国，但他也明确表示，如果中国被视为犯错者，他也绝不会对其心软。

另一方面，捍卫门户开放是以一种小心、慎重的步伐进行的，因为当时俄国和日本正在"满洲"开展活动，威胁到了国务卿海约翰（John Hay）在1899和1900年宣布的这项政策。如文中所述，门户开放是矛盾的，一方面它承认西方列强和日本在中国拥有势力范围，但另一方面又提倡维护中国领土完整。俄国和日本对"满洲"的争夺极为严重地威胁到了门户开放政策，该政策强调各国在中国拥有平等的贸易机会以及维护中国领土完整。为了让日俄在"满洲"形成力量均势并维持这种局面,罗斯福政府选择在政策上对莫斯科施加外交压力,同时依靠日本来抗衡俄国的野心。日俄战争以俄国的失败告终,随后罗斯福及其外交团队就这两个国家在东亚的利益交换了一系列意见。意见交换的结果是1908年《鲁特—高平协定》(Root-Takahira Agreement)的签署,该协定以模糊的语言表示了对中国门户开放的支持。这些行动最终确定并强调了在门户开放政策下各国在中国拥有平等的贸易机会,同时也依靠威斯特伐利亚体系的方式保护了中国的领土完整。尽管领土被日俄虎视眈眈的是中国,但罗斯福在使用外交手腕努力维护门户开放的整个过程中,并没有咨询过中国政府的意见,仿佛中国全然不存在似的。

贸易机会、在华的美国旅者和传教士的安全、赴美华工受到的限制、在美华人遭到的歧视、庚子赔款的豁免等等这一系列问题的处理几乎没有考虑中国的自尊。美国的处理方式傲慢无礼,丝毫没有察觉中国的民族主义已经开始滋生并蔓延。虽然这些问题都在处理,但并不一定得到解决。由于美国政府无法从根源上解决问题,中国人民对其处理双方关系的方式表示出不满和怨恨。从这一点上说,罗斯福也许错失了与中国建立更加友好的关系的机会。

对如今的中国人来说,从第一次鸦片战争到中国共产党胜利之间的这段历史(1839—1949)被称为"屈辱的百年"。基于这一表述,中国人形成了对自己国家应如何处理当今国际关系的看法。这背后反映的思想是,自19世纪以来,国际体系至今没有改变,依然是由强弱不一的民族国家组成的互相争霸的体系。这种状态到底是永久的,还是终会随着时间推移而改变,人们各持己见。有些中国人认为,对于"屈辱的百年",中国应该引以为戒,因为当今国际体系的焦点仍然是西方利益对弱国的羞辱和支配。另一种声音表示,当前的体系是令人满意的,因为现在的中国已经可以跟其他大国抗衡。中国从屈辱的历史中崛起,致力于构建稳定的国际体系,也表明了这样做的决心。还有人认为,过往的经历给予了中国独特的视角,能让其重塑当前的国际秩序。不论人们持有哪种观点,中国的外交政策都受到了"百年屈辱史"这一表述的驱使。①

考夫曼(Kaufman)表示:"中国精英阶层在1839年至1949年间,为了解中国当时的弱点而发表的论述对中国的影响延续至今,这些论述塑造了对中国应如何参与当今国际体系的看法。"②在2014年的一次采访中,《勿忘国耻:中国政治与外交关系中的

---

① Allison A. Kaufman, "The 'Century of Humiliation,' Then and Now: Chinese Perceptions of the International Order," *Pacific Focus*, 25, no. 1 (2010): 1–33. 同见 David Scott, *China and the International System, 1840–1949: Power, Presence and Perception in a Century of Humiliation* (Albany: State University of New York Press, 2008); 柯岚安, "National Insecurities: Humiliation, Salvation and Chinese Nationalism," *Alternatives* 29, no. 2(2004): 199–218; Matt Schiavenza, "How Humiliation Drove Chinese History," *The Atlantic*, http://www.theatlantic.com/china/archive/2013/10/how-humiliation-drove-modern-chinese-history/280878/(Retrieved January 30, 2015); Harry W. S. Lee, "The Danger of China's 'Chosen Trauma,'" *China File*, September 2, 2014; http://www.chinafile.com/reporting-opinion/viewpoint/danger-chinas-chosen-trauma (Retrieved January 30, 2015); China Research Center, "The Clash of Historical Memory: The 'Century of Humiliation' vs. The 'Post WWII Liberal World Order,'" http://www.chinacenter.net/2014/china_currents/12-2/the-clash-of-historical-memory-the-century-of-humiliation-vs-the-post-wwii-liberal-world-order/ (Retrieved January 30, 2015); Orville Schell and John Delury, "A Rising China Needs a New National Story," The Wall Street Journal, July 12, 2013, http://www.wsj.com/articles/SB10001424127887324425204578599633633456090 (Retrieved January 30, 2015).

② Kaufman, "The 'Century of Humiliation,' Then and Now: Chinese Perceptions of the International Order," p. 4.

历史记忆》的作者汪铮强调了历史记忆对中国人的重要性。汪铮提到:"历史记忆是最能解开中国人内心奥秘的密钥,因为那是中国国家认同的建构中最主要的原材料。"尽管他在这里谈到的是中日之间的紧张关系,但此观点适用于任何与中国打交道的国家:"双方需要互相了解对方是如何看待和理解历史的,我认为这一点非常重要。如果彼此都对对方国家的看法及其背后的原因一无所知,那是不可能找到解决方法的。"①这同样适用于西奥多·罗斯福执政期间的中美关系。尽管罗斯福和他的顾问推行务实的对华政策,门户开放政策尤为如此,但是在美国眼里,中国就是一个疲弱衰败的国家,最大的希望只能是沿着美国的路线走向现代化。这样的看法导致了美国在处理对华关系时常常利用中国的弱点谋取自己的利益。因此,在某种程度上,罗斯福及其政府的做法也是造成中国"百年屈辱"的原因——这个词现在被中国人用来解释自己处理国际关系的方式。

毛泽东去世后以及邓小平在1978年明确"四个现代化"以来,中国的崛起已经让这个国家成了国内外关注的焦点。对美国而言,中国的觉醒引起了人们对中美关系的性质和未来的关注,他们也担心中国可能会在经济上成为世界的主导力量而超越美国。② 某种程度上,现在的一些问题可以看到过去的影子。例

---

① 汪铮,"In China, History is a Religion," *The Diplomat*, http://the diplomat.com/2014/06/in-china-history-is-a-religion/(Retrieved, January 30, 2015).
② 有关该主题的书籍包括但不限于:Martin Jaques, *When China Rules the World: The End of the Western World and Birth of a New Global Order* (New York: Penguin Books, Revised Edition, 2012); Henry Kissinger, *On China* (New York: Penguin Press, 2011);沈大伟,*China Goes Global: The Partial Power* (New York: Oxford University Press, 2013);黎安友、施道安,*China's Search for Security* (New York: Columbia University Press, 2012);罗亚伦,*A Contest for Supremacy: China, America and the Struggle for Mastery in Asia*　　(转下页)

如,人们依然关心商贸问题;随着经济和军事实力的加强,中国似乎威胁到了美国在世界上的主导地位,便又有了对"黄祸"的妄想。然而,与西奥多·罗斯福执政时不同,现在的中国已经位列世界主要强国。美国现在面对的是一个更强大、更自信的中国。有人危言耸听,担心中国的崛起预示着美国的衰落。但是,正如19世纪及20世纪早期有关中国的某些观念和看法影响了当时列强(包括崛起中的美国)对待中国的方式,同样的危险也会出现在今天——对中国的误解也会影响美国现今的对华政策。这对中国也是一样的,观念和看法会影响中国决定如何在21世纪更恰当地处理国际关系。①

(接上页)(New York: W. W. Norton and Company, 2011); Elizabeth C. Economy and Michael Levi, *By All Means Necessary: How China's Resource Quest is Changing the World* (New York: Oxford University Press, 2014); James Steinberg and Michael E. O'Hanlon, *Strategic Reassurance and Resolve: U. S. -China Relations in the Twenty-First Century* (Princeton: Princeton University Press, 2014); 欧逸文, *Age of Ambition: Chasing Fortune, Truth and Faith in the New China* (New York: Farrar, Straus and Giroux, 2014); 夏伟、鲁乐汉, *Wealth and Power: China's Long March to the Twenty-First Century* (New York: Random House, 2013); Kerry Brown, *The New Emperors: Power and the Princelings in China* (London: I. B. Tauris Ltd., 2014); Robert Haddick, *Fire on the Water: China, America and the Future of the Pacific* (Annapolis, MD: Naval InstitutePress, 2014). 通过谷歌或谷歌学术,可以找到大量关于中美关系及其未来的文章和引文。随附一个专门介绍中国的网站:http://www.chinaun.org/eng/xglj/t419904.htm.

① 见 Douglas G. Spellman, editor, *The United States and China: Mutual Public Misperceptions*, (Washington, D. C.: Woodrow Wilson International Center for Scholars, 2011) http://www.wilsoncenter.org/program/kissinger-institute-china-and-the-united-states (Retrieved December 6, 2014).

第一章 背景

威廉·麦金莱(William Mckinley)遇刺后,西奥多·罗斯福继任总统,并继承了麦金莱时期的对华政策。麦金莱曾向互相争夺在华影响力、商业机会和中国领土的各国列强发出两次外交照会,其对华政策便是以这两份照会的内容为核心。1899年发出的第一份照会要求列强维护各国在中国自由贸易的权利。第二份照会于1900年义和团运动期间发出,声明美国政策维护中国的领土完整和行政权完整。两次照会合起来统称为"门户开放"照会,维护"门户开放"照会的政策便是"门户开放政策"。面对在中国发生的国际竞争,罗斯福政府必须找到有效实施门户开放政策的最佳方式。当时,美国在中国的商业利益有限,军事存在薄弱,民众也普遍对中国没什么兴趣。面对这些现实,罗斯福决定采取务实的策略,专注于维持东亚的力量均势。最终,罗斯福及其政府的做法表明,比起第二次照会呼吁的"维护中国领土完整",美国更关心第一次照会提出的"平等贸易机会",至少在中国边境是这样的。

美中之间的往来可以追溯到美国独立之时。巴黎和谈一确认美国的独立地位,美国商人就配备和派出船只前往远东。英国东印度公司对亚洲贸易的垄断不再,这使得美国商人急切地想到那个遥远的地区寻找传说中的财富,分一杯羹。富兰克林·德拉诺·罗斯福(Franklin Delano Roosevelt)的曾祖父亚玛撒·德拉诺(Amasa Delano)便是其中一名早期的商人,他主要经营檀香和毛皮,这两样商品在中国市场都有一定需求。在德拉诺看来,中国是"有史以来最伟大、最富有、最显赫的国家"。①

实际上,在前往中国的西方商人和传教士中,美国人属于较晚的一批。带头的是葡萄牙人,他们早在1515年就到达了中国东南沿海地区。直到1567年,葡萄牙才获许在广州以南的城市(即后来的澳门)设立永久贸易站。由于葡萄牙大规模地控制着中日之间的转口贸易,澳门繁荣一时。1639年,由于害怕被外国人改变信仰,日本把所有基督徒驱逐出境,上述贸易也随之终止。澳门渐渐失去了往日的辉煌,尽管它仍是重要的西方飞地和运送传教士的起点。②

继葡萄牙人之后,荷兰人在17世纪早期成为贸易强国。日本驱逐基督徒后,荷兰东印度公司还能继续与日本人进行贸易往来,并在日本与中国人建立贸易关系。但是,荷兰人在亚洲的成功不如英国人。1685年以前,英国东印度公司与中国维持着非正规的贸易关系。直到中国皇帝于该年正式批准对外贸易,英国人才获许进入中国南方沿海的港口。随着时间的推移,中国与西方的贸易仅限于在广州港进行。这一方面是因为,除了广州外,中国其他地区的商人资金有限;另一方面,这也能把中国人跟西方夷人的接触范围限制至最小——同时有助于中国更好地管理

---

① Warren I. Cohen, *America's Response to China* (New York: John Wiley & Sons, 1971), p. 2; Richard Van Alstyne, *The United States and East Asia* (New York: W. W. Norton & Co., 1973), p. 18. 引言出自 Van Alstyne。
② Frederick Wakeman, Jr., *The Fall of Imperial China* (New York: The Free Press, 1975), pp. 113–16.

外来者。①

当时,中国人还没有准备好跟西方人打交道,并把来做贸易的商人称作"西方夷人"。在向清廷描述时,中国人把"夷人"这一传统概念用在了西方人身上,而此前这个词通常用于描述中国北方边疆的游牧部落。对中国人来说,西方人似乎难以区别,正如西方观察者也难以区别中国人一样。②

中国对西方反应迟钝是因为其世界观和与外界打交道的方式,这二者又跟中国人区分自己和他人的方式密切相关。中国在地理位置上的隔离限制了它与外部世界的接触,阻碍了文化交流或借鉴。基于地理隔离的事实,中国人不仅把他们这片土地叫作"中国"(意为"位于中央的国家/王国"),还称之为"天下"(字面意思是"普天之下")。中国在其历史上的发展进程中不断吸纳周边的地区和人民。渐渐地,中国文化和文明使得周边的小国黯然失色,这强化了中国人对自己文明的优越感。这继而让人们认为这个国家的文化包罗万象,由被称为"上天之子"("天子")的皇帝所治理,皇帝是一切人类事务的合法统治者。③ 那些接受中国方式、思想和统治的外来者才能成为文明人,并被认可为"新"中国人。④

---

① Wakeman, *Fall of Imperial China*, pp. 116 - 23; Cohen, *America's Response*, p. 3.
② 费正清, *Trade and Diplomacy on the China Coast: The Opening of the Treaty Ports, 1842 - 1854* (Cambridge: Harvard University Press, 1953), pp. 8 - 10. 关于西方与中国早期冲突的深度讨论见 D. E. Mungello, *The Great Encounter of China and the West, 1500 - 1800*, 4th Edition (Lanham, MD: Rowman & Littlefield, 2012).
③ 李兆杰,《传统中国的世界秩序》,《中国国际法论刊》2002 年第一卷,第一期:20—58。http://chinesejil.oxfordjournals.org/content/1/1/20.full.pdf (accessed 12/30/2014)
④ 李兆杰,前揭文章, p. 29.

这意味着,外来者是否属于"夷人"一类,并不取决于其种族、宗教、语言或国籍,而取决于是否开化。换句话说,不接受中国文明教化的,就是夷人。判断一个人是否野蛮的标准,是文化而非政治方面的成就。对中国人来说,夷人就是不遵循中国生活方式的那些人。他们要么是对中国文化和文明的优越性一无所知,要么就是头脑太过简单,因此需要受到中国生活方式的同化。如果他们能就此达到中国人的文明程度,就可以成为中国人;如果达不到,就继续做夷人。① 根据中国古典哲学的说法,吸引和同化夷人的方式是让皇帝仁慈地对他们表示关心,以此赢得他们对中国生活方式的向往。人们相信,如果皇帝能以贤德的方式对待外来者,就可以吸引他们来到中国,接受改造,并受益于中国的生活方式。②

中国深信自己是文明世界的中心,因此建立了朝贡体系。在这个体系之下,任何想与中国建立关系的王国或国家都必须接受朝贡国地位。基于在该地区的文化、经济、军事和政治影响力,中国在东亚和南亚建立了一个自己处于领导地位而邻国则低其一等的外交关系等级制度。中国认为自己有责任维持东亚秩序,同时承认邻国的合法性。当邻近国家遭到外国入侵或自然灾害时,中国会伸出援手。作为回报,这些国家会向中国进贡,以此承认中国的优越地位。这种"管理夷人"的方式反映了中国人以自己为中心的观点,即只有他们才有权管理周边地区的军事和经济事务,聪明的夷人会主动接受中国的方式,变得中国化。这种方式理论上可以减少中国受到的安全威胁,并把军事支出降至最低。

---

① 李兆杰,前揭文章,pp. 29 - 30.
② Ibid., pp. 30 - 31.

久而久之,朝贡体系成为中国分化邻国的方式,降低了这些国家联合对抗中国的可能性。① 这些汉化的朝贡者包括朝鲜人、缅甸人、泰国人、越南人,以及日本冲绳县的居民。然而,日本在明代及其后都不再承认中国的优越地位。汉化国家和地区共享着中国文化的各个方面,例如使用中国传统历法,基于中国的表意文字建立书写体系,有着相似的饮食和着装,践行儒家道德和佛教规范以及拥有类似的官僚组织,等等。②

在实践当中,朝贡体系是高度仪式化和象征性的。朝贡国和中国之间的外交文书要使用卑顺的语言,朝贡者在皇帝面前要行三跪九叩之礼。朝贡国适当表示恭顺的回报是能够与中国建立受到严格监管的贸易关系。这种贸易往来通常由朝贡使团执行,他们会根据中国规定的日程安排来到帝都。各个国家与中国之间的亲密程度决定了使团拜访的次数。只要完成恰当的朝贡仪式,随使节前来的商人们便获许在某段时间内开市营业,售卖他们的商品,这些买卖通常可以让他们赚取可观的利润。此外,朝贡体系巩固了那些派遣使团到中国的国王的合法性,中国皇帝也乐于看到自己的优越地位得以维持。这些邻国在中国和潜在敌人之间形成缓冲地带,这也让皇帝感到安心。最后,中国深信自己在世界等级秩序中地位优越,而朝贡体系恰恰支持了这一传统

---

① Bruce Elleman and S. C. M. Paine, *Modern China: Continuity and Change*, *1644 to the Present* (Upper Saddle River, NJ: Prentice Hall, 2010), p. 8;徐中约, *The Rise of Modern China*. 6th Edition (New York: Oxford University Press, 2000), pp. 131 - 32;史景迁, *The Search for Modern China*, 2nd Edition (New York: W. W. Norton, 1999), p. 118.
② Elleman and Paine, *Modern China*, p. 8;徐中约, *Rise of Modern China*, pp. 130 - 31;史景迁, *The Search for Modern China*, p. 118.

观念。①

因此,中国习惯了把外来者当成低等人来对待,来到"中央王国"的西方商人自然也被视为低其一等。管理中国与邻国关系的朝贡制度对西方人其实并不适用,但这是中国对待外来者的惯有模式。② 最终,数百年来习惯了以同一种体制与亚洲各国交往的中国,被迫寻求一种新的方式来与西方人打交道。

此外,1644年满人入主中原后,中国统治阶级的二元性质让中国与西方打交道变得更加受限。对西方国家的反应是儒家等级下的满汉混合体制的产物。因其二元性质(满人统治者,汉人学者、地主和官吏阶级),清朝无法以一种纯汉人或者纯满人的方式对待西方。③ 清朝没有单独的外交部,而是通过多个机构和部门管理夷人,以强调洋人的低等地位,并保护大清帝国不受其侵犯。1638年,清朝设立边境事务部门("理藩院"),主要处理北方和西北边境(特别是蒙古和俄国)的事务。理藩院大臣由满人和蒙古人组成,职责是维护边境和平。无数的入侵者以及蒙古人、满人都来源于这些边境地带,所以对中国而言,这些边境非常危险。理藩院具有各种各样的职能,其工作人员通常都对中国北方边防相关政策的实施十分有经验。④

与欧洲传教士的接触主要由北京的内务府监督。内务府是一个颇为独立的机构,掌管事务繁多,从盐业管理、瓷器生产、皇

---

① 徐中约,*Rise of Modern China*, pp. 130 – 31;史景迁,*Search for Modern China*, p. 118.
② 费正清,*Trade and Diplomacy*, p. 25.
③ 费正清,*Trade and Diplomacy*, p. 45.
④ 史景迁,*Search for Modern China*, p. 117;费正清和谷梅,*China: A New History*, 2nd Enlarged Edition. (Cambridge: Harvard University Press, 2006), p. 117.

室财产维护到粮食与资源储备以及国内外贸易征税,都由该机构负责。与传教士打交道的官员通常等级较低但仍然有钱有势,说明中国对这种关系的观念是:它不太关乎国家的外交政策,而更多地关乎朝廷的威望。① 另外,礼部负责处理中国与朝鲜以及缅甸、越南、泰国和琉球群岛等南方周边国家的关系。这些国家共享中国文化和文明的基本价值观与规范,因此它们应遵守朝贡体系下的礼法。②

尽管负责管理邻国关系的部门分工不同,但每个部门的工作都以中国与生俱来的优越性和亚洲"中央王国"的地位为大前提。在这样的前提下,其他国家全都是低等、边缘的,都处于宇宙文化中心之外。因此,中国人对外国并不怎么感兴趣,既不想获得其他国家的详细信息,也不会认真研究这些国家。他们对外国的描述常常掺杂着虚构和幻想,会使用高人一等的语气或贬损的措辞来描述洋人,将其比作牲畜或鸟类。③ 早期来到中国的欧洲国家,如葡萄牙和荷兰,都被授予了朝贡国的身份。他们在礼部登记,只有在特定的时间才能在中国从事贸易活动。有趣的是,1655 年到 1795 年间正式到访中国的 17 个欧洲使团中,有 16 个都完成了叩头礼(当然他们是不情愿的)。④

这些因素似乎使中国无论在思维上还是制度上均无法应对接触西方国家带来的潜在危机。加之当时的中国是农耕社会、前工业化社会和官僚主义社会,所以在与西方列强签订条约开放自

---

① 史景迁,*Search for Modern China*,p.118.
② Ibid.
③ Ibid., p.119.
④ 徐中约,*Rise of Modern China*,p.133;史景迁,*Search for Modern China*,p.120-21.

由贸易和交往之后,中国人难以适应随之而来的商业革命、工业革命和民族主义革命。①

早在1635年,英国东印度公司的船只便开始出现在华东沿海从事贸易活动。也许是因为尚未与中国建立正式关系,他们只在舟山、厦门和广州做生意。1680年代结束了沿海贸易限制,把欧洲国家归类为朝贡国的做法也悄然终止。1720年,为了能够规范价格以提高利润,管理外贸,广州商人建立了一个垄断性行会,俗称"公行"(英语为Cohong,源自"gonghang"的西式发音)。1754年,公行开始行使监督外国船员和商人行为、征收关税的职责。②

尽管散商受到的对待更加灵活,但按照西方的标准,中国在贸易方面的规章制度还是太过约束了。1760年之前,西方贸易只限在广州进行,其管理也是典型的中国式管理。公行的商人服从"户部"的指挥(英语为Hoppo,也源于西方对汉语词语"hubu"的错误读音)。③ 该官吏通常是由内廷内务府任命的满人,负责监督公行对进出口关税的征收。西方人可以向公行成员表达他们的不满,再由公行转呈至户部。户部却随意处置这些不满或担忧,既可以告知巡抚甚至禀告北京,也可以全然不理。习惯了外交平等和商业平等的西方商人很快便对这种晦涩的制度感到沮丧,并表示出愈加强烈的不满。到19世纪初,西方人开始要求中国遵循欧洲的国际法和外交原则来处理国际关系。中国人自然

---

① 费正清, *Trade and Diplomacy*, p. 22;费正清和谷梅, *China: A New History*, pp. 140 – 42.
② 史景迁, *Search for Modern China*, p. 120;费正清和谷梅, *China: A New History*, p. 195;Elleman and Paine, *Modern China*, pp. 89 – 90.
③ Crossley, Pamela, *The Wobbling Pivot: China since 1800*, (Hoboken, NJ: Wiley-Black-well, 2010), p. 42.

是拒绝的,认为欧洲人不请自来,如果想要留下来,他们就要接受中国的规章制度。西方国家将之视为挑战,他们明确表示想要继续在中国做生意,但要按照他们的方式。①

法律问题也加深了中国与西方国家之间的不和。乔治·马戛尔尼勋爵(Lord George Macartney)曾受英国国王乔治三世(King George III)的指派前往中国建立外交关系,却以任务失败而告终。有趣的是,马戛尔尼带回来了颇多物件,其中就包括一份清朝法典。这份文件清楚地表明中欧之间对法律的解释和执行截然不同,依靠法律措施解决问题可能加剧而非缓解双方之间的紧张关系。清代的法律根据过往的判例和法律实践编纂成法典,解释权归国家所有。由于没有独立的司法部门,各地的案件由地方官执行判决。这些官员充当调查人员、陪审团和法官的角色,收集案件相关证据并进行宣判。当时既没有法律这一行业,也没有律师。嫌疑人受到严厉对待,常常屈打成招,所谓的审判其实只是走个形式。但是,中国法律体系缺少针对外国人的应对措施。外国人的日常事务由负责管理夷人的部门或官员处理;而当时的期望是刑事案件按照通常的方式交由中国公堂解决。②

一开始,中国官方愿意接受钱财来解决涉及中国百姓死亡的案件纠纷,但这种做法在 1750 年代开始改变。1754 年,一个法国船员因杀害一名英国船员被判处死刑,但由于乾隆皇帝宣布大赦,所以死刑并未执行,这名法国船员被释放出狱。尽管此案的死者是欧洲人而非中国人,但清朝政府在这件事上坚决维护自己的司法管辖权。1773 年,一个英国船员杀害了一名中国人,当时

---

① 史景迁,*Search for Modern China*,p. 120;费正清和谷梅,*China: A New History*,p. 195;徐中约,*Rise of Modern China*,pp. 133 - 34, 139 - 66.
② 史景迁,*Search for Modern China*,pp. 125 - 26.

在澳门的葡萄牙当局宣告其无罪。后来,清政府的官员介入并重新审理了此案,判处该英国船员死刑。在1780年的另一起外国人谋杀案中,清朝当局重申了自己的司法管辖权。那一年,一个法国人被指控杀害了一名葡萄牙人,罪名成立后被公开处决。

还有两起案件分别发生于1784年和1821年,都涉及船员行为导致中国公民的意外身亡。两起案件都移交给了清朝当局审理,犯罪的船员均被执行死刑。其中,1821年的案件涉及商船"艾米丽"号(Emily)上的一名美国船员,这是第一个直接涉及美国在华利益的事件。当时,"艾米丽"号在广州已经停泊了四个月左右,在那里贩卖船上的鸦片。涉事的船员名叫特拉诺瓦(Terranova)①。当时,一名中国妇人正在小船上卖水果,特拉诺瓦把一个瓦坛子摔到或扔到她的头部,致其掉下小船溺水身亡。清政府要求把特拉诺瓦移交给他们进行审理,但"艾米丽"号的船长却试图让他们同意在船上审讯,并拒绝与死者家属私了。美国社群联手与当地官员协商后,双方同意在"艾米丽"号上进行审讯——一种显然偏离了中国人传统的审讯形式。然而,判决的结果并不令人满意,至少美方不满意。审讯一度陷入僵局,直到中国政府威胁要中断美国人的贸易活动。对鸦片等商品进行了大量投资的美国人承担不起贸易中断的后果。于是,"艾米丽"号的船长把特拉诺瓦交给了中方。很快,中方对他进行复审,这一次是秘密审讯。最终的结果是特拉诺瓦罪名成立并被施以绞刑。②

---

① 译者注:在英语中这个名字意为"新世界"。
② 史景迁,*Search of Modern China*,p. 126 - 27;Eric Jay Dolin, *When America First Met China: An Exotic History of Tea, Drugs and Money in the Age of Sail* (New York: W. W. Norton, 2012), pp. 144 - 47;Jacques M. Downs, "American Merchants and the China Opium Trade, 1800 - 1840," *The Business History Review* 42, no. 4 (1968), p. 427.

一系列的争端、审判和执刑让西方人深信,绝不能让中国人拥有涉外事件的司法管辖权。当然,中国的立场也十分坚定,认为这理应是他们的权力。在某种程度上,这样的冲突来源于误解,因为中国法典的内容十分复杂,不是简单熟读就能理解的。极少有西方人(如果有的话)能对中国的语言和法律有足够的了解,可以悉心钻研并阐释清朝法典。此外,清政府时不时会对西方人的要求做出让步,给予他们特殊待遇或为其破例,这让中国人民感到愤怒,抗议这种讨好"洋鬼子"的行为。①

到1830年代,鸦片成了中国社会的严峻问题。中国最早的鸦片使用记录可追溯到汉朝(前206—220),最早的鸦片种植记录则在唐朝(618—907)。唐朝时,一些朝贡国开始向中国进贡鸦片。在清朝以前,鸦片的主要用途都是治疗痢疾、疟疾等各种疾病。欧洲人把烟草带到中国后,中国人开始吸烟——一种鸦片和烟草的混合物。后来,人们只吸食鸦片。吸食鸦片具有令人上瘾的麻醉效果,虽然上瘾者一般不会像醉汉那般好斗。一开始,吸鸦片是贵族的特权,但久而久之,这个做法也蔓延到平民百姓之中。1729年,鸦片上瘾的问题变得太过普遍,以至于皇帝下令禁止售卖鸦片,关闭所有鸦片馆。不过,药用的鸦片可以继续使用。然而,吸食鸦片的做法依然在继续,对鸦片的需求遍布全国。到19世纪,鸦片常常跟妓院和赌场联系在一起,商人、军人、各级政府官员甚至皇室成员都会吸食鸦片。那些从事高强度体力劳动的人十分依赖鸦片来缓解他们的劳累和疼痛。

鸦片买卖成为一门利润极其丰厚的生意,吸引了众多欧洲人,最终由英国人占据主要优势。随后,法令重申并加强了对鸦

---

① 史景迁,*Search for Modern China*, p. 127-28.

片进口的禁令,但清政府无力终止鸦片贸易和国内的鸦片种植。从本质上说,这些法令毫无用处,因为野心勃勃的西方人和中国人想出了把鸦片走私到中国赚大钱的途径。在中国贩卖鸦片的生意十分成功,因为这种麻醉剂拥有市场,而且在宣布鸦片进口和贸易违法之后,中国政府缺少一支有力的海军阻断其走私。此前,英国及其殖民地对中国茶叶的需求不断增加,英国对中国的贸易逆差逐步加大,但事实证明,鸦片能为英国解决这一问题。无疑,正是参与鸦片贸易的英国以及包括美国在内的其他西方国家造成了中国人吸食鸦片成瘾的问题。

除了毒瘾问题,鸦片买卖也让贸易的利益天平往西方倾斜,导致中国的硬通货逐渐流失殆尽。在18世纪,英国大量购买中国商品,特别是丝绸、香料和最重要的茶叶,导致英国对中国的贸易逆差不断加大。因为在中国是用白银做交易的,所以英国的大量白银流入中国。正是为了解决这一问题,英国才在1790年代派马戛尔尼出使中国。使团失败后,英国开始寻找一种在中国需求量大的商品,然后便有了鸦片贸易。结果,在19世纪,中国经济开始经历大量的白银外流。① 由于税费和军费以白银缴纳,白银外流影响了白银和铜钱之间的兑换比价,平民百姓尤其是农民的纳税压力因此增加。粮食价格下降,税费居高不下,这些因素导致社会越来越动荡。虽然世界白银产量下降也可能是中国陷入不利境地的一个因素,但这场经济危机的主要原因是鸦片。另外,还有人会把通过茶叶贸易和鸦片贸易赚取的白银藏起来,这

---

① Elleman and Paine, *Modern China*, pp. 117 - 18;徐中约,*Rise of Modern China*, p. 172; Crossley, *The Wobbling Pivot*, pp. 62 - 64.

种做法在社会动乱时期尤为普遍。①

中国对贸易的态度也带来了问题。虽然乾隆皇帝拒绝了马戛尔尼使团的请求,认为中国不需要英国制造的物品,②但贸易的确是财政收入的一个重要来源。尽管乾隆皇帝自信满满,但清朝时的中国并不是一个自给自足的国家。大清帝国的一些重要物资都要依赖进口,比如来自邻国的米、胡椒、糖、铜、木材以及拉丁美洲的白银。③ 清朝于1727年与俄国正式建立贸易关系,俄国可在中国北部边境的两个城镇拥有贸易特权。1731年和1732年,中国外交使团两次前往莫斯科。俄国人还获得在北京的居住权和在中国保留教会的权利。一个多世纪以来,其他与中国做生意的欧洲国家都未曾拥有这些特权,直到两次战争之后,它们才得到了这些权利。④ 另一方面,中国与其他国家之间的贸易关系是在朝贡体系之下管理的。朝贡体系反映了中国对外部贸易的怀疑态度,这种对外贸的看法在明朝时已经开始形成,并一直延续到清朝。他们认为,贸易会带来社会动荡和混乱。外国列强有可能借此机会获取关于中国边防的重要情报,白银会外流,海盗和犯罪行为也会增加。作为靠武力打天下的国家,清朝自然会担心自己的安全和统治受到任何威胁。⑤

---

① 蓝诗玲, *The Opium War: Drugs, Dreams and the Making of Modern China* (NewYork: The Overlook Press, 2011), pp. 37 - 38; Elleman and Paine, *Modern China*, p. 119; Harry G. Gelber, "China as 'Victim'?: The Opium War That Wasn't," Harvard University, Center for European Studies Working Paper #136, p. 3. http://www.people.fas.harvard.edu/~ces/publications/docs/pdfs/Gelber136.pdf (accessed January 2, 2015).
② Elleman and Paine, *Modern China*, p. 118.
③ 蓝诗玲, *The Opium War*, p. 85.
④ Elleman and Paine, p. 42.
⑤ 史景迁, *Search for Modern China*, p. 57; 蓝诗玲, *The Opium War*, p. 89.

中国中心论认为世界是围着中国转的,朝贡体系把儒家等级观念反映到了中国的对外关系上面。接受英国或其他西方国家与中国处于平等地位,相当于破坏了皇帝的优越性。这样的观点让西方商人感到困惑和恼怒,他们既不能理解这种态度,也不能明白为什么中国想要对他们进行法律上的限制。西方国家追求的是自由贸易、派驻公使和关系平等。① 中国禁止鸦片贸易让中英之间爆发战争的可能性变得非常高。中国希望像管理亚洲邻国那样管理欧洲国家,西方对自由贸易和国家主权认可的需求却在不断增长,在难以为由此引发的问题找到和平的解决方案后,英国选择用军事手段来解决问题。虽然对鸦片贸易的禁止是1839年至1842年第一次中英战争(鸦片战争)的导火索,但两国观念上的根本分歧加速了冲突的发生。②

来到中国的美国人很快发现,相较于美国,其他西方国家在中国的贸易已经发展得更加成熟。他们还发现,中国社会当时十分茫然,不知道该如何克服自己对外国人的条件反射。直到1830年代,在华美国人都是以个人身份来到中国,两国政府之间并无联系。当然,这并不奇怪,因为参与在华贸易的西方国家尽管付出了很大的努力,都无法与中国建立正式的外交关系。光是英国一个国家,就曾于18世纪先后三次想与中国扩展关系,但都

---

① 蓝诗玲,*The Opium War*,p. 86 – 87;Cohen,*America's Response*,pp. 5 – 6;费正清,*Trade and Diplomacy*,p. 94.
② 蓝诗玲,*The Opium War*,p. 17 – 94;史景迁,*Search for Modern China*,pp. 145 – 154;徐中约,*The Rise of Modern China*,pp. 169 – 184;Gelber,"China as 'Victim'?",pp. 4 – 9;Crossley,*The Wobbling Pivot*,pp. 71 – 77. 同见 W. Travis Hanes and Frank Sanello,*The Opium Wars: The Addiction of One Empire and the Corruption of Another*(Naperville:Sourcebooks,Inc.,2002);Peter Ward Fay,*The Opium War*,*1840 – 42*(Chapel Hill:University of North Carolina Press,1998).

以失败告终,其中最有名的一次便是马戛尔尼使团访华。马戛尔尼勋爵受国王乔治三世之命访华,任务是与中国建立自由贸易关系,并在北京设立常驻大使馆。马戛尔尼的任务失败了,他与随行人员在中国的经历可谓十分苦涩,这很可能影响了19世纪时大家对中国人的看法:只有通过武力,才能让中国人接受现代世界的自由贸易和国际贸易体系。① 1832年,杰克逊②政府试图与北京商定贸易条约,但协商失败。当时,美国正在努力扩展自己在世界范围内的正式贸易关系。埃德蒙·罗伯茨(Edmund Roberts)作为美方代表被派往北京以达成贸易协议,但和在那之前也曾受命前往中国的欧洲人一样,他也没能与中国政府建立更多的联系。③ 值得注意的是,上述特拉诺瓦案件的处理过程并未涉及美国政府,参与处理的只是"艾米丽"号的船长。

贸易并不是中国吸引美国人的唯一因素。19世纪初期,宗教复兴,海外传教运动兴起。在这场运动中,美国人来到中国传教,促使中国人改信基督教。这些传教士通常来自乡村地区,在新英格兰或纽约接受教育,他们非常严肃,毫不妥协,把自己视为上帝意志的传播工具。他们的资源十分有限,而且,中国禁止公开传教,这也让传教士的任务更加难以完成。他们沮丧地发现,单凭布道很难把基督带到中国。于是,传教士转向人道主义行动,希望借此让人们皈依基督。④

---

① 蓝诗玲,*The Opium War*,p. 87;史景迁,*Search for Modern China*,pp. 122 – 23;费正清和谷梅,*China: A New History*,p. 196;Elleman and Paine,*Modern China*,pp. 117 – 18.
② 译者注:Andrew Jackson,美国第七任总统(1829—1837)。
③ Cohen,*America's Response*,pp. 4 – 5.
④ Michael H. Hunt,*The Making of a Special Relationship: The United States and China to 1914* (New York: Columbia University Press, 1983), pp. 24 – 27. 同见史景迁,*To Change China* (New York: Little, Brown and Co., 1969).

战略考量也发挥了作用。出于对中国日益增长的兴趣,美国派出了海军舰队巡逻中国沿海。一开始,该舰队叫作美国海军亚洲分舰队(Asiatic Squadron),后来升格为亚洲舰队(Asiatic Fleet),大约到1860年,舰船的数量已经从起初的两三艘增加至三十多艘。美国内战期间,该舰队曾被征召回国,内战结束后再次回到中国水域。多年来,舰船的数量时有变化,但足以保护美国人的生命财产安全。美西战争时,这支亚洲舰队在菲律宾击败了西班牙舰队,为美国赢得了决定性胜利。①

彼时,中国人也开始注意到并努力了解这片他们后来称为"美国"("美丽的国家")的土地。对一些中国人来说,美国具有特别的吸引力,正如很多美国人认为中国能带来无限机遇一样。随着西方国家强势踏足中国土地,中国政府官员首先试图搞清楚这些西方力量,美国自然也成为他们的监察对象。1830年代以来,美国和其他国家试图与中国建立正式关系,因此了解美国也成了中国的一个现实考量。然而,当时的中国力量微弱,难以应对西方列强不断增长的需求,更何况清政府还在为国内愈演愈烈的社会动乱而心劳意攘。尽管中国政府官员试图拉拢美国采取行动,以此抵挡那些更具侵略性的国家的要求,但美国政府选择了更加安全的政策,在支持中国这方面风险越低越好。②

19世纪中叶,美国发现了金矿,中国人蜂拥而至,这也让美国人通过一种新的方式认识了中国人。这些被经济机会吸引到美国的移民并不想被同化。最终,太平洋沿岸的中国劳工引发的

---

① Robert G. Sutter, *U.S.-Chinese Relations: Perilous Past, Pragmatic Present* (Lanham, MD: Rowman & Littlefield, 2010), p. 17.
② Sutter, *U.S.-Chinese Relations*, p. 19.

敌意导致中美关系在 19 世纪的最后数十年间发生了严重的问题。①

美国政府正努力地与中国建立正式的贸易关系,而美国商人(跟其他西方商人一样)则更关心哪种商品能更好地卖给中国人。虽然也有一些美国人拒绝贩卖毒品,但更多的美国商人跟英国人一样,经常不得不依靠鸦片获利。② 美国人在 19 世纪初期涉足鸦片贸易,货品来源于土耳其。鸦片贸易增长迅速,报告显示,到 1825 年,在美国的鸦片贸易中居领先地位的柏金斯洋行(Perkins and Company)已经运送了超过 1200 箱鸦片到中国。除了鸦片,美国人也尝试把棉花、煤油、人参、海豹皮、檀香等商品销往中国,但还是鸦片的利润最高。③ 作为交换,美国人也在中国获得了各种各样的商品,不仅有茶叶和丝绸,还有肉桂、咖啡、家具、糖果、鞋子等等,甚至还包括一些流行的欧洲商品(特别是法国制品)的廉价仿制品。④

在华美国人对于把鸦片卖到中国持有不同的意见。大部分传教士谴责鸦片贸易,因为中国人一旦受到鸦片的荼毒,就不能应答福音。不过,如果能借鸦片贸易打压中国人的傲慢态度,重新建构西方与中国之间的关系,传教士也能因此得益,那么鸦片贸易也算是一件好事。裨治文(E. C. Bridgman)、卫三畏(S. Wells Williams)等传教士公开表达了他们对鸦片贸易之害的担忧,也较早地让美国人了解到中国政府官员对鸦片问题和其他问

---

① Hunt, *Special Relationship*, pp. 41–79.
② Ibid., p. 7; Cohen, *America's Response*, pp. 4–5.
③ Dolin, *When America First Met China*, pp. 136–44; Downs, "American Merchants and the China Opium Trade," p. 422; Hunt, *Special Relationship*, p. 148.
④ Dolin, *When America First Met China*, pp. 155–56.

题的态度和看法。他们解释了鸦片是如何在印度种植,又是如何运输到中国的,尽管在讲解的过程中他们尽量不去抨击鸦片贸易的主要参与者,比如威廉·渣甸(William Jardine)、詹姆士·马地臣(James Matheson)和兰士禄·颠地(Lancelot Dent),因为这几个人都是裨治文和卫三畏创建的慈善组织的主要捐助者。不过,这些传教士也支持清政府官员林则徐的禁烟行动。①

商人们通常都肆无忌惮地在中国贩卖鸦片,缺乏道德良知,并且随时准备好为自己的行为辩解。在土耳其、印度和波斯,鸦片的种植和使用都是合法的,很多西方国家也已经将鸦片的使用合法化。② 他们辩称销售鸦片是正当行为,因为鸦片没有害处,至少不如饮酒的危害;有些人声称对鸦片有需求的是中国人;有的人干脆表示,中国人的品味问题,不关他们商人的事。还有些人辩解道,鸦片的销售是在中国管辖范围以外的沿海水域进行的,所以这些买卖是合法交易而非走私。富兰克林·德拉诺·罗斯福的祖父沃伦·德拉诺(Warren Delano II)认为,从事鸦片贸易跟把酒类进口到美国一样,都是公平、体面、合法的行为。③

然而,在林则徐于广州收缴英国人的鸦片之后,一群美国商人便表示了对禁烟的支持和对鸦片贸易的反对。④ 他们还请求国会派出海军远征中国,希望借此胁迫中国跟美国商定互惠互利的贸易协议,消除中国的贸易限制所引起的敌意。总体上看,美

---

① Michael C. Lazich, "American Missionaries and the Opium Trade in Nineteenth-Century China," *Journal of World History* 17, no. 2 (June 2006): 198–202.
② Gelber, "China as 'Victim'?", p. 4.
③ Dolin, *When America First Met China*, pp. 191–92.
④ Hunt, *Special Relationship*, p. 39; Downs, "American Merchants and the China OpiumTrade," p. 441; Lazich, "American Missionaries," p. 204.

国商人在战争问题上意见不一。很多人认为中国人是时候吃点教训了,但也有人表示中国人对英国人的反击是合理的。① 在反对的声音中,一部分人的理由是担心不能再跟中国做生意,参与鸦片贸易的美国商人尤其担心这一点。另外,还有一些人认为,跟英国人的无耻相比,这无疑是表现美国人自我正义的机会。② 首位前往中国的美国新教医疗传教士伯驾医生(Dr. Peter Parker)长途跋涉归国后,甚至还在信中向总统马丁·范布伦(Martin Van Buren)提出建议,认为美国应调解中英之间的冲突,但范布伦并没有根据建议采取任何行动。尽管如此,伯驾依然坚持不懈地在演讲、布道和文章中宣扬他所关心的问题。在伯驾的努力之下,美国人民对中国以及中国正在发生的事情有了更加清晰的了解。③ 不过,也有一些传教士认为,战争必然会发生,甚或是天意使然。英国的胜利可能会促使中国允许传教士自由活动,在中国传播基督教。就连反对鸦片贸易的裨治文和卫三畏都曾表示,他们希望冲突能带来期望的结果。④

尽管传教士们努力尝试影响美国政府和公众,但并不是每个人都对战争有同样的看法。比如,前总统约翰·昆西·亚当斯(John Quincy Adams)支持英国捍卫自由贸易,谴责中国意图把传统朝贡体系强加于西方国家的做法。但是,大部分美国人无疑是受到了传教士的影响,反对鸦片贸易,而且可能是因为还没忘记前两次美英战争的经历,所以他们都支持中国彻底解决鸦片走私问题,认为战争是西方道德低下的结果。可见,大众对亚当斯

---

① Dolin, *When America First Met China*, pp 224-28.
② Lazich, "*American Missionaries,*" p. 207.
③ Ibid, p. 209.
④ Dolin, *When America First Met China*, pp. 226-27.

关于战争的看法普遍持反对意见。①

在伯驾和裨治文这些美国传教士与一些商人的压力之下,新上任的美国总统约翰·泰勒(John Tyler)命劳伦斯·克尼准将(Commodore Lawrence Kearny)前往中国,保护美国人民的生命财产安全,制止美国人或打着美国旗号运作的鸦片贸易。1842年4月,克尼率领两艘舰船"宪法"号(Constitution)和"波士顿"号(Boston)抵达中国,并立刻表明了美国反对鸦片贸易的立场。他明确表示,任何人企图追回被中国查封的涉嫌鸦片走私的船只或货物,他都决不支持。一年后,克尼的舰队查封了一艘打着美国旗号走私鸦片的商船"阿瑞尔"号(Ariel),没收了船上的货物和文书。这件事情连同克尼之前的言论激怒了很多英国人,他们认为克尼的态度代表了美国政府的虚伪,因为美国最近任命的驻广州领事福士(Paul S. Forbes)跟鸦片贸易可是脱不了干系的。即便如此,我们还是清楚地看到,英美政府对鸦片走私的态度截然不同。②

英国在鸦片战争中的胜利,为西方商人开辟了新的中国港口。《南京条约》和《虎门条约》规定,中国向英国商人开放五个港口,废除"公行"贸易制度,给予英国协定关税权,禁止走私以管控鸦片贸易,让英国享有最惠国待遇和治外法权,以及割让香港岛给英国。除了割地以外,中国还要对英国赔款。③ 以这几个港口

---

① Dolin, *When America First Met China*, pp. 227-28;王栋, *The United States and China: A History from the Eighteenth Century to the Present* (Lanham, MD: Rowman & Littlefield, 2013), pp. 50-52.

② Ibid, p52.

③ 蓝诗玲, *The Opium War*, pp. 223-40;Elleman and Paine, *Modern China*, pp. 124-26;费正清和谷梅, *China: A New History*, pp. 201-5;Hsu, *The Rise of Modern China*, pp. 189-93;Crossley, *The Wobbling Pivot*, pp. 79-82;史景迁, *Search for Modern China*, pp. 160-62;Dolin, *When America First Met China*, pp. 218-21.

的开放为开端,1843 年至 1894 年间,中国共向西方及俄国商人开放了 34 个通商口岸。①

紧跟着英国人的脚步,美国连忙派出凯莱布·顾盛(Caleb Cushing)前往中国商议贸易条约。稍事耽搁之后,在伯驾和裨治文两位中国通的协助下,顾盛促成了 1844 年的《望厦条约》。早在条约签订之前,中国已经允许美国拥有与英国同等的通商条件,顾盛条约只是正式确定了其有效性。条约规定,美国享有英国在《南京条约》中获得的同等特权(割让香港岛除外)。但是,英美之间还是存在差异。居住在新通商口岸的美国人可以建造房屋、医院和墓地,这实际上为美国人在中国从事医疗和传教活动奠定了基础。美国人可以学习中文,其治外法权的范围扩大到了民事和刑事案件。最重要的一条规定,因涉鸦片贸易而违反中国法律的美国人,均按照中国法律办理治罪,美国政府不得有所偏袒。此外,对那些打着美国旗号在中国从事违法活动的其他国家,美国将采取措施制止其行为。然而,美国始终无法调动必要的资源执行这几条内容,鸦片贸易也继续在扩大。最后,条约规定,二十②年后将再次审查条约内容,并可根据需要作出修改。

实际上,中国人自己也意识到要以对待英国人的方式同等对待其他西方夷人了。这样做的目的是让美国人感激中国——这种感激之情理应由皇帝获得,而不是由英国来给予美国在中国同等的通商条件。于是,中国人抢在英国人前面采取行动,实施起

---

① 1843 至 1894 年间开放的条约港口清单见 Elleman and Paine, *Modern China*, p.126.
② 译者注:应为十二年。

了中国(而非美国后来所谓)的"门户开放政策"。① 然而,条约给予的权益却并没有改善传教运动的境况。无论是福音传道还是人道主义行动,中国人始终不为所动。有些传教士为了推动传教事业的发展,还参与了美国的外交活动。不过,这些努力同样没能开花结果。②

例如,协助顾盛的伯驾在几年后也担任了外交职务。这位传教士支持以强硬的方式促进美国在中国的利益,包括可以在必要时使用武力。1856年,伯驾以美国驻华公使的身份,支持摧毁向美国战舰开火的中国要塞。伯驾还奉命要在北京取得美国的外交居留权,但他自己的目光却看得更远。他希望美国能与英法两国组成联盟,一起向清政府施压,以满足他们的要求。但是,他在这方面的努力受到了香港总督包令(Sir John Bowring)的阻挠。伯驾的目标还包括增加美国在中国的海军驻军,以及占领台湾以抗衡英国在香港和新加坡的基地。此外,他还希望可以说服清廷改革,让中国政府向当时更先进的现代政府看齐。伯驾的主张吓到了总统皮尔斯(Franklin Pierce),于是在1857年,伯驾被召回国。③

英国和美国对待中国的方式不同。英国主要基于他们对待印度和其他亚洲国家的经验来决定他们的对华政策。但是,美国视中国为一个独立的国家,其对华政策强调的是外交手段,而不是武力。美国认为,由美国主导的中美商贸有着巨大

---

① Dolin, *When America First Met China*, pp. 232 - 33; Lazich, "American Missionaries," pp. 212 - 14; Robert S. Hart, *The Eccentric Tradition: American Diplomacy in the Far East* (New York: Charles Scribner's Sons, 1976), p. 12; 费正清, *Trade and Diplomacy*, p. 196. 这段引文反映了本段及前一段的材料。
② Hunt, *Special Relationship*, pp. 29 - 32
③ 史景迁, *To Change China*, pp. 52 - 56; Sutter, *U. S. -Chinese Relations*, p. 22.

的发展前景,这个愿景带来了两方面的影响。第一,美国时刻保持警惕,以防任何势力危及其利益。第二,美国进入太平洋地区,以确保美国在中国的市场份额实现预期的增长。他们在太平洋和远东地区寻找港口,在日本寻找更多开放的口岸,还到台湾去寻找煤炭。①

鸦片战争后中国开放门户以及战后签订的和约,都让人以为中国对美国商品的需求会大量增加。然而,预期的贸易繁荣并没有实现。尽管贸易在1844年至1869年间的确有所增长,但远不如预期。在此期间,美国在中国的平均年贸易额为1300万美元,约占美国对外贸易总额的2.5%,可见商业确有增长但不如预想的那样繁荣。部分原因是中国人对美国产品缺乏兴趣。美国销往中国的商品种类越来越丰富,主要包括棉制品、小麦、面粉和煤炭,而数量较少的产品有枪支、铁、鲸油、皮革、木材等等。另一方面,美国人继续购买以茶叶和丝绸为主的中国商品,导致出现贸易逆差。在某些年份,美国从中国进口的规模是向中国出口规模的两倍之多。

美国对华贸易增长有限的另一个原因是中国并不像美国商人以为的那般富有。中国的贫富差距悬殊,一小部分中国人较为富裕,但大部分人仍然生活在贫困当中。鸦片战争后的几十年间,中国经历了一系列叛乱以及洪涝、干旱、饥荒等破坏性自然灾害,这进一步损害了中国的经济状况。那时,在中国仍然销路不错的商品只有鸦片。中国人拥有的大部分资金都用于购买鸦片,这也可能是其他美国商品销售表现不佳的原因。虽然就个体而言,很多

---

① Tyler Dennett, *Americans in Eastern Asia* (New York: Barnes and Noble, Inc., 1922), pp. 182-83.

美国商人都在对华贸易中赚了不少钱,但是就整个国家而言,美国并没有像期待中那样发大财。① 另外,奴隶贸易和奴隶制的终结,让拉丁美洲需要新的劳动力来源。美国人也曾希望通过输送中国劳工来满足拉丁美洲日益增长的劳动力需求。1862年,美国国会正式宣布该活动不合法,美国成为首个禁止华工贸易的国家。②

19世纪50年代后期至60年代,列强在中国的竞争不断升级,这促使美国重新思考对华政策。美国愈发清楚地知道,自己必须在国际政治中扮演更加重要的角色,否则将会失去对华贸易的份额。为了教训中国,英国和法国发动了第二次鸦片战争(1856—1860)。美国尽管拒绝正式参战,但仍然对英法联军表示支持。而在1859年英中之间的一场战役中,陪同美国驻华公使华若翰(John Ward)的一支美国海军部队在其授意下向英军提供了实质性支持。③

1860年④《天津条约》的签订表明,美国为了跟上国际竞争的步伐开始背离之前的政策。条约的签订仍然由英国和法国牵头,美国和俄国也加入其中,他们共同迫使清政府开放十一个新港口,允许外国商船在长江各口岸往来,允许外国人在中国游历与传教,只征收百分之五的进口关税,使鸦片贸易合法化,等等。该条约使中国几乎被西方国家彻底剥削。美国也暂时获得了在天津的租界,后来于1880年将其归还给中国。⑤

---

① Dolin, *When America First Met China*, pp. 252–56.
② Ibid., pp. 257–68.
③ Sutter, *U.S.-Chinese Relations*, p. 23.
④ 译者注:应为1858年签订。
⑤ Elleman and Paine, *Modern China*, p. 229.

在1868年的《中美天津条约续增条约》①中,美国承诺不干涉中国内政。该条约的签订正式表达了美国支持门户开放、承认中国主权的意愿。② 有趣的是,在鸦片贸易合法化后,美国的鸦片贸易参与度反而下降了。由于鸦片贸易已经合法,各国商人们无须再以走私的形式把毒品运到中国,经营成本下降,竞争也随之加剧。到1880年,美国人已不再参与鸦片贸易。③

第一次鸦片战争前后,清政府在内政上困难重重,这使其应对西方入侵的能力受到限制。④ 在19世纪,中国发生了二十多场起义,其中最严重的当属太平天国运动(1850—1864)。据说在这场运动中,死亡人数超过2000万。年轻的中国儒生洪秀全在美国浸礼会传教士罗孝全(I. J. Roberts)牧师的影响下改信基督教,而后便有了这场起义。洪秀全渴望建立一个人人都是浸礼会教徒的中国(同时具有儒家特点),这种狂热的想法很快变得一发不可收拾。他自称是耶稣的弟弟,并组建了太平军以推翻清朝。洪秀全成功控制了长江以南的广大地区,但北伐时未能攻克北京。1860年代初期,洪秀全转战上海。为了抵御太平军,上海的商人资助了一支私人民兵队,颇为乐观地将其命名为"常胜军"。这支军队由美国人华尔(Frederick T. Ward)带领,招募了英国逃兵、中国土匪和滨水地带的各种恶棍。这是一群比起拿钱更想喝威士忌的酒徒,他们第一次与太平军交锋就被打败,正是因为大规模的醉酒。但不久之后,他们便开始成为一支名副其实的常胜军,取得了1862年14场正面交锋的胜利。华尔死后,另

---

① 译者注:又称《蒲安臣条约》(the Burlingame Treaty)。
② Dennett, Americans, pp. 345; Hart Eccentric Tradition, pp. 12-13.
③ Dolin, When America First Met China, p. 256.
④ 清朝发生的内战名单见 Elleman and Paine, Modern China, p. 151.

一名美国人白齐文(H. A. Burgevine)接任为常胜军的第二任首领,但后来因袭击上海商人而被撤职。接替白齐文的是当时正在休假的英国军官查理·乔治·戈登(Charles G. Gordon)。每次面对太平军,戈登都能轻松将其击垮,这也为最终战胜洪秀全铺好了道路。洪秀全最终自杀身亡。戈登成为英国的英雄,但受美国内战的影响,两位美国指挥官的功绩在美国并未引起什么注意。①

在太平天国运动时期,美国的官方政策是加强中国政府的力量以平定国内动乱或抵御外国入侵。美国指望中国能够履行条约,因此无意在中国建立军事基地。太平天国运动一旦成功,中国就很可能会面临瓦解,而美国希望阻止这种情况的发生。美国的对华政策实际上包括两部分,即对清政府的支持和对中国主权的承认,以此帮助中国保持其完整。②

受到内战和重建的双重影响,美国几乎失去了对亚洲的兴趣。美国需要时间来愈合国家分裂的伤痛,只有这样才能作为一个统一的国家重新登上世界的舞台。同时,美国还忙于处理大量国内事务,包括开拓西部、修建铁路、转型成为工业国家等。19世纪末的美西战争让美国的地位得以提升,成为世界强国,而对菲律宾的占领则标志着美国复兴,地位可以与世界的其他强国比肩。

和美国一样,经历了近30年的动乱后,中国也面临着艰巨的重建任务。但不同的是,美国只经历了一场内战,而中国不止一

---

① Hart, *Eccentric Tradition*, pp. 13 - 14; Franz Michael, *The Taiping Rebellion* (Seattle: University of Washington Press, 1972); 史景迁, *God's Chinese Son: The Taiping Heavenly Kingdom of Hong Xiuquan* (New York: W. W. Norton, 1996); 史景迁, *To Change China*, pp. 57 - 92.
② Dennett, *Americans*, p. 20.

场。1850 年到 1878 年间,清政府镇压了 9 场叛乱和起义,包括太平天国运动。此外还有 8 场突然爆发的动乱,其中 3 场(捻军起义、天地会起义和小刀会起义)以推翻清朝为目标。① 所有这些内乱导致的死亡人数高达 6000 万。②

叛乱的镇压与第二次鸦片战争的平息结束了清朝面临的两个威胁,至少暂时如此。于是,清政府开始关注恢复国家秩序,寻找更有效的方式处理与西方的关系,推进中国军事现代化。同时,清政府也极其重视对国内传统儒家秩序的恢复。因此,紧接而来的"同治中兴"阶段,清政府大力提倡传统道德以恢复传统秩序,同时运用传统知识寻求应对挑战的实际方法。通过自强运动,清政府着力解决军事水平不足的问题。从进口西方武器开始,中国逐步尝试在国内自产武器。开设主管外交事务的"总理衙门",意在效仿西方外交的做法。降低农业税收,给予农民帮助,旨在促进经济复苏。对政府进行改革,从根源上打击官僚腐败现象。基于经典儒学的科举考试,也开始强调解决中国面临的问题。③

重建和改革的主要问题来自如何把西方的实践、方法和教育引进到中国。中国的引进方式是零敲碎打的,因为他们几乎不怎么花心思去弄清楚西方力量强大的根源,没有去了解推动西方发展的社会制度、经济制度和政治制度。④ 中国只关注西方学问的

---

① Elleman and Paine, *Modern China*, pp. 151, 153 - 60;史景迁, *Search for Modern China*, pp. 183 - 91;费正清和谷梅, *China: A New History*, pp. 214 - 16.
② 费正清和谷梅, *China: A New History*, p. 216.
③ 徐中约, *The Rise of Modern China*, pp. 261 - 91; Elleman and Paine, *Modern China*, pp. 165 - 77;费正清和谷梅, *China: A New History*, p. 221;史景迁, *Search for Modern China*, pp. 192 - 202, 215 - 22.
④ Elleman and Paine, *Modern China*, p. 176.

实际应用,而"重要的事情"依然留给传统国学去解决。这种想法使得中国人选择了"不彻底的西化"。① 他们没有意识到,或许只有从根本上对社会进行改革,才能更好地利用从西方借鉴的现代工业体制。② 正如费正清和谷梅(Merle Goldman)所说的那样:"1860至1900年那代人守住旧观念不放,以为中国可以只是部分进现代社会,这就像跳过河时只跳了一半,跳到洪水中间一样。"③这种零敲碎打的引进方式、保守派对西化的反对、解决技术落后的挑战,以及资金的缺乏,让中国在1894年应战崛起的日本时措手不及。④

中国在1894至1895年甲午战争中遭受的屈辱性失败以及战后的"抢占租借地"让人们纷纷担忧列强将会瓜分中国。显然,自强运动已经失败,中国需要的是更加广泛的改革。对于改革应如何进行,中国内部并未达成共识。有人提倡有限的政治改革,在中式体制的基础上采用西式的方法作为补充。然而,学者康有为提出,要进行更加激进的改革。康有为的想法打动了光绪皇帝,于是有了后来的戊戌变法。1895年,康有为等激进改革的支持者向光绪帝上书,主张进行广泛的改革。上书失败后,康有为及其追随者利用报刊和学会、学堂进行宣传,终于引起了年轻皇帝的注意,并且得到了这位理想主义者的支持。1898年6月11日,光绪帝颁布了一系列促使中国现代化的诏书,戊戌变法正式开始。此次变法范围广泛,涉及政治、教育、经济、法律、技术、军

---

① 费正清和谷梅,*China: A New History*,p. 217.
② Elleman and Paine,*Modern China*,p. 176.
③ 费正清和谷梅,*China: A New History*,p. 217.
④ Ibid.,pp. 218 - 20;徐中约.*The Rise of Modern China*,pp. 287 - 91;Elleman and Paine,*Modern China*,pp. 175 - 78.

事、治安等方面。守旧派迅速联合起来,反对的声音于同年9月到达顶峰。慈禧太后对改革感到惊恐,认为这会对满人的势力带来威胁,于是在9月21日发动政变,囚禁了光绪皇帝。作为朝廷三十多年的掌权者,精明的慈禧依靠着守旧派的支持,轻易便推翻了改革。戊戌变法失败后,戊戌六君子被杀,康有为等人则在被捕前逃往日本。对很多中国人来说,剩下的唯一出路就是推翻清政府。①

在此期间,美国人对中国的印象也彻底改变。可以在中国自由行动的旅者开始描述中国恶劣的环境。美国人埋怨中国人的懒惰。传教士也感到失望和愤怒,因为他们很难说服中国人改信基督教。大量中国人出现在加利福尼亚州,加深了中国人在美国人心中日益加剧的负面形象。一开始,加利福尼亚人很欢迎中国人,他们要么在矿井里长时间地辛苦工作,要么在矿场里当厨师。

然而,中国人在美国备受歧视,当地的法律条文也明显带有种族歧视的色彩。随着矿场生产减缓,中国人又变成了铁路建设的廉价劳动力。1860年至1870年间,中央太平洋铁路公司雇用了一万名工人,其中90%是中国人。第一条横贯大陆的铁路建成后,这些中国人只能争相寻找其他工作,有什么就做什么。劳动力市场十分饱和,中国劳工需要与欧洲人和美国人竞争。因为中国人满足于更低的工资,所以被认为带来了不正当竞争。很快,他们成了美国工人运动的攻击目标,人们开始鼓吹禁止中国移民。由于当时大部分中国人居住在美国西海岸,一开始这只是一个局部性问题,而1873年恐慌(Panic of 1873)则加深了当地

---

① 徐中约, *The Rise of Modern China*, pp. 355 - 84;费正清和谷梅, *China: A New History*, pp. 224 - 30; Elleman and Paine, *Modern China*, pp. 210 - 11.

的反华情绪。不断上升的失业率引起了聚众暴动,也增加了美国人的敌意。于是,这一社会经济问题迅速变成了一个政治和外交的问题。继1880年与中国商议《安吉尔条约》之后,美国国会又通过了一系列《排华法案》(1882)——直到1943年才被废除。那时,在美华人只能聚居在城市中的贫民窟——"唐人街"。①

在美华人引起了人们对"黄祸"的恐惧,人们担心中国人会成为白人的威胁。中国移民在各方面都被描述得十分险恶。他们被视作"永远的异乡人,具有威胁性,无论是根据种族、文化、劳动力还是畸形的性别关系来看,都处于低等地位"。② 有人认为他们是邪恶和不道德的根源,鸦片馆和妓院就是活生生的例子。③ 美国的通俗文学作品也宣传了此类观点。此外,亚洲人口众多,引发了亚洲移民会压制白种人的恐惧。于是,美国人视中国人乃至所有亚洲移民为政治、经济和文化上的威胁,而1900年的义和团运动也加强了这种对"黄祸"的恐惧。④ 19世纪后期日本的崛起则为这些恐惧增添了潜在的军事元素。戴维·斯科特(David Scott)指出,海权的拥护者阿尔弗雷德·马汉(Alfred Mahan)曾

---

① Scott, *China and the International System*, pp. 58 – 63; Hart, *Eccentric Tradition*, pp. 15 – 16; Akira Iriye, *Across the Pacific: An Inner History of American-East Asian Relations* (New York: Harcourt, Brace and World, 1967), pp. 30 – 31; 王栋, *The United States and China*, pp. 73 – 90; Dolin, *When America First Met China*, p. 269.
② Erika Lee, "The Chinese Exclusion Example: Race, Immigration and American Gatekeeping, 1882 – 1924," *Journal of American Ethnic History* 21, no. 3 (Spring 2002): 38.
③ 虽然大多数中国人是自愿来美国找工作的,但也有一些是例外。一些年轻的华裔妇女被骗或被强迫到加州(有些被家人卖掉),被迫在那里卖淫。Dolin, *When America First Met China*, p. 269.
④ Diana Preston, *The Boxer Rebellion: The Dramatic Story of China's War on Foreigners That Shook the World in the Summer of 1900* (New York: Berkley Books, 1999), pp. 350 – 51.

表示担忧,他认为关于东方还是西方文明将会主导世界的问题,已经到了必须正视的时候。① 亨廷顿(Huntington)在《文明的冲突》里也提及了类似的观点。提出这类看法的并不只有美国人,其他研究中国问题的学者也表达了类似的担忧。②

另外,这些观点也许表露了美国人自己在面对非西方文化(特别是亚洲文化)时的焦虑、矛盾甚至是偏执心态,在19世纪后期美国进入强国之列后尤为如此。③ 因此,美国人认为阻止中国移民入境至关重要。1902年,美国劳工联合会提出要继续排华,并且要对排华法案延期。④ 排华政策和排华法案引发了中国的抗议,最终导致中国对美国商品的抵制。⑤

---

① Scott, *China and the International System*, p. 139.
② Preston, *The Boxer Rebellion*, pp. 350 - 51.
③ Lee, "The Chinese Exclusion Example," pp. 38 - 62;陈国维, "Notes for a History of Paranoia, 'Yellow Peril' and the Long Twentieth Century," *Psychoanalytic Review* 97, no. 2 (2010): 263 - 83; Karen A. Keely, "Sexual Slavery in San Francisco's Chinatown, 'Yellow Peril' and 'White Slavery' in Frank Norris' Early Fiction," *Studies in American Naturalism* 2, no. 2 (Winter 2007): 129 - 49; Yuko Kawai, "Streotyping Asian-Americans: The Dialectic of the Model Minority and the Yellow Peril," *Howard Journal of Communications* 16, no. 2 (April 2005): 109 - 30; Stanford M. Lyman, "The 'Yellow Peril' Mystique: Originsand Vicissitudes of a Racist Discourse," *International Journal of Politics, Culture & Society* 13, no. 4 (June 2000): 683 - 747; Diana L. Ahmad, "Opium Smoking, Anti-Chinese Attitudes, and the American Medical Community, 1850 - 1890," *American Nineteenth Century History* 1, no. 2 (Summer 2000): 53 - 68; Floyd Cheung, "Anxious and Ambivalent Represenetations: Nineteenth Century Images of Chinese-American Men," *Journal of American Culture* 30, no. 3 (2007): 293 - 309.
④ American Federation of Labor, *Some Reasons for Chinese Exclusion: Meat vs. Rice; American Manhood vs. Asiatic Coolieism, Which Shall Survive?* (Washington, D. C.: Government Printing Office, 1902) https://archive.org/stream/somereasonsforc00labogoog#page/n36/mode/2up (last retrieved, January 4, 2015).
⑤ Scott, *China and the International System*, p. 179.

"反华墙——美国的围墙正在筑起,中国的围墙已经倒下。"这幅漫画于1882年刊登在美国第一本幽默杂志《顽童杂志》(1871—1918)上。漫画中,由爱尔兰人、非裔美国人、内战老兵、意大利人、犹太人和法国人组成的一群工人正在筑起围墙,阻止中国劳工进入。围墙所用的砖块上标有"竞争对手""嫉妒""不互惠互利""违法种族""恐惧""偏见""反对低薪""不美国"等字样。把砖块砌在一起的则是"国会灰浆"。对面,一艘插着美国国旗的船趁着中国贸易壁垒的移除,正在装载茶叶、丝绸和大米。
来源:《顽童杂志》,1882年3月29日,美国国会图书馆

21 传教士在中国的传教活动加重了中国人的排外情绪,中美之间的紧张关系也因此进一步恶化。19世纪中后期,由于中国基督徒和传教士遭受抨击,西方政府向清政府施加了更大的压力,以保护处于危险之中的传教士和受他们影响的皈依者。此外,西方公众也支持他们的外交官采取措施保护自己国家的公民和政府的利益,必要时还可以使用武力。中国政府夹在中间,左右为难——一方面,西方国家要求保护他们的公民、财产和中国基督徒;另一方面,中国的上流阶层对外国人的敌意日益增长,而大多数地方官正是出自这一阶层。上流阶层认为传教士对中国的社会、政治和意识形态构成威胁,并常常向大众

宣扬这种仇外情绪。①

随着美国社会福音运动的兴起和亚洲掀起的西化浪潮,人们对宗教的兴趣重新点燃。美国新教传教士在中国的活动始于1830年代,在1890年代有所增长,这反映了传教士们的想法——把福音传播到国外以防基督教在国内的发展停滞。② 这些传教士致力于推动中国的现代化和改革,他们出版中文版的基督教文学以及美国和其他西方国家的书籍,还在当地建立医院、孤儿院和学校。值得注意的是,由于传教士在教育方面所做的努力,中国受教育的女性数量得到了提升。③ 然而,传教士的存在也不断提醒着中国在西方人手上所遭受的屈辱。无疑,很多传教士是理想主义者,为中国做出了不少贡献,但他们能来到中国则有赖于条约体系。因为签订了战败条约,中国人才被迫做出让步,允许传教士到并不需要他们的地方活动。如果只看改变信仰的人数,传教士的活动成效有限,但他们对中国传统有意无意的攻击引起了很多中国人的反感,导致社会日益动荡。④

爱德温·赫德·康格(Edwin H. Conger,1898—1905年担任美国驻华公使)的妻子萨拉·康格(Sarah Pike Conger)对西方的侵犯行为及对中国主权的破坏表示了批评。在她逗留中国期间,康格女士与慈禧太后建立了友好的关系。丈夫康格于1907年逝世之后,她出版了一本书信集⑤。在一封1899年2月写给

---

① Sutter, *U. S. -Chinese Relations*, pp. 24 - 25;王栋, *The United States and China*, pp. 97 - 115; David J. Silbey, *The Boxer Rebellion and the Great Game in China* (New York: Hill&Wang, 2012), pp. 40 - 47.
② Cohen, *America's Response*, pp. 52 - 53.
③ 王栋, *The United States and China*, pp. 110 - 14.
④ Cohen, *America's Response*, p. 53.
⑤ 译者注:即 *Letters from China with Particular Reference to the Empress Dowager and the Women of China*. Chicago, 1909.

侄子的信中，她这样写道：

> 我在这儿观察了一段时间，中国人憎恨外国人，对此我并不惊讶。外国人在这里总是这么凶狠和苛刻，尽管这里并不是他们自己的国家。他们对待中国人就像对待没有任何权利的狗一般——难怪中国人会吼叫，有时甚至咬人。要是这些从基督教的土地过来的人能对中国人有点基督的博爱精神该有多好啊！但"年轻的西方"和"年轻的美国"却都没有一丁半点的怜悯之心。守候和探寻基督精神不是很好吗？就算是在"黑暗"的国家也可能会发现未知的光亮。①

但是，有些传教士则反驳称，中国人的仇外态度不应该由他们负责。在反洋、反基督的义和团运动结束五年后，传教士何天爵（Chester Holcombe）在《大西洋月刊》中为美国传教运动进行了激烈的辩护。他坚称传教士跟在华商人和外交官一样，都有保护自己政府的责任。他坚决地表示，中国人"……是一群聪明人，精明而且有充分的常识，唯一有点不同的是，这些常识中掺杂着一些古老而原始的迷信"。他还说：

> 事实上，中国人对当前的状况了如指掌，坚定的民主精神也随处可见。跟我们一样，他们对人和国家的判断源于这些人和国家所做的事而不是所说的话。所以，在任何情况下，用我们的标准来推断中国人的感受或行为都不会错到哪里去，只是要记住他们比我们更能忍耐。

何天爵坚称："必须要强调的是，这场骇人听闻的义和团运动，并

---

① Sarah Pike Conger, *Letters from China: With Particular Reference to the Empress Dowager and the Women of China* (Chicago: A. C. McClurg and Company, 1909), pp. 45–46.

非源于传教活动,而是源于某些西方政府对中国的侵犯、控制和掠夺,这些政策和行为都是有悖基督教义的。"他总结道:

> 对那些已经在美或打算赴美的华人,美国政府和人民已经准备好并且坚定地想要重新实行尊重与合理的政策。我们意识到,现在是为我们的侮辱行为表达歉意的时候,也是我们改正错误的时候。总之,我们会对华人和中国重拾先前的态度,给予他们公平的对待,帮助他们并示以我们真诚的友谊。那时候,我们无疑会重新获得他们的信任,赢回我们由于自身的愚蠢而失去的一切,甚至将获得更多。美国在华的传教活动对我们与这个伟大帝国之间的关系将会有所助益。这个国家在未来的岁月里将比以往更有价值。①

另一方面,中国当权者希望利用美国来弥补其他列强对中国造成的损失,然而希望落空了。李鸿章等官员判断美国不会对中国造成威胁,所以力求得到美国的支持来对抗更具侵略性的国家。他们认为,美国想要在亚洲经商构成了中美合作的共同基础,中国可以借此赢得美国的支持,但这种期许显然是过于乐观乃至不切实际的。看到美国人对自己的提议不感兴趣,李鸿章最终选择了放弃。事实证明,移民问题方面的摩擦和小心翼翼的外交把中国人压得喘不过气来。②

1790年代,不仅是传教士,其他美国人对中国的兴趣也不断提升。很多美国人认为生产过剩和国境关闭会导致国内经济停

---

① Chester Holcombe, "The Missionary Enterprise in China," *The Atlantic Monthly*, September 1, 1906, http://www.theatlantic.com/magazine/archive/1906/09/the-missionary-enterprise-in-china/306000/. (last retrieved, May 20, 2014)
② Sutter, *U.S.-Chinese Relations*, pp. 25–26.

滞不前,而可以倾销过剩货物的亚洲市场对他们来说有着巨大的吸引力。美西战争后,美国作为殖民强国的崛起让军事思想家们重新思考未来的方向。之前的欧洲和现在的日本竞争者使得美国商人更加意识到中国市场的重要性,他们迫切要求实施更有力的对华政策,这个要求也得到了其他对远东感兴趣的群体的支持。① 艾伯特·J.贝弗里奇(Albert J. Beveridge)描述了人们如何希望积极寻求中国市场的机会。他宣称:"我们绝不放弃在东方的机会。"

> 我们最大的贸易必须要跟亚洲进行。太平洋是我们的海洋。欧洲将会生产越来越多太平洋所需的商品,这让他们免受殖民地的攻击,因为这些殖民地将购买最多的商品。那我们该到哪里寻找过剩商品的消费者呢?地理给出了答案。中国是我们天然的消费者。中国与美国之间的距离比中国到英国、德国或俄国这些现在和未来的商业强国都要近。②

田贝(Charles Denby,1885—1898年间的美国驻华公使)的看法也反映了这些日益增长的关切。起先,田贝支持以温和的方式对待中国。但后来,他断定中国政府软弱无能,无法保护美国传教士和美国的利益。他还认为,中国无力抵挡俄国和日本等列强侵略的野心。美国的对华政策应采取更强有力的立场。③ 然而,美国决策者选择了另一条道路。

这条道路便是门户开放政策。正如上文提到的那样,门户开

---

① Iriye, *Across the Pacific*, pp. 77 – 79; Cohen, *America's Response*, pp. 45 – 46.
② Albert J. Beveridge, "In Support of an American Empire," *Congressional Record*, 56Congress, I Session, pp. 704 – 12. http://mtholyoke.edu/acad/intrel/ajb72.htm.
③ Sutter, *U. S. -Chinese Relations*, p. 25.

放在某种程度上已经成为美国对华关系的一部分。而且,它反映了美国早在独立战争时期对公平商业机会的承诺。义和团运动后,中国面临着解体的危机,海约翰于 1899 年和 1900 年发出的照会是对此的回应,也是对美国商人保护在华贸易之要求的回应。海约翰发出照会的目的是确保美国在不动用武力或寻求联盟的情况下实施现有的政策。这些原先就有的原则现在得到了美国政府的公开支持。① 美国在中国的商业主要分布在上海等长江沿岸地区,这对于美国而言具有战略意义。俄国、日本和德国的利益范围在华北地区,法国和英国的租界在华南地区,而美国的利益范围恰好位于中部地区。同时,这也有利于美国阻止中国解体。② 然而,列强对租借地的抢占改变了当时的情况。

美国宣布门户开放政策,就相当于承认了中国的情况已经发生改变,因为其第一次照会明确承认了德、法、俄、英、日在 1894 至 1895 年中日甲午战争后划分的势力范围。中日甲午战争对中国来说十分屈辱,最终清政府被迫按照日本的条件结束战争,以免皇权遭到反抗。商定议和条款时,清政府甚至请了在本杰明·哈里森③(Benjamin Harrison)政府效力过一段时间的前美国国务卿约翰·沃森·福斯特(John Watson Foster)担任顾问。不过,福斯特没能阻止日本迫使中国签订条件苛刻的《马关条约》。25本来,条约要求把辽东半岛割让给日本,但在法德两国的支持下,俄国对日本进行干涉,日本只能放弃辽东半岛,但中国向日本支

---

① Dennett, Americans, p. 645; Lawrence Battistini, *The Rise of American Influence in Asiaand the Pacific* (East Lansing: Michigan State University Press, 1960), p. 213.
② Elleman and Paine, *Modern China*, p. 229.
③ 译者注:美国第 23 任总统(1889—1893)。

付的赔款则相应增加。而在后来的"抢占租借地"活动中,俄国自己抢夺了这片领土。俄、法、德三国很快又进一步要求北京给予其额外的经济特权,在中国划分"势力范围"。英国和日本也紧随其后。美国没有积极地参与到租借地抢占当中,但在美西战争中获得的菲律宾群岛和关岛也让美国在亚洲有了一席之地。即便如此,列强抢占租借地确实威胁到了美国通往中国的道路。然而,列强抢夺贸易特权和其他特权已是既成事实,麦金莱政府也不能改变。面对这种情况,美国要么加入抢占的行列,要么采取其他措施。美国最终选择了向各国发送外交照会,要求"在各国的'势力范围'内,贸易和通航条件……要绝对地平等"。这就是门户开放的第一份照会。① 以下是美国发给德国的照会全文:

> 美国政府诚挚希望避免任何缘由之怒火,同时也希望确保各国在中国之商贸能获得确实的收益。如划分"利益范围"的各国能正式承认在各个"利益范围"内各国的贸易和通航条件绝对均等,则理应获得此等收益。据此,美国政府愿请德皇陛下政府正式保证在本国势力范围内遵守下列原则,亦望借你之力确保其他各国在各自的势力范围内遵守下列原则。
>
> 第一,对于在中国的所谓利益范围或租借地内的任何条约口岸和任何既得利益,各国一概不得干涉。

---

① Elleman and Paine, *Modern China*, pp. 195 - 207;史景迁,*The Search for Modern China*, pp. 220 - 22, 230;张戎, *Empress Dowager Cixi: The Concubine who Launched Modern China* (New York: Alfred A. Knopf, 2013), pp. 181 - 216; The Open Door Note, September 6, 1899. https://www.mtholyoke.edu/acad/intrel/opendoor.htm. (Last retrieved May 19, 2014); Gregg Jones, *Honor in the Dust: Theodore Roosevelt, War in the Phillipines, and the Rise and Fall of America's Imperial Dream* (New York: New American Library, 2012), p. 178.

第二,中国现行条约税则适用于所有上述"范围"内一切口岸(自由港除外)所装卸的货物,不论货物属何国籍。此种税款由中国政府征收。

第三,在各自上述"范围"内的任何口岸,各国对他国入港船舶所征收的入港费,不得高于对本国船舶所征收的入港费;在各自上述"范围"内修筑、管理或经营的铁路,对他国公民运输的货物,应与对本国公民运输同样货物、经过同等距离所征收的铁路运费等同。

德国皇帝陛下宣布胶州湾为自由港,并协助中国政府于该地建立海关,这些政策与本政府之提议明显一致;俄国沙皇陛下最近于8月11日发布在大连湾建立自由港的敕令,俄国皇室代表则在华盛顿向本政府明确保证,后来俄国大使也就此重申……这些似乎都表明沙皇对本照会提议的支持……

如根据本照会之提议,英国和日本的商贸利益显然可以得到满足。英、日两国政府希望采取措施对在华外贸活动给予平等对待,此观点与美国的想法如此相似,因此,两国接受本照会提议并支持其他各国接受提议是指日可待的。①

这份照会得到的回应基本上都有所保留。比如,日本声明自己愿意履行美国的提议内容,"前提是其他收到照会的国家都接受同等的条件"。②

---

① Hay to White, September 6, 1899. U. S. Department of State, Papers Relating to the Foreign Relations of the United States, 1899 (Washington, D. C.: Government Printing Office, 1899), pp. 129 - 30. Hereafter cited as Foreign Relations.
② "The Open Door, 1900," http://courses. knox. edu/hist245/opendoortext. html. (Last retrieved May 19, 2014).

第二份照会源于义和团运动造成的混乱。这场暴动主要针对中国基督徒和洋人,是华北地区自然灾害和日益高涨的反洋情绪的双重结果。据记载,对传教士的暴力行为最早可追溯到1897年发生在山东省的事件——两个德国传教士和一个中国基督徒被杀,一个天主教堂遭到破坏。暴力不断扩散,截至1900年,义和团运动已经得到清政府的支持,吸引了几千名农民参与其中。铁路和电报线路等洋人存在于中国的标志遭到毁坏,中国基督徒也被攻击。1900年春,义和团开始渗入天津和北京。在北京,包括德国公使在内的大量洋人被杀,外国公使馆也遭到为期55天的围攻,直到由20000人组成的八国联军(其中3500名为美国人)到来,公使馆的危机才得以解除。1901年9月,《辛丑条约》签订,条约要求中国为事件造成的生命财产损失赔款3.33亿美元,其他条款包括为在此次事件丧生的200名西方人建立纪念碑、中国进行国内改革(包括法典的改革)等。① 各国中美国分得的赔款将近2450万美元,仅占总数的7%。②

眼看中国进入混乱无序的状态,1900年7月3日,海约翰发出了以下照会:

> 基于当前中国之危急形势,现在此表达美国之态度。我

---

① 关于义和团运动的详细讨论,见 Preston, *The Boxer Rebellion*,和 Silbey, *The Boxer Rebellion and the Great Game in China*;王栋, *The United States and China*, pp. 108 – 10;Cohen, *America's Response*, pp. 54 – 55;Sutter, *U. S. - Chinese Relations*, pp. 26 – 29;Hsu, *Rise of Modern China*, pp. 387 – 406;费正清和谷梅, *China: A New History*, 230 – 32;史景迁, *Search for Modern China*, pp. 230 – 36;Crossley, *The Wobbling Pivot*, pp. 138 – 40;Elleman and Paine, *Modern China*, pp. 213 – 17.

② Elleman and Paine, *Modern China*, p. 217. 本页附有中国需向西方列强支付金额的图表。

国遵循1857年提出之政策,根据治外法权和国际法,与中华民族维持和平,推进合法贸易,并以一切方式保障我国公民的生命财产安全。若我国公民受到不正当对待,我们提出对责任人最大程度的问责。我们认为北京事实上已进入无政府状态,实际权力和责任已转移到各地督抚。只要他们不公然与乱党勾结,且能使用其权力保护西方人的生命财产安全,我们则认为他们能代表中国人民,我们希望与中国人民维持和平和友谊。迄今为止,我国总统的目的是与各国共同遵循以下原则:第一,与北京沟通,解救处于危险之中的美国官员、传教士和其他人员;第二,尽一切可能保护中国各处的美国公民之生命财产安全;第三,维护美国的一切合法利益;第四,协力防止混乱蔓延到中华帝国的其他地区,避免类似事件再次发生。对于第四点,此时预言采取的手段固然为时尚早,但美国政府的政策所寻求的解决方案意在保持中国领土和行政权完整,保护由条约及国际法所承诺于各友好国家的一切权利,并保障全世界与中华帝国之间同等的公平贸易原则。①

此次照会跟上一次照会收到的答复方式差不多。② 不过,"美国政府的政策**所寻求的解决方案**③……保持中国领土和行政权完整"的字眼显示出海约翰发出的既是一份单边的政策声明,也是对各国尊重中国领土完整的呼吁。在照会中,美国政府承诺寻求保持中国完整的解决方案,海约翰以这种方式告诉其他国家,他

---

① Hay to Herdliska, July 3, 1900. *Foreign Relations*, 1900, p. 299.
② "The Open Door, 1900," http://courses.knox.edu/hist245/opendoortext.html. (Last retrieved May 19, 2014).
③ 粗体为作者所加。

28

"决不让步。"在 **1899** 年 **8** 月刊登的这幅插画上,山姆大叔手持贸易条约,脚踩在正被德、意、英、俄、法剪开的中国地图上。背景中的奥地利则正在磨着一把大剪刀。山姆大叔对其他各国说:"各位,你们可以按照自己的意愿剪碎这张地图,但别忘了,我就站在这儿,你们谁都不能把我分割到自己的势力范围当中去。"

来源:《顽童杂志》,1899 年 8 月 23 日,美国国会图书馆

们可以同意这份声明但并不一定完全遵守声明的内容。

门户开放照会也许是麦金莱政府在寻求新的亚洲政策时能想到的最理想的办法,① 它是反殖民主义和经济帝国主义的结合体,也是对在中国划分势力范围的一种抵制。② 抑或它只是在满足含糊的行动要求的同时又不做得太过分的一种方式。③ 甚至可以说,它是无关痛痒的。④ 有人把门户开放政策描述成美国

---

① Cohen, *America's Response*, p. 45
② Thomas J. McCormick, *China Market: America's Quest for Informal Empire, 1893 – 1901* (Chicago: Quadrangle Books, 1967), p. 128; Elleman and Paine, *Modern China*, p. 203.
③ Marilyn B. Young, *The Rhetoric of Empire: American China Policy, 1895 – 1901* (Cambridge: Harvard University Press, 1968), p. 123.
④ Scott, *China and the International System*, p. 139.

"软实力"在中国的运用,或许也十分准确。① 徐中约认为:"门户开放更像是美国对原则的声明,而不是正式的政策,因为它既没有表现出意志,也不具备用军事力量执行的权威。"徐中约指出,声明发出后瓜分中国的浪潮减退,但这并不是门户开放照会在起作用,而是因为列强相互之间的竞争和冲突,所以是"各国之间的均势挽救了大清帝国②,使其免于马上瓦解"。不论如何解读,1901年麦金莱的逝世把实施和解释门户开放政策的问题留给了他的继任者——西奥多·罗斯福。

---

① 王栋,*The United States and China*,pp. 59 - 65.
② 徐中约,*The Rise of Modern China*,p. 350.

第二章 态度和观念

西奥多·罗斯福上任时,中国对不同的人来说有着各种不同的含义。有些人认为,中国代表着潜在的商业机遇,这个地方有很多有意义的事情可以做,有很多灵魂应当得到救赎。作为国际竞争的关键之地,中国也可以说代表了美国所面临的挑战。同样地,有人视中国为可怕的存在,对中国的未来表示担忧,不知道其发展对美国和世界意味着什么。而更多人担心的是,中国的廉价劳动力如果不加以制止,就会涌入美国,威胁到美国人的生活水平,并带来不良的习惯和活动方式。

美国人对中国充满好奇,但他们对中国的第一印象大都来自欧洲文学和艺术作品,那些印象是高度理想化的。本杰明·富兰克林(Benjamin Franklin)、詹姆斯·麦迪逊(James Madison)和托马斯·杰斐逊(Thomas Jefferson)等早期的美国知识分子都很仰慕中国,因为那里是新思想和新方法的模型,他们甚至羡慕中国的与世隔绝。但是,美国人也对中国人感到不屑,去中国的美国人很快就表现出了他们的轻蔑态度。那些在华美国人很快就看不起中国人,认为他们的道德水平低下,比小孩子好不了多少。这种蔑视的另一个来由是中国拒绝按照西方的准则建立国际关系,抱有这种想法的人通常会鼓吹使用武力迫使中国就范。面对中国人时不能示弱,以免他们利用这一态度。连传教士们都认

第二章 态度和观念

为,要让中国摆脱落后和野蛮,就得采取严厉措施。①

美国人对中国的印象还来自赴美华人。那个时代的一位作家写道:"比起大部分欧洲人,美国普通人对华人这一族群的尊重更少。这可能是由于美国人接触得更多的是华人劳工而不是较高阶层的中国人,也可能由于美国在华人问题上的法案。"②与华人劳工的接触引发了强烈的排华情绪,这些情绪发展成了美国对中国的民族心态。1895 年后,中国无力抵挡西方列强和日本的进攻,美国人的敌意也开始转变。世纪交替之际发出的门户开放照会暗示了美国对中国开始透露出同情,不过整体而言,20 世纪初期美国人对中国的态度是反复无常的。不管怎么说,以往主流的敌对态度在此时终于有被新观点所替代的迹象。③

美西战争及其余波点燃了美国的帝国主义野心,眼前的中国自然成为美国的目标。布鲁克斯·亚当斯(Brooks Adams)和阿尔弗雷德·赛耶·马汉等人的著述为美国向太平洋及东方扩张提供了思想基础。④ 由于 1890 年代的对华贸易有轻微增长,商人们要求进一步扩大在亚洲的贸易活动。另一方面,由于担心宗教事业停滞不前,传教运动也再度兴起。商业和改革被视为开放中国的两大要素,二者既有利于中国,也能为美国的商人和投资

---

① Hunt, *Special Relationship*, pp. 32 - 34.
② 李佳白,"The Powers and the Partition of China," *North American Review* 170, no. 522 (May 1900): 640.
③ Robert McClellan, *The Heathen Chinee: A Study of American Attitudes toward China, 1890 - 1905* (Columbus: The Ohio State University Press, 1971), pp. 249 - 50.
④ Brooks Adams, *American Economic Supremacy* (New York: The Macmillan Company, 1900); Alfred Thayer Mahan, *The Influence of Sea Power Upon History* (Boston: Little, Brownand Company, 1895); 和 Alfred Thayer Mahan, *The Problem of Asia* (Boston: Little, Brownand Company, 1900).

者带来绝佳的商机。①

在两件互相关联的麻烦事上,中国也是焦点所在。其一,美国自认为是西方列强中的佼佼者,而中国对西方列强的侵犯极力抵抗。其二,美国希望自己能作为仁慈的存在长期立足于中国,而这意味着要与欧洲列强更为阴险的帝国主义行为较量。要抵御帝国主义力量,中国只能够把希望落在改革上;立即对美国的利益给予肯定,能极大地促进改革进程。而且,为了触及潜力巨大的中国市场,美国也必须在中国彰显自己的影响力。在有些人眼中,世界文明的关键之争将发生在中国。一方面,美国经历了1890年代的经济低迷,也需要市场来吸收过剩的产品,于是有了在中国实行门户开放的倡议。另一方面,美国具有向西扩张的内在思维,并希望借机把美国文明带到中国。各种因素加在一起,那些想要加深美国在此古老帝国之参与的人很容易就能对中国的潜力大肆渲染,并强调这种参与到了"国家行动的阶段。"②

1898年1月,美国驻华公使田贝在《北美评论》中指出,中国已经成为强国对抗的焦点,对于他眼中美国对此情况的冷漠应对,他也表示出担心:

> 我国不可以对此视而不见。美国的人口不断增长,生产出的商品数量超过了人民可以消费的商品数量;我们是一个好强的民族,容不得一丝反抗;我们拥有比欧洲任何国家都长的海岸线,繁荣发展的城市遍布各地。这样的民族将会影响东方世界

---

① Cohen, *America's Response to China*, pp. 42-52; Jerry Israel, *Progressivism and the Open Door: America and China, 1905-1921* (Pittsburgh: University of Pittsburgh Press, 1972), pp. 3-22. 有关美国在远东利益的精彩研究有 McCormick, *China Market*; and Young, *The Rhetoric of Empire*.
② Hunt, *Special Relationship*, p. 177.

的未来,再怎么冷漠,再怎么置若罔闻,都不能轻视这样的未来……东方市场是留给美国商人的机会,总有一天,东方政府将会听见美国的声音,正如南美各个共和国所听见的声音一般强而有力。如果美国能及早认识到这样的命运必将到来,不留机会给欧洲领袖挡住我们"既定利益"的道路,便是不错的。①

一个月后,詹姆斯·H. 威尔逊将军(General James H. Wilson)表达了与田贝相似的担忧。他指出,对中国的情况"切不可漠不关心"。他还表示:

> 因为美国是中国隔着海最近的邻居,也是列强中唯一一个绝对没有计划破坏中国和平、完整及其全体人民基本利益的国家,所以美国必须对中国有最深刻的理解。美国承担不起错判其他列强之计划的代价,也不能指望列强中的任意一国(哪怕是最仁慈的一国)把现存在华商贸分一部分给美国。如果中国能够得到解救,维持领土完整,主权不受损害,那么在华之商贸必然快速增长。②

布鲁克斯·亚当斯把中国称作"未来的巨大问题,一个无可避免的问题"。③

西奥多·罗斯福继任总统时,美国人民对中国的印象左右摇摆。一方面,美国人对中国人普遍表示不满,这种不满情绪主要基于他们跟在美华人的接触,其引发的态度既有蔑视也有高高在

---

① Charles Denby, "America's Opportunity in Asia," *North American Review* 166, no. 494(January 1898): 35 - 36.
② James H. Wilson, "America's Interests in China," *North American Review* 166, no. 495(February 1989): 140.
③ Brooks Adams, "Russia's Interest in China," *The Atlantic Monthly* 86, no. 515 (September 1900): 317.

上的家长式作风。有些尖锐的不满情绪因同情中国面对列强环伺的困境而有所削减。另一方面,人们也越来越乐观地认为中国可以克服困难,终有一天会与世界上的现代国家并驾齐驱。总的来说,持这种观点的人认为列强必将把中国带到 20 世纪,而他们希望美国能够在其中扮演主要角色。①

对某些美国传教士而言,中国的情况很好解释。美国传教士伊娃·简·普莱斯(Eva Jane Price)及其丈夫查尔斯·普莱斯(Charles Price)在义和团运动中丧生。在义和团运动前夜,伊娃坦率而毫无掩饰地写道:"中国的落后是异教信仰的结果,一个国家的发展如果脱离了基督教教义带来的文明,就会落得中国那般下场。"②另一位传教士及教育家谢卫楼(D. Z. Sheffield)在中国生活了四十余年,他指出:

> 带着各自的海军和军事装备,强大的西方国家有的已经踏上中国的土地,有的正在敲开中国的大门,他们都已在中国领土上划好了各自的"势力范围"。另一方面,中国统治者昏愦无识,听任自己的国家陷入危机。西方列强的入侵加上中国统治者的无知、猜忌、自私和腐败,都在强调一个事实:远东有一个病夫,已经不太可能痊愈了。如果不对其国计民生进行彻底的革新,中国不可能继续作为一个国家而存在。③

---

① McClellan, *Heathen Chinee*, pp. 249 – 54; Israel, *Progressivism and the Open Door*, pp. 22 – 23.
② Eva Jane Price, *China Journal, 1889 – 1900: An American Missionary Family during the Boxer Rebellion, with Letters and Diaries of Eva Jane Price and her Family* (New York: Charles Scribner, 1989), p. 22; Preston, *The Boxer Rebellion*, pp. 276 – 79.
③ D. Z. Sheffield, "The Future of the Chinese People," *Atlantic Monthly* 85, no. 507(January 1900): 76.

此外，谢卫楼还补充道："中国需要保护和指引……由真正关心中国福祉的基督教国家来引导，中国才能保护自己的国家完整，进而认真地改革。"①这当中的含义显而易见。美国必须是其中一个所谓的"基督教国家"，承担起指导中国的责任，使得"中国从毫无生气的文明中解脱，建立稳定有序的政府，进入物质繁荣的时期，并且其前进的动力来自基督教启示下的真理。"②抑或像新任美国驻华公使康格所说："东方主义必须真正让路于西方主义……而且让得越快，对中国越好。"尽管如此，关于中国未来的讨论通常具有不确定性，因为关注中国情况的人对这个国家未来的景象有着各种各样的预测。③

罗斯福本人就高度代表了这些观点。他读过马汉和亚当斯的著作，深受二人的影响。他与二人通过信，讨论中国的问题，并对他们的观点表示赞同。在1897年的夏威夷问题上，罗斯福告诉马汉："我绝对认同你的观点，实际上在外交政策上我都认同你的看法。"罗斯福还希望"看见美国商业利益在东方蓬勃增长"。他支持在华传教士的活动以及美国人在中国教育制度改革方面做出的努力。④

罗斯福对中国并不那么同情。对他来说，中国恰恰例证了，如果一个国家失去了精神支撑和军事实力将会有怎样的下场。不过，他

---

① D. Z. Sheffield, "The Future of the Chinese People," *Atlantic Monthly* 85, no. 507(January 1900): 76. , p. 84.
② Ibid.
③ Quoted in Scott, *China and the International System*, pp. 139 – 42.
④ Howard K. Beale, *Theodore Roosevelt and the Rise of America to World Power* (Baltimore: Johns Hopkins Press, 1956), p. 77; Roosevelt to Mahan, May 3, 1897, Elting E. Morison, ed. , *The Letters of Theodore Roosevelt* (Cambridge: Harvard University Press, 1952), vol. 1, p. 607, vol. 4, pp. 1278 – 79, hereafter cited as Roosevelt Letters; Theodore Roosevelt, "The Awakening of China," *The Outlook*, December 28, 1908, pp. 665 – 67.

"在中国的迷宫里。"这张插图显示了义和团运动期间,山姆大叔正在带领英国、奥地利、法国和德国穿过中国一系列标有"开战原因"的陷阱。山姆大叔举灯照亮道路,灯上标有"谨慎"的字眼。
来源:《顽童杂志》,1901年2月6日,美国国会图书馆

可以很好地控制自己的这些想法。① 尽管他自己对中国的看法不太一样,但罗斯福肯定对这片土地很感兴趣,虽然关于他到底有多感兴趣的问题尚且没有定论。不过,可以明确的是,他看起来对中国有一定的了解②,也可以借助几个朋友使自己一直掌握中国的情况。③ 美国的情报工作(尽管表现一般)主要关注陆军和

---

① Israel, *Progressivism and the Open Door*, p. 23; George Sinkler, *The Racial Attitudes of American Presidents* (New York: Doubleday and Company, 1971), p. 311; Frank Ninkovich, "Theodore Roosevelt: Civilization as Ideology," *Diplomatic History* 10, no. 3 (July 1986): 221 - 45; Frederick W. Marks, "Morality as a Drive Wheel in the Diplomacy of Theodore Roosevelt," *Diplomatic History* 2, no. 1 (January 1978): 46 - 47.
② 这些知识可能有些深奥。据卡斯林·道尔顿(Kathleen Dalton)说,罗斯福知道水土流失对中国农业和人类环境的影响。Kathleen Dalton, *Theodore Roosevelt: A Strenuous Life* (New York: Alfred A. Knopf, 2002), p. 247.
③ Beale, *Roosevelt and the Rise of America*, pp. 180 - 81.

海军方面,尤其是在拥有一支大型舰队的情况下。① 另外,罗斯福依靠一张由外交人员、记者和朋友组成的关系网获取信息。

其中一个重要的信息来源就是身为外交官的汉学家柔克义(William W. Rockhill)。作为门户开放照会的执笔者之一,柔克义与其他中国通关系密切,比如长期在中国任职的英国人贺璧理(Alfred E. Hippisley)。在国际关系问题上,柔克义与罗斯福的观点相似,他为政策制定带来有价值的情报、想法和建议。② 在柔克义的信息来源中,还有两位亲密好友刚好是其他国家的外交人员。有赖于英国的塞西尔·阿瑟·斯普林-赖斯(Cecil Arthur Spring-Rice)和德国的赫尔曼·斯派克·冯·斯特恩堡(Hermann Speck von Sternburg),柔克义能够及时掌握国际事务动态。跟柔克义讨论外交关系的还有亨利·卡伯特·洛奇(Henry Cabot Lodge)、伦纳德·伍德(Leonard Wood)、威廉·霍华德·塔夫脱(William Howard Taft)、亨利·怀特(Henry White),以及前面提到过的亚当斯、马汉,以及鲁特(Elihu Root)、海约翰等人。这些人都为柔克义提供了国际关系和对华事务方面的见解、消息和视角。③

尽管对中国抱有兴趣,但罗斯福经常对中国人和中华帝国表现出轻蔑的态度。在他看来,中国人缺乏一个强大不朽的文明所应有的品质。同时,中国人也缺乏战斗精神,反观日本人却充分显示出其战斗力,赢得了罗斯福的欣赏。罗斯福在中国和种族问

---

① Christopher Andrew, *For the President's Eyes Only: Secret Intelligence and the American Presidency from Washington to Bush* (New York: Harper Perennial, 1996), p. 29.
② 柔克义的影响力和职业生涯详见于:Paul Varg, *Open Door Diplomat: The Life of W. W. Rockhill* (Urbana: University of Illinois Press, 1952).
③ Beale, *Roosevelt and the Rise of America*, p. 181.

题上的看法受到很多社会学家的影响,但他似乎最信赖威斯康星大学的学者 E. A. 罗斯(Edward Alsworth Ross)和纽约市美国自然历史博物馆的馆长亨利·费尔费尔德·奥斯本(Henry Fairfield Osborn)。特别是罗斯,他主张严格限制东方移民,提出了"黄祸"理论,认为如果亚洲移民继续来到太平洋海岸,必定会和美国白人产生冲突。罗斯福认同这一观点,并早在 1882 年就站在了反对中国移民的立场上。①

基于影响罗斯福思想的各种一般性假设、概念和理论,托马斯·G. 代尔(Thomas G. Dyer)提出,罗斯福所持的是一种宽泛的种族观念。这种观念认同过去围绕种族分歧、种族运动和种族竞争的简单观点。"而且,种族充当了某种社会观念的统一主题,即奖励高级血统,惩罚低级血统的观念。"②而马克斯·J. 斯基德莫尔(Max J. Skidmore)对此观点则有进一步的阐述。他指出,罗斯福对种族的定义"倾向于以群体特性为基准而非遗传基因……他在多个场合都表述了自己的种族观点"。③ 斯基德莫尔总结,罗斯福对种族的观念更多基于文化而非遗传基因。④

在 1904 年罗斯福写给国务卿海约翰的信中,这种对群体特性而非遗传基因的强调显而易见。他如此陈述对日本人的欣赏和对中国人的蔑视:"中国人和日本人属于同一种族的这种说法简直荒谬! 只有到了地中海东部的希腊人和英国的米尔勒勋爵(Lord Milner)被称为同一种族的那一天,日本人和中国人才有

---

① Thomas G. Dyer, *Theodore Roosevelt and the Idea of Race* (Baton Rouge: The University of Louisiana Press, 1980), pp. 14 – 15, 140.
② Dyer, *Roosevelt and the Idea of Race*, pp. 168 – 69.
③ Max J. Skidmore, "Theodore Roosevelt on Race and Gender," *Journal of American Culture* (Summer 1998): 36.
④ Ibid., p. 44.

可能同宗同族。"①罗斯福把"中国人"一词用作不光彩的代号,这也许最能体现他对中国人的不敬。②

中国人的落后意味着必要时应采取严厉措施对待他们。义和团运动期间,罗斯福对斯普林-赖斯表示,中国的情况似乎非常糟糕。"我诚挚希望各个强国可以共同行动,让中国变得彻底按规矩行事。"③在他就任总统的前几周,罗斯福如此谈及义和团运动:"中国人的暴行必须被制止,那些中国土匪必须受到惩罚……"④成为总统后不久,罗斯福在给斯派克·冯·斯特恩堡的信中感叹:"……(希望)迫使中国人规矩行事——不能让他们发起任何暴行,但不是分裂他们;中国的口岸要对所有到访者开放,繁琐的贸易限制阻止了(我们)在中国内部经商,因此也要废除。"⑤由此可见,罗斯福的对华政策已经有了清晰的轮廓;而问题就在于该如何实现。

1905年,为了抗议美国针对华人的移民政策,中国人对美国商品进行了抵制。期间,罗斯福指示刚刚担任美国驻华公使的柔克义:"……对中国人明显错误之处,要强硬处理。除非我完全误解他们,否则他们就是一群不珍视正义也蔑视软弱的人。我们必须表明,我们打算做对的事,并且一刻也不打算承受错误一方带来的痛苦。"⑥这份指示的潜台词是美国政府将决定什么是对,什

---

① Roosevelt to Hay, September 2, 1904, *Roosevelt Letters*, vol. 4, p. 917.
② Dyer, *Roosevelt and the Idea of Race*, p. 140; Sinkler, *The Racial Attitudes of American Presidents*, p. 314.
③ Roosevelt to Spring-Rice, July 20, 1900, *Roosevelt Letters*, vol. 2, p. 1359.
④ Roosevelt to Becker, July 8, 1901, Ibid., vol. 3, p. 112 (italicized in text).
⑤ Roosevelt to Sternberg, October 11, 1901. H. W. Brands, *The Selected Letters of Theodore Roosevelt* (New York: Cooper Square Press, 2001), pp. 271 – 72, hereafter cited as Brands, Selected Letters.
⑥ Roosevelt to Rockhill, August 22, 1905, *Roosevelt Letters*, vol. 4, p. 1310.

么是错。

罗斯福倾向于把中国的问题归咎于其自身的软弱无能。他把中国在世界中的处境比喻成一个没用的有钱人,让不法分子看到了自己既无助又不会自卫。

> 当前中国正处于我所说的状态,遭受着应有的痛苦。中国已经失去了蒙古、满洲、东京①、香港和胶州湾。北京仍然属于中国,但即便在北京和中国内部,人们还是要照外国人说的做。原因很简单,单纯是中国不能也不愿意为自己的权利而战。(原文如此)这种心态并不会让她免于战争,只会使她屡战屡败。

罗斯福指出,中国没有能力打胜仗意味着它要一次又一次地反抗,不像迅速展示出军事力量的日本。罗斯福从中看到了对美国的警示。尽管他主张美国公平公正地对待所有国家,但他也坚信一个国家必须随时准备好应对挑战并且要有足够能力保护自身。②

毫无疑问,罗斯福对中国人持有偏见,但他的蔑视并不仅仅基于偏见,其背后真正的原因是中国人达不到他自己的理想价值标准,在他心里中国人无法使国家强大。罗斯福眼中的中国人根本不够格。对于那些会削弱自己国家和人民的力量,不管这些力量的文化底蕴有多丰厚,中国选择屈服。美国人在中国身上看到了活生生的经验教训。美国必须继续发展,必须在国际事务上更加活跃,必要时还得准备好为自己的权利和理想而战。否则,终有一天

---

① 译者注:东京(Tonkin)是越南北部地区旧称。
② Roosevelt to Perkins, April 6, 1916, *Roosevelt Letters*, vol. 8, p. 1029.

美国也会落得像中国那般的田地。①

> 我们这一代……有我们的任务,如果任务失败我们必将遭殃！(假如有朝一日会这样的话)我们不能像中国那样——在自己的国境内贪图安逸,沾沾自满,由着自己的国家一寸寸腐烂;对国境之外发生的事漠不关心,陷入商业利益争夺活动;注意不到更高尚的、充满抱负的生活,也注意不到艰辛和风险,只是忙于满足自己一天中的温饱需求——如果我们变成这样,总有一天我们会突然发现(中国已经发现),在这个世界上,一个不好战、孤立、安于现状的国家必将在那些没有丧失血性和冒险精神的国家面前倒下。如果我们想要变成一个真正伟大的民族,我们必须真心实意地努力在世界中扮演重要角色。②

这种态度一直伴随着罗斯福,甚至直到他卸任总统后的很长一段时间里也仍如此。第一次世界大战爆发几个月后,他宣布:"如果德国击溃了英国,我可以肯定,我们国家要么选择战斗,要么承认自己是西方的中国。"③

做好准备也意味着能在中国实施更有效的政策。美国驻牛庄的领事亨利·米勒(Henry Miller)表示:"如果我们要实现让中国门户开放的理想,就必须有明智合理的外交手段,且背后依

---

① Beale, *Roosevelt and the Rise of America*, p. 181; Dyer, *Roosevelt and the Idea of Race*, p. 140; Sinkler, *Racial Attitudes*, pp. 311 – 15.
② Theodore Roosevelt, *The Strenuous Life: Essays and Addresses* (New York: The Century Company, 1901), p. 6.
③ Roosevelt to Foulkes, December 12, 1914, *Roosevelt Letters*, vol. 8, p. 866

40

"首要职责。"在这张插图中,一个代表着"文明"的女性人物站在中国皇帝前,背景中有一条标有"义和团"的龙,周围翻腾着标有"无政府""谋杀"和"暴乱"的烟雾。这条龙正越过城墙,进入国际使馆区。"文明"告诉皇帝,"义和团"这条龙必须被杀死,如果中国不杀,"文明"也会来杀。
来源:美国国会图书馆图片与摄影部,华盛顿,1900年

靠第一流的海军。"①罗斯福对此表示认同,并且一生都坚持这个观点。1916年,他写到,维护美国的在华利益"是愚蠢至极的,除非我们做好了充足的准备"。② 写下这些话时,经验无疑让罗斯福更加坚定了自己对美国踏足远东的信心。后来发生的事情也证明了他是对的。

还有很多人跟罗斯福一样看不起中国人。义和团运动期间在华服役的詹姆斯·威尔逊将军表示:"历史表明,中国人对世界上其他国家的威胁就像寓言故事里的羔羊对豺狼的威胁那样。"③亨利·米勒要求一艘炮舰驻扎在牛庄,因为他认为中国人更加尊敬有海军作为代表的国家。④ 作为罗斯福的朋友以及罗斯福所率"莽骑兵"(Rough Riders)的前指挥官,驻扎在菲律宾摩洛省的军事长官伦纳德·伍德将军(General Leonard Wood)是中国赴美移民的强烈反对者。在1905年写给罗斯福总统的信中,伍德极力表示他希望任何法律都不要允许华人劳工进入美国。"无论是谁,但凡在中国沿海城市见过中国人的,都不会想看到太平洋海岸或美国的其他地区出现中国人——他们宁可看到美国沉入大海。"伍德对中国人的描述是"既没有爱国精神,也不道德"。美国已经受够了"黑人带来的国民孱弱和耻辱,更应该避免引入其他种族带来的麻烦,我们和他们永远融不到一起"。⑤ 罗斯福本人也反对种族之间

---

① Miller to State Department, July 2, 1904, United States, Department of State, *Despatches from United States Consuls* (Newchwang)(Washington, D. C.: National Archives,1946), hereafter cited as CD, Newchwang.
② Roosevelt to Forbes, May 23, 1916, *Roosevelt Letters*, vol. 8, p. 1044.
③ Wilson, "America's Interests in China," p. 130.
④ Miller to Conger, September 21, 1901, CD, *Newchwang*.
⑤ Wood to Roosevelt, December 13, 1905, *Leonard Wood Papers* (Washington, D. C.:Library of Congress), hereafter cited as Wood MSS.

互相混合,①在给伍德的回信中,他表示自己完全同意"你所说的华人的情况"。他向伍德保证,自己绝不会通过允许华人劳工移民美国的立法。② 不过,在这一点上,罗斯福最后也说到,允许中国中上阶层来到美国是可以接受的。③ 另一位反对华人劳工移民美国的是美国驻福州领事葛尔锡(Samuel L. Gracey),但葛尔锡支持让中国人来美国做帮佣,他认为这可以解决美国家庭生活的难题。"他们(华人)是世界上最好的家庭佣人。"④

国务卿海约翰禁不住用轻蔑的言辞描述中国和中国人,他曾经对柔克义说:"我们已经帮了这群中国佬一个大忙,但他们似乎不打算承认这一点。说什么也不能让他们以为可以随意对待我们,也不能让他们觉得他们需要恐惧的国家只有俄国一个。"⑤还有一次,海约翰在给罗斯福的信中称中国人为"那些发抖的穷兔子"。在日俄战争期间,他也提到了"中国可怜又无助"。⑥ 海约翰似乎在蔑视中掺杂了一丝对中国人的同情。

和中国人打交道让身在中国的美国人饱受折磨。罗斯福继任总统时的美国驻华公使康格就称中国人"动作很慢并且常常拖延"。他还说:"在这里,涉及皇宫的事情,绝不可能快速办成。"⑦

---

① Sinkler, *Racial Attitudes*, pp. 331-34;斯基德莫尔分析了代尔关于罗斯福种族观的研究,表明罗斯福的观点在某种程度上是有所保留的,见 Skidmore, "Roosevelt on Race and Gender," p. 40.
② Roosevelt to Wood, January 22, 1906, *Roosevelt Letters*, vol. 5, p. 135.
③ Dyer, *Roosevelt and the Idea of Race*, p. 140
④ Gracey to Pierce, March 24, 1902, *CD*, *Foochow*.
⑤ Hay to Rockhill, July 24, 1903, *William W. Rockhill Papers* (Harvard University: Houghton Library), hereafter cited as Rockhill MSS.
⑥ Hay to Roosevelt, August 2, 1903, August 27, 1904, *John Hay Papers* (Washington, D. C.: Library of Congress), hereafter cited as Hay MSS.
⑦ Conger to Hay, December 26, 1903, United States, Department of State, *Despatches from United States Ministers to China* (Washington, D. C.: National Archives, 1946), hereafter cited as *Despatches: China*.

康格的继任者柔克义也表达了类似的恼怒。在抵制美货运动期间,柔克义抱怨道:"当前根本不可能和中国人打交道——他们自大得很——天知道到底是为什么!所以,我宁可不跟他们打交道,哪怕只是谈事情。"柔克义断定,"等到手头拮据的那一天",中国人就会变得理智一些。①

说中国外交人员和中国官员坏话的情况并不罕见。美国助理国务卿阿尔维·阿迪(Alvey A. Adee)就把中国公使梁诚爵士(Sir Chentung Liang Cheng)称作"可怜的中国佬舌头爵士"。②1907年,伍廷芳被任命为新任驻美公使,罗斯福称他为"一个又坏又老的中国佬"。③在朝廷上有影响力的人物,比如湖广总督张之洞和北洋大臣李鸿章,也受到美国人的猜疑和蔑视。海约翰认为李鸿章是一个腐败奸诈的流氓。④

有趣的是,海约翰于1905年去世后,"中国佬舌头爵士"却在一份向外务部的呈文中表达了他对这位已故国务卿的敬意。梁诚劝说太后和皇上颁布诏书,代表中国对海约翰的逝世表示哀悼。梁诚还说:"每个人都视海约翰为一位非凡的人物,他的仁慈以及和平主义绝无仅有。他在任的七年间,在外交关系的问题上,他高度重视东亚地区。"⑤梁诚对海约翰的继任者伊莱休·鲁特也予以好评,他赞扬了鲁特的"忠诚和爱国精神",因其放弃了薪酬丰厚的法律工作,选择在政府任职。不过,他对鲁特的评价

---

① Rockhill to Hippisley, July 6, 1906, *Rockhill MSS*.
② Adee to Hay, August 21, 1903, *Hay MSS*.
③ Roosevelt to Root, September 26, 1907, *Roosevelt Letters*, vol. 5, p. 809.
④ Hunt, *Special Relationship*, p. 198.
⑤ 引自 Kenneth W. Rea (ed.), *Early Sino-American Relations*, 1841–1912: *The Collected Articles of Earl Swisher* (Boulder: Westview Press, Inc., 1977), p. 199.

缺乏他对海约翰的那种感情。①

无知和误解无疑影响了美国人对中国的看法,无论是官方还是大众。普通民众对中国人有着"中国佬"(John Chinaman)的刻板印象,而官方的观点常常同样如此。比如,在担任菲律宾总督期间,威廉·霍华德·塔夫脱通过了一项允许向中国人销售鸦片的法案,却禁止把鸦片销给菲律宾人和美国人。因为他认为鸦片对中国人是无害的,"但是对菲律宾人和美国人是极其有害的"。②

在一份关于嫁给美国人的中日两国妇女的报告中,康格把她们统称为"蒙古人种的女人"。这无论对中国人还是日本人来说都是极其无礼的。罗斯福本人也犯过同样的错误,称中国人和日本人都属于"蒙古"种族。③

无论是罗斯福,还是他的朋友或顾问,对中国人的态度也并不只有蔑视。正如上文所说,从海约翰的言辞中可以看到他对中国人的同情。他的继任者——下一任国务卿鲁特则对中国人表现出更为家长式的态度。鲁特对中国文化遗产和很多中国政治家的个人能力表示欣赏。他倾向于善待中国人,但也常常对他所认为的幼稚行为感到恼怒。④ 罗斯福承认,他不能"反对任何一

---

① 引自 Kenneth W. Rea (ed.), *Early Sino-American Relations*, 1841 - 1912: *The Collected Articles of Earl Swisher* (Boulder: Westview Press, Inc., 1977), p. 199.
② Israel, *Progressivism and the Open Door*, pp. 23 - 24; Taft to Root, May 13, 1903, *Elihu Root Papers* (Washington, D. C.: The Library of Congress), hereafter cited as Root MSS.
③ Conger to Hay, December 11, 1902, *Despatches: China*; Roosevelt to Trevelyan, October 1, 1911, *Roosevelt Letters*, vol. 7, p. 399.
④ Philip Jessup, *Elihu Root*, vol. 2 (New York: Dood, Mean, and Company, 1983), p. 44.

个因为我们(美国)对中国人的傲慢无礼而产生报复心理的中国佬"。① 我们似乎可以称赞罗斯福承认了中国人受到恶劣的对待;但不难看出,除非中国人表现出反击西方国家和日本的决心,否则罗斯福等人不太可能改变他们的对华策略并对中国人示以尊重。

然而,在和中国打交道时,罗斯福却不时感到应该公平对待中国人。他支持退还庚子赔款,设立了奖学金计划资助中国留学生,还严格指示领事官员正确对待中国人。对中国人无礼或虐待者会被立即革除外交职务。后来,罗斯福甚至承认了美国对中国非常过分。②

柔克义建议美国要小心在中国滥用炮舰外交的风险。他指出,如非绝对必要,不应鼓励美国驻外领事请求海军支持,否则"我们会看到二十年前的'炮舰外交'被作为对付中国人的唯一方式,用在最琐碎的事情上"。不过,如果再次发生像义和团那样的动乱,柔克义则不会反对在领事馆储备武器。③

中国方面也透露了积极的信号。柔克义首先察觉到中国在1905年抵制美货运动中表现出的"团结精神"。他警告,这种精神如果不用在合法之处将会非常危险,但是"如果得到正确引导将会是中国的希望"。尽管柔克义可以说是最能客观看待中国的人,但他还是不能或者不愿意超脱自己的观点——他始终认为必须由西方国家带领中国走向现代社会。④ 中国并没有兴趣接受

---

① Roosevelt to Root, September 26, 1907, *Roosevelt Letters*, vol. 5, p. 809.
② Marks, "Morality as a Drive Wheel in the Diplomacy of Theodore Roosevelt," pp. 46-47.
③ Rockhill to Root, September 18, 1905, *Despatches: China*; Rockhill memo., March 3,1902, CD, Chefoo.
④ Rockhill to State Department, August 26, 1905, Despatches China.

美国的指导,这也让柔克义感到沮丧,他认为这是因为中国的上层阶级缺乏改革的干劲和能力。① 不管怎么说,柔克义的确注意到了1905年后中国兴起的民族主义浪潮,也对此表示赞同。他提议美国应实施更加积极的对华政策,但遭到罗斯福的拒绝。②

站在地缘政治的角度,罗斯福认为如果中国能够变成西方定义下的现代国家,同时非洲和亚洲的落后地区能够受到强国的管控,那么全体人类都将受益。如果这个梦想得以实现,那么军备的数量就可以减少至"只满足国内和国际警察需要即可"。③ 让所谓的落后地区变文明,最终或许能减少甚至消除国际竞争,让更为广泛的全球合作成为可能。按照罗斯福的标准,一个文明的中国对实现这一梦想至关重要。

各国互相抢夺在华的商贸特权和其他特权,争论也随之而来:为了中国乃至国际社会的利益,到底是否应该分割中华帝国。一位专家认为,中国解体是"无可避免的,而且为时不远"。他还表示中国被分割"并不像想象中那么可怕,只要美国同意拿走自己应有的份额"。④ 其他人则持反对意见。前美国驻暹罗大使约翰·巴瑞特(John Barrett)也是一位"中国通"。他表示,美国应该"用尽自己道德、政治和外交上的影响力反对列强瓜分中国,也要反对他们划分势力范围"。而且,美国要坚持把"永久支持门户开放"作为对华外交政策的基本原则。⑤ 巴瑞特还呼吁在亚洲实

---

① Robert E. Hannigan, *The New World Power: American Foreign Policy*, 1898 - 1917(Philadelphia: University of Pennsylvania Press, 2002), p. 103.
② Hunt, *Special Relationship*, pp. 268 - 69.
③ Roosevelt to White, August 14, 1906, *Roosevelt Letters*, vol. 5, p. 359.
④ Demetrius C. Boulger, "America's Share in a Partition of China," *North American Review* 171, no. 525 (March 1899): 171, 181.
⑤ John Barrett, "America's Duty in China," *North American Review* 171, no. 525 (August1900): 147.

施"麦金莱主义",意思是"永久支持门户开放",并让美国承诺"用一切合理的道德影响力"反对任何强国夺取中国的主权,如此,亚洲的"广阔市场和获利机会"将会一直对美国开放。① 尚贤堂(the International Institute of China)的总理李佳白牧师(The Reverend Gilbert Reid)认为,如果中国没有解体的危险,美国没必要插手中国的事务,"但如果中国要被瓜分,为了确保美国的商贸和军事利益……必须和美国商量,还要让美国获得平等份额的新机会"。② 不过,李佳白也进一步指出,极少人"意识到中国解体对美国利益的危害"。

> (各国)争相征服中国并抢夺财产和主权,这会危及世界和平。中国当局被削减得越来越弱,此时即便只是划分势力范围,也是对中国的暴行。不仅如此,由此激起的不和、敌意、暴乱和仇恨情绪对参与国带来的损失和麻烦要远大于收获和荣誉。各国一方面急于获得更多势力,另一方面又反对其他国家势力增强。整个中国对外国而言存在如此多的机遇,因此所有国家都想通过竞争独占这些机遇,分割中国。③

罗斯福敏锐地意识到在中国发生的国际竞争,以及中国对国际关系的重要性。他坚决反对以任何形式瓦解中华帝国。"我真诚地希望中国不要被分割,"义和团运动期间他对斯派克·冯·斯特恩堡说,"到最后这对谁都没好处。"④《辛丑条约》签订后,他感觉门罗主义和门户开放之间有一种联系,二者之间可以画上等

---

① Ibid., pp.153-54.
② Gilbert,"The Powers and the Partition of China," p.640.
③ Ibid., pp.640-41.
④ Roosevelt to Sternburg, August 28, 1900, *Roosevelt Letters*, vol.2, p.394.

号。他不想任何欧洲势力获得西半球的领土,也希望同样的政策可以用在中国身上。① 罗斯福的观点一直没变。离任三年后,罗斯福提到:"现在全世界各国之间都有着紧密的联系,中国的一个灾难也免不了波及每个国家。"②

就职总统之前,罗斯福跟其他人③一样,断定俄国是美国在远东地区的主要竞争者。麦金莱被刺杀前两个月,罗斯福就表示自己相信"从长远看来,没有任何欧洲势力能战胜俄国,从而掌控亚洲的命运"。④ 尽管罗斯福完全赞同"文明"的大国"牺牲野蛮人"来获利,但他也为俄国对中国的野心感到不安。"正如土耳其受益于俄国的进步那样,我认为中国也会因此受益。但当我以更长远的目光去看这个问题的时候,我想,如果我能更多地了解中国或整个亚洲与我国太平洋沿岸地区之间的贸易需要,我也许会改变看法。"⑤

罗斯福承认俄国是美国在亚洲的主要关注对象,与此同时,他也认为日本或许能与之抗衡。早在1898年,罗斯福就认识到,日本可能是"俄国在远东的一位可怕的对手"。⑥ 义和团运动期间,罗斯福提到自己希望看到日本能够取得对朝鲜的控制,因为"她(日本)将会抑制俄国的行动……"⑦

罗斯福对中国的蔑视也反映了他的想法:这个陷于困境的帝

---

① Hannigan, *New World Power*, p. 103.
② Roosevelt to Takahira, December 29, 1911, *Roosevelt Letters*, vol. 7, p. 470.
③ Adams, "Russia's Interest in China," pp. 309 - 17; Boulger, "America's Share," pp. 173 - 74; Richard Olney, "Growth of Our Foreign Policy," *The Atlantic Monthly*, 85, no. 509(March 1900): 294.
④ Roosevelt to Sternburg, July 12, 1901, *Roosevelt Letters*, vol. 3, p. 117.
⑤ Roosevelt to Becker, July 8, 1901, Ibid., p. 112.
⑥ Roosevelt to Sternburg, July 17, 1898, Ibid., vol. 1, p. 764.
⑦ Roosevelt to Sternburg, August 28, 1900, Ibid., vol. 2, p. 894.

国是由着自己被强国控制和操纵的。1895年日本战胜中国,激起了罗斯福对日本人的钦佩之情。他崇尚军事技能,也说过1900年联军把北京从义和团手中救出时,日本军队是其中最有纪律和效率的,这更是进一步表明了他对日本的尊敬。罗斯福对俄国则抱有怀疑,认为这是一个半野蛮的国家,它的领导人不可信。另一方面,他对日本的钦佩则让认识他的人都很明白他到底支持哪一边。①

罗斯福倾向的政策是与其他在华强国合作,尤其是英国和德国。"我诚挚地赞同英国对中国的态度,"罗斯福在1898年写道,"我很高兴,我们两国似乎越走越近。两个国家当然应该联合起来。"②三年后,他告诉马汉:"我认为美国和英国在中国应该尽可能携手合作。"③

同样地,罗斯福也提倡德美之间进行合作。在给斯派克·冯·斯特恩堡的信中,罗斯福写道:"我急切期盼我们两国在中国能达成最深入的共识。"④就任总统后,罗斯福再次在信中告诉斯派奇(斯特恩堡的小名),德美合作能促进两国在中国和南美的利益。⑤ 罗斯福的目标似乎是在亚洲建立起"英—美—德"合作模式。他向斯特恩堡表示:"你知道,我强烈希望德国、英国和美国能够越来越紧密地合作。我们三个国家就应该合作。"⑥

罗斯福也许欢迎国际合作,但他没兴趣与其他国家结盟。罗

---

① Kenneth Wimmel, *Theodore Roosevelt and the Great White Fleet* (Washington, D. C. : Brassey's Inc. , 1998), pp. 203-5.
② Roosevelt to Bryce, March 31, 1898, *Roosevelt Letters*, vol. 2, p. 807.
③ Roosevelt to Mahan, March 18, 1901, Ibid. , vol. 4, p. 23.
④ Roosevelt to Sternburg, July 20, 1900, Ibid. , vol. 2, p. 1358.
⑤ Roosevelt to Sternburg, March 6, 1902, Ibid. , vol. 3, pp. 293-40.
⑥ Roosevelt to Sternburg, November 19, 1900, Ibid. , vol. 2, p. 1428.

斯福声称:"我不相信什么复杂的联盟,尽管也不相信国家之间存在什么复杂的相互憎恶。"他还表示,自己愿意对中国以及其他在华竞争对手采取实际行动。"如果我们在中国的贸易利益非常重要,我会单纯地为此而毫不犹豫地支持或反抗任何欧洲强国。"①美国在考量如何应对中国发生的事件时,其自身利益价值,特别是商贸利益无疑是决定因素。

罗斯福走上总统之位时,对中国、远东以及总体外交政策的看法已经成熟。尽管他对帝国主义和外来移民的观念带有明显的种族意味,②但对中国的看法却不只涉及种族。罗斯福十分看重一个国家的坚韧品质。对他来说,中国很好地证明了如果一个国家失去了这些品质,将会有怎样的遭遇。不仅如此,中国的经历对美国和其他列强来说都是必须牢记的前车之鉴。

罗斯福并不认为白人支配世界是理所当然的。③ 但是,让罗斯福真正担忧的是,如果白人失去了让其得以居于优越地位的美德,就很可能会落得如中国一般的下场。乔治·辛克勒(George Sinkler)准确地指出,在罗斯福心里,历史和文明的真正关键"不是种族而是能力"。④ 罗斯福对中国和中国人的鄙视肯定带有种族色彩,但这主要源于他的价值观。在蔑视的背后似乎有时也可以窥探出一丝同情。罗斯福的朋友和顾问也这样认为。

重要的是,不论持什么态度,罗斯福都并非不在意中国的事

---

① Roosevelt to Moore, February 14, 1898, Ibid., vol. 1, p. 772.
② Dyer, *Roosevelt and the Idea of Race*, p. 142.
③ Sinkler, *Racial Attitudes*, p. 313.
④ Ibid.;然而,Gail Bederman 认为,罗斯福的概念代表了"利用文明的话语将男权与种族统治联系在一起,重塑男权"的努力,这在当时并不罕见。Gail Bederman, *Manliness & Civilization: A Cultural History of Gender and Race in the United States, 1880 - 1917* (Chicago: The University of Chicago Press, 1995), pp. 170 - 215.

务。他注意到了亚洲地区主要的国际问题,也清楚地想到了美国应该在亚洲做些什么,至少对此有了大致的方向。比如,日本可能会发展成俄国的强敌,与之争夺远东的利益;美国应该跟英国和德国在亚洲进行合作;等等。罗斯福认为全球事务会联系得越来越紧密,而中国是其中十分重要的一环,在中国发生的事情也对世界有着重要影响。只要他想,罗斯福就可以全力参与到对华政策的制定中。当然,后来他也的确参与了。

罗斯福入主白宫时已经形成了自己对中国的态度及看法,但这有利也有弊。因为了解中国和亚洲,也考虑过该如何处理那里的问题,罗斯福可以对美国对华政策的制定做出贡献。此外,他担任总统期间的同僚中,有很多都是罗斯福认识或联系过的人,所以他们互相已经熟悉,也有大致相同的观念和看法,这一点十分重要。如此,罗斯福就可以很好地接手麦金莱留下的事务,国家机器特别是制定外交政策这一块,也可以继续平稳地运作。假如罗斯福是在不太了解情况的条件下继任总统,也没有考虑过如何处理国际关系,他也许就不会如此积极而且这么早地参与美国外交事务。同理,无论他有多信赖自己的顾问和外交官,他也不会展现出如此出色的领导力,并提供有效的指导方向。

其间的弊端在于,罗斯福等人对中国的态度和看法限制了美国的政策举措。也就是说,美国的对华政策是基于一些刻板印象制定的,并且这种情况将继续存在。美国决策者只能看到一个软弱的中国,认为其缺乏西方的价值和理想。"中国佬"就是其中一个无法克服的刻板印象,对比崛起中的日本更是如此。包括罗斯福在内的美国人只会看到一个自己想看到的中国,却不一定是真正的中国。他们相信西化能够彻底治好这个正处于水深火热的国家,从好的方面看,这种想法姑且叫作天真;但从坏的方面看,这是对持续利用弱国的一种狡辩。中国究竟如何看待这个世界，他们不了解；六十年来西方入侵带给中国的巨大痛苦和文化冲击，他们不了解；西方入侵对中国造成的外忧内患，他们也不了解。对外人来说中国始终是一个谜，无论他有多"博学"。萨拉·康格十分清楚这一点，她写道："我们的无知和偏见让我们处于不利位置，无法看清事实的真相……如果我们可以努力带着耐心和善意去了解中国人的生活和观念，很多偏见都会消失，我们也能看得更加清楚。"①

对于国际关系以及中国解体对此的影响，罗斯福的看法是卓越的；认识到日本未来将威胁美国在亚太地区的利益，也颇有先见之明。罗斯福还认为，"文明"国家应该带领"落后"国家进入现代世界。虽然让先进国家伸出援手的想法不无道理，但他的观点未免太过简单。罗斯福等人没明白的是，无论是正在崛起的还是挣扎求存的国家，都必须学会以自己的方式应对挑战。中国适应现代世界的方式必须符合自身的历史和对未来的展望。中国正在努力这样做，但没什么人意识到这一点。认为只要是西方国家尤其是美国提供给中国的，都是有利的，这样的设想并不合理。西方要不要提供，提供什么才符合中国的文化传统，这些都只有中国人自己才能决定。

必须强调的是，罗斯福及其追随者是那个时代的重要人物，他们的观点颇能代表当时的主流看法。② 无论是就任总统前还是卸任之后，罗斯福对中国的观点和态度始终如一。对于国家和

---

① Sarah Pike Conger, *Letters from China: With Particular Reference to the Empress Dowager and the Women of China* (Chicago: A. C. McClurg and Company, 1909), p. 49.
② 见 Scott, *China and the International System*, pp. 49 - 182.

人民的行为标准，他自己先入为主的观念也影响了他对事物的看法。在他担任总统的近八年间，这些观念也没有改变。如果说有什么改变的话，那就是这些看法变得更加稳定，并帮助他在任期内制定对华政策。

第三章　"满洲"的门户开放
——俄国的挑战

1901年9月8日,柔克义与妻子离开北京,前往上海,然后准备从上海返回美国。一周之后抵美,他们惊讶地发现美国国旗与其他旗帜都降了半旗。夫妻二人很快得知原因:威廉·麦金莱总统被刺杀了。麦金莱去世后,柔克义的朋友西奥多·罗斯福继任美国总统,国务卿一职则继续由海约翰担任。作为总统罗斯福和国务卿海约翰的老朋友,柔克义在美国外交体制中继续扮演着举足轻重的角色。

在那之前的一年,柔克义也正是以这种重要的身份在中国任职。1900年,义和团运动开始平息,柔克义作为美方特使被派往北京。整个10月,他都依照指示,报告中国各地的情况。在北京,参与镇压义和团运动的列强聚在一起,商讨中国的未来以及该如何惩罚制造了这场暴动的中国。

此次会议由各国公使出席,且每个国家只允许有一名代表。因此,一开始柔克义只能在外面等候。但是,会议遇到了很大的困难,因为会上所用语言为法语,而美国代表爱德温·康格不懂法语,一国一代表的规则又使得柔克义无法进入会场为康格翻译。柔克义只能守在会场外向其他代表询问每天的会议情况。最后,沮丧的康格向美国国务院申请休假并获批,这为柔克义正式参加北京会议扫清了道路。1901年2月起,柔克义作为美方代表参会。

无论是康格还是柔克义,都受命在会上捍卫海约翰在义和团运动期间提出的门户开放政策,并帮助中国变强。但是,列强对土地割让和巨额赔款更感兴趣。而且欧洲列强之间竞争激烈,每个国家都想让其他国家处于不利地位,这让议程进一步受阻。另一方面,日本似乎也愿意支持那些能满足其占据中国领土之欲望的势力。在康格退出之前,会议就已经在各种外交无能、嫉妒和猜疑中陷入僵局。柔克义很快也发现,他并不能扭转局势。

不过,柔克义能帮助解决会议前的一个主要问题——中国要为义和团运动造成的损失赔款多少。法国、德国和俄国对巨额赔款态度坚决,提出的金额之高绝对会危及中国的独立。柔克义和康格提出,赔款总额不应超过 2 亿两白银①,柔克义还进一步提出,赔款应根据各国的损失按比例分配。在中国表示愿意支付 3.33 亿美元的赔款后,问题才最终解决。虽然柔克义认为这个数额也许过高,但这也已经低于俄国和其他一些列强索要的金额,也肯定低于各国分别计算损失所得出的总额。最终,俄国获得的份额最高,占赔款总额的 29%,德国以 20% 紧随其后,法国获得近 16% 的赔款,英国得到 11%,日本的份额接近 8%,美国则得到 7%。剩下的部分要么被其他几个欧洲国家分走,要么用于支付杂项损失。② 尽管中国同意支付巨额赔款,但美国的立场或

---

① 海约翰希望降低赔偿费用,作为其战略的一部分,他要求将美国的损害赔偿增加一倍。显然,他希望通过提高赔偿总额,让其他国家同意下调其索赔额。但这一招失败了,海约翰减少索赔总额的努力被其他列强否决了。海约翰本来可以减少美国的索赔额,但他没有选择这样做。这笔盈余的赔款后来用来吸引中国学生到美国留学。Hunt, *Special Relationship*, p. 200; Hannigan, *New World Power*, pp. 102 - 3.
② Elleman and Paine, *Modern China*, p. 217.

许已经为中国省下一笔钱,也有助于中国继续独立。柔克义的立场基于他对中国主权的维护,这符合门户开放政策的内容,确保中国履行其义务的能力。这样一来,美国的利益可以得到保障。①

柔克义
来源:美国国会图书馆印刷与照片部,华盛顿,摄于1890至1910年间

---

① 柔克义在"北京会议"中的角色详见 Varg, *Open Door Diplomat*, pp. 50 - 58.

第三章 "满洲"的门户开放

罗斯福上台后,柔克义缓解了美国对华立场这一难题。然而,北京会议并没有解决,甚至没有谈及对中国主权来说最大的威胁——俄国对"满洲"的野心。

俄国一直有意入侵"满洲"和中国北方,目的是在未来尽可能地掌控这些地区。早在1660年代,俄国人已开始在黑龙江一带活动,之后不久中俄之间就建立了外交联系。与此同时,一些俄国人开始在"满洲"定居。1680年,康熙皇帝禁止俄国人继续在此居住,除非他们服从于中国的主权。虽然一部分俄国人确实臣服了,但还是有许多人表示抗拒。1680年代中期,中俄之间的冲突引爆了战争。结果,俄国人被迫离开,1689年签订的《尼布楚条约》也证实了这一点。该条约是中国与欧洲国家签订的首个条约。

然而,俄国对"满洲"的企图并未随之消散。勘察显示,西伯利亚唯一的东西流向河流是黑龙江,其对进入西伯利亚至关重要。此外,西伯利亚仅有的宜耕土地除了乌苏里江与日本海中间的那片区域外,就只剩下黑龙江两岸了。在中国因太平天国运动陷入混乱之时,俄国无视中国的反对,于1856年趁机强占了黑龙江与乌苏里江之间的中国领土。随后,俄国设立了一支西伯利亚太平洋舰队来守卫夺得的土地。上述举措使俄国获得了60多万平方英里的领土,俄国对这些土地的所有权也在《瑷珲条约》(1858年签订)、《北京条约》(1860年签订)和《中俄勘分西北界约记》(1864年签订)等条约中得到确认。另外,俄国人还取得了宝贵的贸易权。俄国在19世纪中叶掠夺的那些土地,时至今日仍然属于俄罗斯。[①]

[①] Elleman and Paine, *Modern China*, pp. 92, 143-45.

俄国从义和团运动中看到了将领土向南延伸的大好机会。截至1900年10月,俄国以拳民毁坏俄国人的财物为由,已经充分扩张了俄国在"满洲"的势力范围,远远超出了早前通过与中国签订条约而获得的铁路沿线区域。俄国持续行动,占领了奉天(今辽宁沈阳)和牛庄两座城市,还往南强占了天津的铁路。由此看来,俄国很可能打算把"满洲"永久地变为俄国的一部分。义和团运动被镇压后,中国官员回到"满洲",却发现俄国军队已经成了"满洲"地区名副其实的掌权者。进驻"满洲"的中国军队人数过少,以至于连处理当地的盗匪作乱都左支右绌。这些官员表面上位高权重,手里却没有实权。除非清政府能够设法让俄国军队撤离,否则"满洲"地区的中国管理者将会一直这么束手无策。①

在一场又一场为争夺"满洲"而爆发的冲突中,美国与中国都属于弱势方。中国夹在俄国的勃勃雄心和列强的强硬主张之间左右为难,迫于无奈,只能试图挑拨各方势力相争,借此拖延时间。同样陷入困境的还有美国。对于美国而言,一方面俄国对其利益造成了威胁,另一方面中国期望美国能施以援手。不过,中国注定要失望了。

美国能做的很有限。美国在亚洲缺乏强大的陆军和海军,这限制了美国叫板俄国的能力。就算有足够的军事力量,美国民众对东亚事务普遍的漠不关心也会使其按兵不动。公众不会支持一场捍卫美国在"满洲"商业利益的战争,这一点罗斯福和海约翰

---

① Edward H. Zabriskie, *American-Russian Rivalry in the Far East* (Philadelphia: University of Pennsylvania Press, 1946), pp. 65 - 67; Hunt, *Frontier Defense*, pp. 53 - 54; Hannigan, *New World Power*, pp. 103 - 4 and Varg, *Open Door Diplomat*, p. 51.

都清楚,俄国人也明白。因此,罗斯福政府一边给中国施压,督促其履行条约和其他义务,另一边只在俄国妨碍美国在"满洲"的贸易时才发出外交照会,以示抗议。海约翰很好地概括了美国的立场:

> 俄国人和中国人似乎都知道,我们的立场完全是符合道义的……如果俄国人相信我们不会为满洲开战——我也认为我们不会那么做——而中国人确信他们从我们这里得到的只有善意,而从俄国那里却必然会讨来一顿好打,那么对那些不幸的中国佬来说,我们伸出的友谊之手就不如俄国举起的棍棒有说服力了。即便如此,我们还是要尽我们所能做到最好。①

1901年1月,俄国向中国人提出了《奉天交地暂且章程》(简称《增阿暂章》)增补过后的十三条条款,作为俄国军队撤离"满洲"的条件。根据条款,俄国将对"满洲"地区军政长官的任免拥有否决权;中国未经俄国同意,不得允许其他列强在"满洲"、蒙古及中国北方设立租界;俄国将接管"满洲"地区的中国海关。清政府拒签条约,最终俄国收回了以上要求,并同意废除《增阿暂章》。同年2月,俄国重新提出了一系列修改过后的要求,去除了关于接管"满洲"海关的条款,转而索取经济特权。俄国要求中国在2月底之前给出答复。②

中国期望其他列强能向俄国施加影响,迫使俄国让步,因此

---

① Hay to White, May 22, 1903, Spring-Rice to Hay, June 1904, *Hay Mss*. Quote is from Hay to White.
② Hunt, *Frontier Defense*, pp. 56–57; Zabriskie, *American-Russian Rivalry*, pp. 67–68.

把俄国提出的要求泄露了出去。很快,包括美国在内的各国相继发出警告,提出抗议,但俄国似乎毫不在意,坚称自己只是想在从"满洲"撤军前寻求足够的保障,但如果列强不把俄国当回事,那么俄国将自行照顾自身利益。1901年3月底,中国决定拒绝接受俄国的要求。俄国则暂缓行动,静观其变。①

这段时间,国务卿海约翰依靠柔克义和康格两人的汇报,密切关注事态发展,同时向麦金莱总统上报情况。海约翰认为,做到这个地步就已经足够。柔克义对中国保住"满洲"的能力表示怀疑。② 康格与他看法一致,并建议美国与俄国达成和解,以此保护美国贸易。③ 海约翰选择尽可能不让美国参与其中,对俄国提出的要求仅仅表示抗议,并且警告中国,不能在尚未同其他列强协商的情况下擅自同意俄国的要求。④ 中国拒绝俄国的最后通牒后,"满洲"局势为之暂缓。

尽管"满洲"局势在接下来几个月都风平浪静,国务卿海约翰却依旧保持警惕,时刻关注潜在的变化。海约翰意在让中国的更多地区向外国商人开放。为此,他朝着两个方向努力,即在强化门户开放政策的同时,还要让清政府变得更负责、更强大。海约翰希望中国能改革金融和货币制度,并停止对货物的国内流通进行征税("裁撤厘金")。他还希望在"满洲"地区设立更多通商口岸,并让中国修改关税结构,以抵消美国对华贸易的逆差,进一步

---

① Hunt, *Frontier Defense*, pp. 56 – 57; Zabriskie, *American-Russian Rivalry*, pp. 67 – 70.
② Rockhill to Hay, January 19, 1901, *Despatches*: *China*.
③ Conger to Hay, January 19, 1901, *Despatches*: *China*.
④ Hunt, *Frontier Defense*, pp. 59 – 61; Zabriskie, *American-Russian Rivalry*, pp. 68 – 71.

开发中国的市场潜力。① 1901 年 8 月底,海约翰指示康格对"满洲"局势变化作全面汇报。康格不但要特别留心美国贸易所受的损害,还要"在可行范围内"记录同僚们对"满洲"局势的看法。② 海约翰的电报表明,美国政府最关心的是,俄国占领"满洲"对美国贸易利益所造成的威胁。罗斯福入主白宫后,依旧让海约翰继续掌管局面。

9 月 7 日,康格针对海约翰的指示做出回复。他指出,俄国在"满洲"的利益关系巨大,包括铁路和其他利益:

> 可以预见,俄国将会与各方协商,以求充分而长久地保留这些利益。如此一来,俄国终将把控满洲,这毋庸置疑。于我方而言,这样的前景称不上美好,因为就过去的经验来看,俄国很可能会歧视通商口岸的外国商品,或是在外国商品运往中国内地时对其区别对待,使得外贸受阻甚至难以为继。

康格相信,比起长时间为了"满洲"争执不休,俄国更情愿与其他国家一起分享这块战利品。因此,康格建议美国和其他列强一起,给俄国一个保证,确保俄国能维持其现有的贸易利益。③

美国驻牛庄领事亨利·B. 米勒对此提出异议。9 月 2 日,米勒给康格写了一封急件,康格收到后将其加入了 9 月 7 日的公报,转呈给美国国务院。米勒在急件中表达了对俄国入侵"满洲"一事的担忧。他警告,俄国人的手段"变化多端,毫无诚信,充满

---

① Hannigan, *New World Power*, p.105.
② Hay to Conger, August 29, 1901, U. S. Department of State, *Diplomatic Instructions from the Department of State: China* (Washington, D. C.: National Archives, 1946), hereafter cited as *Instructions: China*.
③ Conger to Hay, September 7, 1901, *Despatches, China*.

不确定性",如此一来美国将无法"通过与俄国达成协议来维护满洲地区的门户开放"。米勒称,牛庄和辽河是"满洲"贸易的"真正关键所在",因此他提出,不应使其处于俄国的控制之下。这么做的目的是使"满洲"贸易持续向世界开放,同时也能阻止俄国独揽"满洲"大权。①

E. H. 康格和职员们
来源:美国国会图书馆印刷与照片部,华盛顿,摄于1901年

① Miller to Conger, September 2, 1901, forwarded to Hay on September 7, 1901 in Congerto Hay, Ibid.

约三周后,米勒提交申请,要求为牛庄调拨炮艇一艘、海军陆战队员一百人,以此向中国人展示美国保护贸易利益的决心。米勒再次表达了对俄国独占"满洲"的忧虑,以及这可能对美国在"满洲"乃至中国其他地区的贸易带来的影响:"美国与满洲目前的贸易状况以及未来通商的可能性极具价值,不容忽视。"米勒认为美国应该努力使"满洲"对世界开放贸易,并建议美国或许可以与日本联手对抗俄国。他指出,日本非常依赖美国出口的原材料,这就为美国在有需要时请求日本援助提供了施压手段。① 米勒如愿得到康格的支持——一艘名叫"维克斯堡"号的炮艇将在牛庄过冬。②

1901年末,中俄重新开始谈判。列强对此密切关注,观望谈判的结果。康格担心,不管中俄之间达成什么样的协议,俄国都将控制"满洲",可能还将掌控整个中国。如果出现这种情况,美国在"满洲"的贸易将会被摧毁。康格建议美国与英日两国合作,共同向俄国施压,维护门户开放政策。③ 海约翰则在回信中指示康格继续密切关注事态发展。他推测,日本驻华公使很可能对谈判的进程知之甚详。④

12月3日,康格汇报称,中俄已达成一致意见,拟签订的协议内容包括:"满洲"重归中国管辖,俄国军队则要在1903年前撤离"满洲";中国驻军的人数和地点应与俄国当局共同商定,且其余国家不得派遣军队到"满洲"铁路驻防;未经俄国允许,不得修建铁路或桥梁。康格特别提到,英日两国早已警示中国不得与俄

---

① Miller to Conger, September 21, 1901, Ibid.
② Conger to Hay, November 14, 1901, Ibid.
③ Conger to Hay, November 9, 1901, Ibid.
④ Hay to Conger, November 14, 1901, *Instructions: China*.

国达成协议,并在报告末尾询问海约翰,接下来应采取什么行动。① 三天后,海约翰指示康格"尽早行事",告知中国人"美国总统相信并期望,(中国)不会与列强中的任何一个国家签订会永久破坏中国领土完整、损害美国合法利益或削弱中国履行其国际义务的能力的协定"。② 虽然海约翰对中国发出的警告并非出自罗斯福的授意,但罗斯福也赞成这种做法。

几天后,康格将美国政府的信息传达给了中国政府。外务部总理大臣庆亲王奕劻安抚了这位美国外交官,表示中国不会签下危及主权的协定,并且会信守国际义务。同时,中国会争取让俄军尽快撤离,并努力获得在"满洲"驻军的更大自主权。然而,令康格不安的是,奕劻承认中国将续签一项早前与华俄道胜银行签订的协议,该协议赋予俄国在"满洲"修建铁路和开矿的优先权。③ 俄国实际上垄断了"满洲"的经济发展。

米勒也有同样的担忧。他认为,华俄道胜银行很可能会损害美方利益,因为这家银行其实是俄国政府的下属机构。换言之,俄国政府插手了"满洲"贸易。再加上俄国部署的两万铁路护卫兵,保证了俄国能够轻易地操纵"满洲"贸易。"我们国家没能在满洲获取的权利,俄国人也不应获得。"④

事到如今,海约翰和柔克义确信,危险确实存在。当康格于一月底汇报说,中国将与俄国签署一份修改后的协议(内容与"满洲"有关),还将另外签下一份保证俄国独占"满洲"的独立协议

---

① Conger to Hay, December 3, 1901, *Foreign Relations*, 1902, p. 271.
② Hay to Conger, December 6, 1901, *Instructions: China*; *Despatches: China*.
③ Conger to Hay, December 12, 1901, *Foreign Relations*, 1902, p. 272.
④ Miller to Conger, January 2, 1902, *Despatches: China*.

时，海约翰与柔克义采取了行动。① 柔克义草拟了一份基于1858年中法《天津条约》的抗议书，该条约禁止任何组织在中国拥有商业垄断特权。② 海约翰保留了抗议的主旨，但修改了柔克义的一些措辞，如删去了柔克义对中俄协定"断然而明确的抗议"这一说法。经过修改，海约翰告知中俄双方，美国"十分关注"这份即将达成的协议。协议拟赋予俄国在中国开矿、修铁路及其他垄断特权，这不仅会影响美国的贸易权利，也威胁了中国主权。该协议将助长其他国家寻求相似权益的野心，从而破坏"完全平等地对待所有国家在华通航通商特权"这一政策。此外，该协议也与俄国"遵从由美国发起、为在华有商业利益的所有列强接受的门户开放政策"的承诺相冲突。海约翰最后说道，美国列出这些需要考虑的因素，是相信中俄双方会给予足够的重视，且将采取措施来减轻美国方面的担忧。③

俄国外交部回复道，俄国非常乐意为美国解除关于"满洲"的担忧。它同时也声明，两个国家展开谈判并不需要经过其他国家的同意。俄方的声明很有意思，因为在"三国干涉还辽"一事中，俄国就曾于1895年在日本下关市与法德两国一同介入中日之间关于"满洲"的和平谈判。俄国向美国政府保证其无意破坏门户开放原则。事实上，俄国人认为，一扇向其他人打开的大门可能会向自己关闭，这才叫作奇怪。俄国承诺，"满洲"将归还中国，华俄道胜银行所获得的经济特许权也和其他国家得到的没有差别。总而言之，没有理由担心俄国面对门户

---

① Conger to Hay, January 29, 1902, *Foreign Relations*, 1902, p. 273.
② Rockhill to Hay, January 31, 1902, *Hay Mss*.
③ Hay to Conger, February 9, 1902, *Despatches: China*.

开放政策,会反其道而行之。① 当然,在俄国的答复中,关键的是"**俄国所理解的门户开放原则**"这一表述。② 俄国这是在礼貌地提醒美国,最好不要插手其他两个国家之间的谈判,而且美俄对门户开放政策的理解也未必一致。显然,俄国人眼中的门户开放与美国对此的定义并不相同。

与此同时,日本和英国之间也在商讨结盟条约。1902年结成的英日同盟承认双方的在华特权,以及日本在朝鲜的特权。美国与德国均对此表示赞成;但俄国及其盟国法国却为之感到不安,并宣称,俄法两国把英日之间的条约视作"为表明英日两国在远东地区的特殊利益所作的公告"。在其余列强(尤其是英、日、美三国)的支持下,中国拒绝与俄国签署条约,中俄谈判重启。俄方终于同意取消华俄道胜银行协议,承诺在十八个月内撤离"满洲",恢复中国主权,但前提是"满洲"地区井然有序,且其余列强不加干涉。名为《交收东三省条约》的新协议于1902年4月8日订立,"满洲"事态再次平息下来。③ 美国的外交行动或许对这一结果有一定贡献,但英日联盟才是争端得以解决的关键因素。④

美俄在"满洲"地区冲突的缘由,并不仅仅是俄国是否从"满洲"撤军及俄国垄断"满洲"地区贸易等问题。1901年末发生了一些不算重大但委实恼人的事件,让问题变得更加复杂。1901年12月底,针对美国驻牛庄领事亨利·米勒的行为,俄国驻美大

---

① Lamsdorff to Tower, February 9, 1902, *Foreign Relations*, 1902, p. 929.
② 粗体为作者所加。
③ Hay to Roosevelt, March 29, 1902, *Theodore Roosevelt Papers* (Washington, D. C.: Library of Congress), hereafter cited as *Roosevelt Mss*; *Foreign Relations*, 1902, pp. 279 – 81; Zabriskie, American-Russian Rivalry, pp. 80 – 82.
④ Hunt, *Special Relationship*, p. 201.

使喀西尼伯爵(Count Cassini)向海约翰投诉。喀西尼称，米勒屡屡生事，不但不认可俄国官员的权威，还庇护一些"名声颇为可疑"的中国人。喀西尼表示，希望美国国务院能给米勒下达明确指令，以避免类似事件再度发生。①

　　海约翰告诉喀西尼，米勒经常抱怨俄国方面的干扰给他履行职责造成了困难。海约翰之所以从未向俄方提起此事，是因为牛庄地区情况"特殊"。海约翰也承认，米勒可能没有把控好他在当地行事的自主度，但这不应被理解为美国方面的敌意。在俄国履

亨利·B. 米勒
来源：美国国会图书馆印刷与照片部，华盛顿

---

① Cassini to Hay, December 28, 1901, *Foreign Relations*, 1902, p. 916.

行其临时职责(包括暂管牛庄)以协助中国恢复秩序和统治的过程中,美国政府尽量使俄国"保留体面"。海约翰向喀西尼保证,将会命令米勒行事更加慎重,避免与俄国官员产生矛盾。海约翰相信,俄方人员"也会依照类似动机行事"。① 值得注意的是,海约翰阐述美方关于俄国在"满洲"势力的看法时,措辞相当谨慎。

同一时期,在牛庄的俄国人与美国人之间发生了暴力冲突。据说,1901年12月23日至1902年1月1日间共有三起冲突发生:12月23日,当时正在牛庄过冬的"维克斯堡"号上,数名美国海员殴打了两名俄国海员;圣诞节当晚,三名美国海员袭击了一名俄国哨兵;1902年1月1日晚,两名美国海员用手枪朝一名俄国士兵射击并伤其手臂。康格汇报道,牛庄的美国人和俄国人之间的关系因此变得相当紧张。这种紧张关系最初似乎是因为美国在未提前知会俄国的情况下就派遣"维克斯堡"号前往牛庄,此举激怒了俄国人。俄国控诉米勒在数次暴力事件的处理中拒不合作,作为回应,康格给米勒发电报,指示他与俄国领事面谈,并且"低调、快速、圆满地"解决问题,并要求米勒严明纪律,加强对"维克斯堡"号船员的管控,避免再起争端。康格行动迅速,成功安抚了俄国政府,俄方表示,牛庄发生的冲突纯粹是局部事件,不会对美俄两国的友好关系有任何影响。②

此外还有一些其他事端。俄国侵占了一位名叫詹姆斯·麦卡斯林(James McCaslin)的美国人名下的地产以扩建船坞,还将牛庄的东清铁路(the Chinese Eastern Railway)电报局关停,此举意味着今后牛庄地区的所有通讯都必须经由俄国之手。这使

---

① Hay to Cassini, December 30, 1901, Ibid., pp. 917 - 18.
② Conger to Hay, January 8, 1902; Tower to Hay, January 13, 1902, Ibid., pp. 146 - 48,918 - 19.

得在华美国商人和美国亚洲协会(American Asiatic Association)抱怨不已。美国国务院要求俄国采取措施,补救局面,而俄国人直至 1902 年 4 月才配合,却以铺设新的野外电报线路作为借口,中断了日常通信。①

麦卡斯林事件说明了米勒与俄国驻牛庄当局之间紧张的关系。麦卡斯林在滨水区附近有几套房产,租给中国人居住。俄国人认为麦卡斯林的这些中国房客形迹可疑,并怀疑他们暗地里从事着伪造火车票和窝藏逃犯的勾当。此外,房产所在地区的卫生状况极差。俄国当局希望打击犯罪,改善卫生状况,但米勒则拒绝让这一切在未经他许可的情况下发生,并且宣称,任何未经授权的行动都是对美国条约权利的侵犯。此次事件后,围绕俄国在该地区修建船坞的选址问题,双方又起了争执。麦卡斯林声称,码头所在地在他的地产范围内,他要求俄方支付用地补偿。米勒支持麦卡斯林的诉求,于是很快又跟俄国人陷入僵局。康格不得不再次介入,调和局面。他告诉米勒,要尽量以友好的方式解决类似冲突。至于麦卡斯林的中国租客,米勒不能对他们行使美国的司法管辖权。康格还指责米勒没弄清自己的权力范围就贸然行事;此外,米勒在履行职责时本应避免与俄方不必要的冲突,但他却没有做到。康格命令米勒与俄国人友好协商,就麦卡斯林的诉求达成满意的解决方案。如果米勒自己做不到,就要把所有相关材料转交给他,由他本人来采取必要的行动。②

米勒的行为使美国国务院感到窘迫不已。第三助理国务卿赫伯特·H. D. 皮尔斯(Herbert H. D. Pierce)却认为,米勒的举

---

① *Foreign Relations*, 1912, pp. 148-49, 919-26.
② Ibid., pp. 149-55.

动在他所处的位置上来看可能是正确的:

> 但他已经把自己和俄国政府的私人关系处理成了那样,以至于他没办法好好利用自己的地位;而且,他过于固执地认定俄国针对我们的政策咄咄逼人(这一点有待商榷),也执着于他对那位(俄国)官员的个人看法。这样一来,双方之间似乎不可能就任何事情达成和解。我担心事态会愈演愈烈,还担心米勒不但不能解决问题,反倒会让我们卷入真正的麻烦。①

助理国务卿阿尔维·A. 阿迪(Alvey A. Adee)和皮尔斯有同样的担忧:"至今为止,他(指米勒)都是对的,而俄国人是错的,我们没办法在保证我方利益的情况下免除他的职务。"阿迪建议把米勒召回华盛顿,进行一次"私下谈话"。这样做的好处在于,能让这位麻烦的领事在三四个月内不惹是生非,甚至还可以吓吓那些俄国人。② 显然,海约翰没有同意阿迪的计划,因为米勒仍旧待在牛庄。然而,尽管米勒多次警告称,俄国企图破坏美国贸易,华盛顿方面却没把他的话当回事。③

美国并不怎么在意俄国的贸易歧视。举个例子,美国贸易公司(American Trading Company)投诉说,货物进入俄国把控下的大连港和旅顺港(又名"亚瑟港",Port Arthur)两个港口时无需支付关税,进入牛庄却需要付百分之五的关税。康格在汇报这项投诉时指出,关税是中国庚子赔款的必要组成部分,因此他提议,免税货物从大连和旅顺进入"满洲"时,也应该支付关税。否则,

---

① Pierce to Adee, undated, *CD: Newchwang*.
② Adee to Hay, March 30, 1902, Ibid.
③ Hunt, *Frontier Defense*, p.83.

康格建议国务院不要受理此事。而米勒则认为,如果不加以干预,很多贸易将从牛庄绕道而行,这样"满洲"最繁华地带的一大部分贸易就会逃税,进而避免缴纳庚子赔款。康格回复道,能引发不满的只有一种情况,就是中国因征收关税失败而导致收入减少。康格表示,这个问题很微妙,但他肯定此事会得到"妥善的考虑"。柔克义也同意康格的看法。① 这已足够让海约翰做出判断,于是康格的观点得到了官方认可。美国不会要求向经由"满洲"通商港口进入"满洲"的货物征税,也不能要求对经过牛庄的货物实行免税。这件事应该让中国人去处理。②

在这个问题上,美国国务院或许在自欺欺人。但为了不影响俄国从"满洲"撤军一事,国务院选择避免与俄国起冲突,似乎也大有可能。美国官员们无疑希望俄国撤军一事能够扫除美国贸易可能遇到的任何问题。

尽管如此,米勒仍继续发出警告,提醒美国政府注意俄国在"满洲"构成的威胁及美国贸易可能受到的损害。他认为美国在"满洲"要更主动:"在我看来,满洲是我们在中国最有优势的商业范围;但如果不努力,如果没有一个由美国政府代表组成的合适的组织,我们将无法维持并发挥我们的商业优势。"③米勒虽然支持开放"满洲"参与国际贸易,但他明显希望美国能成为"满洲"商贸的主宰者。显然,米勒希望美国政府能够更有力地捍卫门户开放政策,确保发展"满洲"市场的机会。他使用了"范围(sphere)"

---

① Conger to Hay, January 8, 1902; Miller to Conger, December 27, 1901; Conger to Miller, January 7, 1902; Rockhill to Adee, February 20, 1902, *Despatches: China*.
② Hay to Conger, February 25, 1902, *Instructions: China*.
③ Miller to Conger, *Despatches: China*.

一词,这就引发了一个疑问:米勒究竟是不是(起码是暗中)在论证,美国应该在"满洲"确立势力范围(sphere of influence)以抗衡俄国在该地区的利益。不过,就算米勒确有此意,海约翰和柔克义也不可能同意。这两人以及罗斯福肯定都会反对美国在"满洲"建立势力范围,原因有很多,其中主要是美国不想与俄日两国交恶。

米勒还提醒美国政府要注意俄国的奸诈行径,他担心上司们低估了俄国的危险程度。米勒重申自己的观点:开放"满洲"参与国际贸易能够阻止俄国的野心,并确保美国对"满洲"市场的控制。① 然而,康格却认为,米勒的主张也许有理有据,但他提出的解决方案不可行。只要治外法权被视为必要,无差别开放"满洲"贸易就注定不可能发生,而治外法权现在还不能放弃。康格最后说,只有当其他列强在"满洲"有武器、官员和财产时,才能阻止俄国独揽大权。但他表示,美国做不到,也不会这么做。所以,美国可以让本国的商人带着金钱涌入"满洲"经商,但不会通过施加政治压力来树立美国的地位。② 康格精确地总结了美国的政策;至于米勒那些关于美国在"满洲"建立"利益范围"的任何想法,康格均不予理会。

康格的观点与国务卿海约翰对美国政策的看法完全一致。海约翰是这样向罗斯福阐释上述政策的:

> 我们对俄国在满洲的活动毫无敌意。恰恰相反,我们认可她在中国北方的特殊地位。我们一直努力想要达成并最

---

① Miller to Conger, May 7, 1902, February 16, 1903, March 5, 1903, *CD: Newchwang*; Conger to Miller, February 16, 1903, March 5, 1903, *Despatches: China*.
② Conger to Miller, March 10, 1903, Ibid.

终已经达成的目标是(如果俄国的保证作数的话),不管在中国或满洲最终发生了什么,美国不会被置于比中国政府当权时更坏的境地中。①

这一表述指出了美国对华政策中固有的自相矛盾与模棱两可之处,也表明了准确定义门户开放的困难。美国在"满洲"的行动主要是为了帮助中国在该地区恢复主权,并防止形成有损美国商业利益的贸易垄断。海约翰发出的门户开放外交照会最初是号召所有国家享有同等的在华贸易机会,但1899年的照会也确实默许了列强的在华势力范围。然而,该照会并不认同这些势力范围内的特权也适用于贸易。随后,海约翰在1900年的外交照会中更进一步呼吁保持中国的领土完整。诚然,第二份照会并未提出要取消这些势力范围,但确实暗示了这会危及中国主权。三年过去,海约翰此时竟说,美国认可俄国在"满洲"的"特殊地位"。看起来,美国不仅在立场上后退了一步,还对俄国在"满洲"的利益范围给予了非正式的承认。如果海约翰认同俄国在主导"满洲",那么他其实是在破坏他自己提出的门户开放政策。

或许海约翰对门户开放政策有了更务实的看法。他可能渐渐相信,即使其余列强作出了努力,俄国也还是会全面控制"满洲"。他的意思是,如果俄国真的全面控制了"满洲",那么俄国所作的保证(假设可以信任俄国)意味着美国的境况不会变坏。海约翰非常明白,俄国人知道美国不会为"满洲"而战,所以海约翰也许已经在不利的情况下努力做到最好了。

不管怎样,海约翰的观点都有不足,不过是受限于门户开放政策固有的模棱两可。此外,美国的在华利益有限,其总体军事

---

① Hay to Roosevelt, May 1, 1903, *Roosevelt Mss*; *Hay Mss*.

实力也较弱,这两个因素同样影响了他。然而,海约翰对俄国势力范围的认可,动摇了门户开放政策中关于领土完整和平等商业机会的理念,使得门户开放政策变得比原来更加含糊不清。如果海约翰是认真地想要重新定义门户开放,那么他用错了方法。倚赖俄国来保证美国商人在"满洲"有平等的准入机会,这样的想法至少可以说是不明智的。就算海约翰计划将"满洲"让给俄国,他也本该寻求更强有力的保障。或许,一个更现实的方法是力求与俄国达成正式协议,规定一旦俄国控制了"满洲"地区,就要保障美国在"满洲"的利益。这样一来,无论俄国是否霸占"满洲",美国都能更合理地确保自己的利益不受损害。而海约翰似乎从未考虑过这个选项。

海约翰的观点一贯如此。他表示,美国一直以来都认可俄国的"特殊地位",没有采取任何行动去干涉俄国的"发展和正当抱负"。美国仅仅坚持要求获得"自由准入和平等机会,二者受到包括俄国在内的整个文明世界共同签署的协定之保障,同时俄国政府也主动向我们做出担保"。①

一切都表明,门户开放政策的基本原则难以应对列强瓜分中国的野心。显然,海约翰已经得出结论,只要其他国家可以在中国进行贸易,而且中国在各个势力范围的主权至少在名义上得以保留,那么列强瓜分中国是可以接受的。因此,海约翰可以一面认可俄国在"满洲"的特殊地位,一面要求俄国尊重美国在"满洲"的贸易权利,同时恢复中国在该地区的主权。不过,海约翰从未真正将这个理论阐述清楚,导致门户开放政策的定义变得不仅含糊不清,还自相矛盾,这体现了美国对"满洲"地区的野心有限。

---

① Writings of John Hay, April 1903, *Hay Mss.*

即便如此,如果单纯依靠那些在中国拥有"特殊地位"的国家来保证其他没有特殊地位的国家也能获得贸易特权,那么这扇门随时紧闭的风险就会增加。这样一来,美国几乎没有别的办法——不是奋起一战,就是默许顺从。

俄国开始撤军时,"满洲"一事似乎终于得到解决。1902年10月底,康格汇报说,俄国军队正在撤离"满洲"。与此同时,美国与中国开始就中美商贸条约的修订进行谈判。这场谈判本来有一个能进一步维护美国在"满洲"地区的利益的绝佳机会——美国可以提出,在中国内地增设美国领事职位。但是,美国国务院没能抓住这次机会,而是等到1903年初才提出这项要求。①不过事实证明,等到1903年4月危机再起,俄国在"满洲"又玩起了新花样时,那一次修订的条约成功帮助了美国与之对抗。

4月23日,康格给国务院发电报称,俄国进一步提出了从"满洲"撤军的新条件。圣彼得堡方面坚持要增加七项新要求,包括不得增设新通商口岸或外国领事、中国政府机关不得雇用外国人、不得改变"满洲"的行政地位、牛庄关税收入须存入华俄道胜银行、卫生委员会交由俄国控制、俄国拥有任意增设电报线路的特权以及中国领土不得"分割给任一列强"。康格汇报说,目前中国尚未回应,但屈服是迟早的事,"除非(中国)能获得比道义更有力的支持"。②

次日,俄国的要求被公开。俄国大使馆一等秘书亲自拜访海约翰称,俄国政府过去的保证"现在依然完全有效,而且俄国毫无意愿……去干涉美国在满洲的商贸活动"。俄国所求仅是"政治

---

① Hunt, *Frontier Defense*, p. 69; Varg, *Open Door Diplomat*, p. 52.
② Conger to Hay, April 23, 1903, *Hay Mss*.

影响力"而已。俄国提出反对增设新通商口岸或外国领事这一点,针对的是英国,因为英国在"满洲"的外国人士中占支配地位。这位秘书将上述讯息告知海约翰之前,先表示了俄国大使并未掌握关于俄国所提要求的"直接情报"。海约翰则回复道,关于通商口岸、领事及外国人员的条款将激起美国公众的负面舆论。随后,他对俄国所作的关于美国及其商业利益的保证表示了感谢。①

又过了一天(4月25日),海约翰指示美国驻俄大使罗伯特·麦考密克(Robert McCormick)查明俄国新增条款的意思。他补充道,前两项条款似乎"损害了我们的正当利益"。② 与此同时,康格受命代表美国坚决要求保留美国在"满洲"口岸通商和派遣领事的权利,并反对协约的第二项条款。③ 之后,海约翰将这些行动向罗斯福汇报,称目前形势"微妙而难以把握",但他相信自己的应对措施能够支撑一段时间。俄国的无礼行为让海约翰感到生气,因为俄国没有事先通知美国就反对开放新的通商口岸,全然不顾美国国务院曾提前一个月向圣彼得堡方面发出的信号——美国有意开放更多通商口岸,建立更多领事馆。海约翰认为俄国计划中要对付的显然绝非英国一国而已。然而,他接着向罗斯福表示:

> 我敢肯定,您认为我们绝不可能计划与英国、日本一同进行任何公然敌对俄国的行动。我们国家的公众舆论不会支持这种做法,我也认为这样做长远来说对我们没有好处。俄国

---

① Hay memorandum, April 24, 1903, Ibid.
② Hay to McCormick, April 25, 1903, Ibid.
③ Hay to Conger, April 25, 1903, Ibid.

试图用最热诚的宣言打动我们,承诺无论满洲事态发生怎样的变化,美国的国家利益都不会受到损害。我过去四年都在为这个目标而努力,所以即便最坏的情况发生,我相信我们也能达成这个目标;但这件事还关乎尊严问题,而且要眼睁睁看着一桩掠夺事件发生却毫无作为,也是很难的。①

海约翰谈到了美国必须自主应对俄国的主要原因。美国向来不容许自己与英国或日本结成任何同盟;所以,尽管政策可能一致,美国也必须单独行动。不过,美国也不能对俄国采取过于敌对的态度。美国在"满洲"的利益也许很重要,但也还没到美国公众会支持对俄开战的地步。

俄国声称其外交行动所针对的是英国,此言或许不假;但很明显,圣彼得堡政府同样在对美国试图开放更多通商港口和建立更多领事馆的努力做出抗衡。美国的要求显然出自柔克义的方案,目的是进一步削弱俄国对"满洲"的掌控。②

海约翰在等待康格和麦考密克回信的同时,也与俄国大使馆保持联系,并继续将事情发展告知总统罗斯福。4月28日,海约翰建议罗斯福与俄国大使喀西尼会面。海约翰说,喀西尼虽声称自己对协约内容一无所知,"却能逐点详加讨论,清晰而细致,仿佛协约是他亲自写就一样"。海约翰确信,俄国很清楚美国对协约的反对会到何种程度。"我自然明白,俄国跟我们一样,都知道我们不会为了满洲开战,原因很简单,因为我们不能开战。"与他国结盟对抗俄国也不在美国的考虑范围内。"如果我们在远东地区的权益与俄国之间的对立明显得如同正午阳光那样,那我们永

---

① Hay to Roosevelt, April 25, 1903, Ibid.
② Varg, *Open Door Diplomat*, p.52.

远都不可能让参议院通过一份意在遏制俄国侵犯的条约。"①

当天晚些时候,海约翰告诉罗斯福,俄国再次保证美国在"满洲"地区的贸易活动不会受到影响。然而,喀西尼私底下说的话可就不那么让人放心了:"他依旧认为俄国有权强行加上任何条款,而且世界上的其他国家无权拒绝。"不过,美国和其他列强的态度使得俄国不再那么坚决地推进那些要求了。列强的强硬立场或许可以让北京方面更有底气,也使最坏的情况有了转圜的余地。在俄国对日本的忌惮中,海约翰看到了"希望"。他提到,喀西尼建议美国利用其影响力警告日本,如果损害了俄国在"满洲"的利益,后果很危险。喀西尼还暗示,美国可能已经达成或意图与英日两国联盟。当然,海约翰对此予以否认。②

英国完全支持美方立场。4月28日,英国外交部指示驻美大使,称其愿配合"我们理解的美国政策,即公平公正地将中国开放给整个世界贸易,维护中国的独立与完整,并坚决要求中国政府履行与我们签订的条约及其他义务"。③

次日,麦考密克从圣彼得堡汇报说,俄国方面不仅表示对拟定的中俄条约毫不知情,还拒不承认此事。俄国绝不会关闭"满洲"开放的门户,这一点美国可以放心。实际上,俄国特别希望能够把美国的商业和资本吸引到"满洲"发展。④

到5月4日为止,海约翰都有理由相信,危机正在逐渐减弱,

---

① Hay to Roosevelt, April 28, 1903, Hay Mss.
② Hay to Roosevelt, April 28, 1903, Ibid.
③ British Parliamentary Paper, February, 1904, *Correspondence Respecting the Russian Occupation of Manchuria and Newchwang*, Department of the Navy, RG 38, file C-8-A, number 146, Box number 426 (Washington, D. C.: National Archives), p. 58.
④ McCormick to Hay, April 29, 1903, *Hay Mss*.

而且解决方案近在眼前。5月3日晚上,英国大使通知海约翰,中国人已经拒绝接受俄国提出的条件。于是俄国询问中方是否意图把手伸向蒙古地区;是否打算将辽河流域领土割让给外国;"满洲"是否将开放更多通商口岸以及建立更多领事馆。对前两个问题,中方予以否认;至于第三点,中方向俄国表示,这将取决于贸易的需要。海约翰为此欢欣不已,他对罗斯福说,美国似乎"已经暂时遏制了俄国的满洲大计"。"这么看来,目前俄国不再坚持把他们的条约强加给中国,但他们发明了这样一种方法来摆脱当前的艰难处境:向中国提出一系列问题,而这些问题会得到什么样的回答,他们早就心中有数。"海约翰认为,现在不难得到中国的默许,从而开放更多的通商口岸,建立更多的领事馆。国务院将持续为此向中国施压。①

海约翰的乐观情绪来得过早了。不到两周,他就告诉罗斯福,俄国似乎做了两手打算。一方面,圣彼得堡政府向美国保证,"七条协定"尚未提交给中国,且俄国并不反对美国关于通商口岸和领事馆的要求。另一方面,从日本和英国传来的消息以及康格反映的情况均表明,俄国仍在试图强迫中国签署协定。海约翰最后说道:"与一个说谎成性的政府打交道是十分困难的,需要小心谨慎地处理。"这也呼应了他4月25日所说的话。他认为最好先等一段时间,看看俄国接下来有何行动。英国和日本都支持美国,尤其是日本"只要稍微得到我们的一点儿暗示,就会立刻冲上去攻击俄国"。英方充分了解美国独立行动的必要性,但对于日本,美国不得不反复提醒其遵从门户开放的保证,并对其加以约束。海约翰补充到,按照喀西尼所说,俄国认为中国已经四分五

---

① Hay to Roosevelt, May 4, 1903, Ibid.

裂,他们只不过是想拿走属于自己的那一份。海约翰向喀西尼表示,这个观点与俄国的承诺相悖,而喀西尼则回答到,他说的话只是他个人的看法。不过,海约翰认为自己为了"赢得"俄国的保证已经尽力了。他还表示,自己在这件事上不需要罗斯福总统的明确指示,虽然他也很乐意执行总统给他下达的任何命令。① 罗斯福信任海约翰的能力,所以继续让他来处理这次危机。

两天后,康格通知海约翰,中国非常愿意在"满洲"开放通商口岸,但俄国对此表示反对。奕劻告诉康格,只要俄国军队完全撤离"满洲",通商口岸便可以开放。尽管俄国政府已多次向美国保证不反对开放通商口岸,俄国驻华临时代办机构却一直对此横加阻挠。康格建议,应该让俄国把对美国所作的声明也原样告知中国,以检验俄国的保证是否可信。②

美国要求开放通商口岸和建立领事馆,这使中国进退两难。中国如果向美国让步,就必然会与俄国疏远;但若不同意美国的要求,中国在拒绝签订俄国的条约时就可能会失去美国的全部支持。因此,中国选择了拖延时间,希望时间和运气能够缓和局势。条约的主体部分已经商议完毕,离全部完成只剩下通商口岸问题这唯一的绊脚石。③

俄国的处境同样艰难。政府内部的派系斗争导致俄国未能出台完整一致的"满洲"政策。国防部希望采取更具侵略性的立场,财政部倾向于从经济方面入手,以和平方式占有"满洲",而沙皇则很可能以他认为合适的方式采取行动。俄国的外交活动变化不定,模棱两可,且颇不友好。圣彼得堡于4月29日否认俄国

---

① Hay to Roosevelt, May 12, 1903, Ibid.
② Conger to Hay, May 14, 2003, *Despatches: China*.
③ Hunt, Frontier Defense, pp. 69-73.

反对新开通商口岸之事,但那天之后,俄国驻华临时代办却仍在北京阻挠中国新增港口。喀西尼在两种立场之间摇摆不定。美国自然感到难以摸清俄国的意图,也理所当然地认为俄国人在撒谎。① 美国继续为在"满洲"开放通商口岸和领事馆向中俄两国施加压力。

海约翰先是指示康格从中国政府处取得一份书面声明,说明中国拒绝美国开放通商口岸这一要求的理由,以及中国接下来的行动计划。② 数日后,海约翰又吩咐康格与俄国驻华公使帕维尔·雷萨尔(Pavel Lessar)会面,并告知雷萨尔,俄国政府已向美国保证,不反对开设新通商口岸。美国希望与俄国合作,来取得中国的配合。③

面对美方的要求,中方的答复含糊其辞。奕劻在给康格的一份外交照会中重申了中国先前的回应,即俄国坚持要求中国做任何决定之前都要先行过问俄国,但是中国拒绝讨论此事。中国将独立决定何时开放通商口岸,但这项事宜不方便在商贸协定中提及。在照会的结尾处,奕劻表示,"这绝不是对贵国要求的全盘否决"。④

海约翰在回复中反驳,美国的要求合情合理,对中国及世界均有利,不应如此敷衍。如果中国不想在条约中写明,那么清政府应该下达圣旨来开放通商口岸。海约翰指示康格,要让中国人知道,他们不愿遵从美国要求一事使美国感到"惊讶又难过"。⑤

---

① Zabriskie, *American-Russian Rivalry*, pp. 89 - 90.
② Hay to Conger, May 18, 1903, *Foreign Relations*, 1903, p. 60.
③ Hay to Conger, May 23, 1903, Ibid.
④ Conger to Hay, May 28, 1903, Ibid.
⑤ Hay to Conger, June 6, 1903, Ibid. p. 61.

康格将俄国公使雷萨尔的回复以电报形式转呈海约翰。雷萨尔对康格表示,他已经确认俄国政府并不反对在"满洲"开放通商口岸和建立领事馆,也已经发电报请求上级指令,但在指令下达前他不能配合康格的行动。数日后,康格向国务院汇报,雷萨尔仍在等候指令。康格认为,圣彼得堡政府已发出有关合作的电报。① 海约翰告诉康格先按兵不动,静待指示,因为华盛顿方面正在与俄国大使商讨此事。②

显然,海约翰的话在北京引起了困惑。日英两国的驻华公使听说了海约翰的指令后都认为,海约翰要康格彻底停止有关开放通商口岸的谈判。这是两位驻华代表的错误假设导致的误解,康格也作了澄清。康格能够按指令行事,海约翰表示很满意,并在6月13日的一封信件中称赞了康格。海约翰总结了当前局势,并指出喀西尼始终是块难啃的骨头。他这么描述喀西尼:"我认为他一直以来都对我们的门户开放政策颇有敌意,现在也还是如此。我们至今为止能够与俄国达成的事项,都是喀西尼所反对的。"接着,海约翰表示,他认为条约谈判"相当成功",唯一待解决的就只剩通商口岸开放的问题,否则这将是"巨大的外交成功"。③

美国目前的注意力集中在俄国。美方草拟了一份协议书寻求俄方的协助,请求俄国指示其驻华公使向中国传达俄国政府4月份对美国国务院的承诺,即俄国不反对在"满洲"开放通商口岸,同时会支持康格在这件事上达成协议。④

---

① Conger to Hay, May 30, June 6, 1903, Ibid. p. 63.
② Hay to Conger, June 6, 1903, Ibid.
③ Conger to Hay, June 13, 1903, *Despatches: China*; Hay to Conger, June 13, 1903, HayMss.
④ Memorandum dated June 6, 1903, Ibid.

身在圣彼得堡的麦考密克随后得知,只要解决通商口岸这一问题,就能完成协约的签订。中国反复强调俄国对此持反对态度,美国则向北京多次保证俄国实无此意。美国请求雷萨尔向中国声明俄国对此不反对,麦考密克则受命调查俄方是否应承美国的这一请求。①

两天后,麦考密克给海约翰打了电报,称俄方希望康格能提醒雷萨尔注意美国关于开放通商口岸的要求,雷萨尔就能得到批准而坦诚告知俄国的态度。② 海约翰依麦考密克所言给康格下达了命令。康格随后回复,雷萨尔声称仍未受到指令,所以不能向中国表态。雷萨尔称,他要等待海约翰与喀西尼在华盛顿关于此事的讨论结果。③

与此同时,英国开始支持美国的诉求。英国公使沃尔特·汤丽(Walter Townley)向中方表示:"开放通商口岸对所有国家以及对中国都有莫大好处……因此国王陛下政府指示我传达……他们的期望,希望(中国)能遵从美国的要求。"④康格汇报,跟美国一样,日本也要求开放相同的通商口岸。他还指出,对此事展露兴趣的列强只有日本和英国,因此他还未与其他同僚就这个问题交换意见。⑤

而在华盛顿,海约翰再次与喀西尼面谈。喀西尼又一次向海约翰说明,俄国不认为美俄两国之间有任何利益冲突,一切事务都将依照美国的意愿得到处理。美国政府只需要耐心些,事情解

---

① Hay to Riddle, June 13, 1903, *Foreign Relations*, 1903, p. 710.
② Riddle to Hay, June 15, 1903, Ibid.
③ Hay to Conger, June 16, 1903; Conger to Hay, June 18, 1903, Ibid., pp. 64 - 65.
④ British Parliamentary Paper, RG 38, p. 83.
⑤ Conger to Hay, June 23, 1903, *Foreign Relations*, 1903, pp. 65 - 66.

决的速度会"比你们料想的更快"。①

与此同时,中国继续拖延时间,迟迟不采取行动。康格汇报说,奕劻依旧表示中国愿意开放通商口岸,但在此之前必须先让俄国撤军。此外,奕劻拒绝做出任何书面保证,因为这样的举动只可能触怒俄国。海约翰认为,中国不作为的理由令人不满,他指示康格继续督促中国。②

喀西尼曾暗示事情很快就能得到解决,事实证明他是对的。7月14日,圣彼得堡方面发出正式公告,声明"只要不建立外国租界",俄国政府就不反对在"满洲"地区开放通商口岸。显然,俄国担心,如果不允诺美国的再三请求,英国与日本可能会结盟。不愿面对几个国家联盟的俄国选择了让步,并发出一份照会。康格很快接到指令,敦促中国尽快开放通商口岸。③ 俄国对远东地区可能形成的反俄联盟心存忌惮,这对美国来说是一个有利条件。

然而,中方仍未行动。奕劻再次声明中国愿意开放通商口岸,但俄国必须先撤军。不过这次他向康格提供了一份书面承诺,保证只要俄国完全撤军,中国就会开放通商港口。康格认为这已经是最好的结果,建议直接签署条约,不用再添加关于通商口岸的条款。④ 海约翰把康格的电报给柔克义看后,柔克义表示这"简直是再糟糕不过了"。柔克义觉得,康格未能领会借助条约

---

① Hay to Roosevelt, June 30, 1903, Hay Mss.
② Conger to Hay, July 1, 1903, Hay to Conger, July 13, 1903, *Foreign Relations*, 1903, pp. 66 – 67.
③ Hay to Roosevelt, July 14, 1903, Choate to Hay, July 18, 1903, *Hay Mss*; Hay toConger, July 14, 1903, Russian *pro memoria*, July 14, 1903, *Foreign Relations*, 1903, pp. 67,711; Zabriskie, *American-Russian Rivalry*, p. 93.
④ Conger to Hay, July 22, 1903, *Foreign Relations*, 1903, p. 68.

第三章 "满洲"的门户开放

"关于中国"。在这期《顽童杂志》的封面插图上,山姆大叔、约翰牛和"日本"被描绘成看门狗的形象,守卫着一扇敞开着的门,门上写着"中国贸易"四个大字。
来源:《顽童杂志》,1902年3月12日,美国国会图书馆

开放通商口岸的意图,而柔克义本人认为必须即刻开放口岸。此外,康格把过多的重心放在了获得承诺上,但一旦接受了这项承诺,就相当于在允许中国自行开放通商口岸的同时也允许其自行

关闭口岸。柔克义坚称,"条约内应该加上关于通商口岸的条款……将这些地点开放给对外贸易"。① 于是,康格被告知,美国认为中方的承诺不能令人满意,条约中必须加上开放通商口岸的条款。②

柔克义担心康格的举动可能会"极大削弱我们在北京的地位",因此他草拟了一份行动指令,希望能够使康格"振奋起来"。柔克义还建议海约翰提醒康格,注意国务院5月29日电报的内容。③ 康格收到通知,10月8日前要让中国签下包含开放通商口岸条款的条约。通商口岸可以等到双方正式签署条约的三个月后再开放,这样中国就能有充裕的时间来重建"满洲"行政系统。海约翰回忆起中国先前就许下了在条约中规定开放通商口岸的承诺,并注意到俄国7月14日的照会已经为中国履约扫清了所有障碍。即便中国现在立刻开放通商口岸,美国也会坚持要求在条约里加上这样一项条款。于是,海约翰提醒康格好好利用他5月29日的电报内容作为论据。④ 柔克义则拜访了中国驻美公使梁诚,向他说明美国国务院是不会在这个问题上让步的。⑤

海约翰乐观地认为,中国方面将会屈服。他在8月2日给罗斯福的信件中写道:"我认为我们能顺利地与中国谈妥条约并及时递交给参议院。"中国人忌惮俄国,几乎不敢听美国的话,所以被称作"瑟瑟发抖的可怜兔子"。海约翰克制住了自己,没有向那群"兔子"保证:只要他们信守诺言,美国就会确保他们不会因为

---

① Rockhill to Hay, July 22, 1903, *Hay Mss*.
② Loomis to Hay, July 22, 1903, *Foreign Relations*, 1903, p. 68.
③ Rockhill to Hay, July 23, 1903, *Hay Mss*.
④ Hay to Conger, July 26, 1903, *Foreign Relations*, 1903, p. 70.
⑤ Rockhill to Hay, August 3, 1903, *Hay Mss*.

做了一些"熊"已经声明不反对的事情而受到"熊"的惩罚。"我们在东方取得了许多成就,但迄今为止,我们的成就都不是用承诺或保证换来的,一次都没有。"①这位国务卿的观点颇有道理。中国接受了美方的最后通牒,承诺签下条约,条约里包含了同意开放两个海港的条款。签约日期定在 10 月 8 日,也就是俄国完成撤军的那一天。②

海约翰很是喜悦。8 月 21 日,他给罗斯福写道:"您肯定已经看过康格今天的急件了,我向您致以衷心的祝贺。现在我们已经拿到了中国政府的正式书面承诺,他们在 10 月 8 日会签下整个条约,承诺开放口岸等等,而我们一个月前也获得了俄国不会反对此事的书面保证。我认为这非常令人满意。"③

但好景不长。俄国 9 月份向中国提出了从"满洲"撤军的新条件,包括:中国应保证绝不将东三省割让或租借给任何国家;允许俄国在河岸修建码头,便于运输货物到东清铁路,并允许俄国在码头驻军;经由铁路进入"满洲"的货物不得另外征税;俄国撤军后,华俄道胜银行须由中国军队守卫;允许俄国采取措施防止"满洲"地区爆发瘟疫等。作为回报,俄国将在一年内撤军。④

俄国的新举动使美国国务院陷入了窘境。日方将俄国的最新手段及时地告诉了美国,等着看美国会如何应对。海约翰不希望因此破坏已经和中国谈妥的条约。他表示,如果高平坚持要知道美方的态度,那么应该告诉高平,美方没有理由对俄国的行为

---

① Hay to Roosevelt, August 2, 1903, Ibid.
② Conger to Hay, August 14, 1903, *Foreign Relations*, 1903, p. 71; Hay to Roosevelt, August 21, 1903, *Roosevelt Mss.*
③ Hay to Roosevelt, August 14, 1903, Ibid.
④ Conger to Hay, September 10, 1903, *Despatches: China*; Adee to Loeb, September 12, 1903, *Roosevelt Mss.*

表示抗议。美国并未被要求表明自身立场。"我不想发表任何意见,尤其不想说出任何可能会推迟条约签订……推迟俄国从牛庄撤军的话。"①

柔克义与日本方面有着同样的忧虑,他担心俄国的要求有损于美日双方的利益。但他和海约翰一样,都认为目前尚无必要对此发表正式意见。②日本尤其不满俄国要求东三省不得割让或租借给任何国家,而海约翰则更担心俄国对免税的要求。他指出:"俄国仅仅要求中国不割让满洲领土,其实她(指俄国)把自己也包括在内了。"③但是,"俄国要求免除附加税,这一举动无耻地违背了她自己许下的门户开放承诺"。如此一来,其他国家也会纷纷效仿,拒绝交税,这将给中国财政带来灾难性的后果。但海约翰认为,即便如此,美国也不欲"与俄国和中国发生争执,因为争执一起就无法在10月8号前解决,这可能会妨碍我们完成条约的签订"。④

柔克义同意海约翰的看法:

> 我依旧认为,我们最好先把条约签下来,然后——如果必要的话——视情况跟俄国据理力争,解决种种问题……二十天后就是签约日,我认为在那之前中俄两国不会达成任何确切的协议;就算达成了,我们签约之后的立场也会比现在强有力得多。⑤

---

① Hay to Adee, September 16, 1903, *Hay Mss.*
② Adee to Hay, September 16, 1903, Ibid.
③ Rockhill to Hay, Adee to Hay, September 16, 1903, Hay to Adee, September 17, 1903, Ibid.
④ Hay to Adee, September 17, 1903, Ibid.
⑤ Rockhill to Hay, September 18, 1903, Ibid.

日方询问美国对俄国最新要求的回应和态度,对此柔克义建议采取拖延战术。他认为,日俄之间在朝鲜问题上存在争端,因此日本并不急于对"满洲"地区的国际贸易问题表态。"当然,日本人希望我们站队,尽可能地对俄国不友好……我认为在签下那份让人满意的条约之前,我们应该尽量少表态少行动。"①

柔克义与海约翰的看法也许是对的,他们认为美国应该先努力签下那份"让人满意的条约",然后再考虑对俄国的最新要求做出回应。但令人意外的是,美国方面居然没有注意到俄国那显而易见的拖延策略。柔克义和海约翰本该清楚,除非迫不得已,否则俄国根本不打算撤军"满洲"。俄国不断推迟撤离的时间,以此为自己赢来额外的机会,加强对"满洲"的控制——每拖延一次,对门户开放的危害就可能更进一步。然而,美国国务院几乎无人对此表示担忧。

美国不愿采取行动,可能还带来了别的影响。日本人对俄国在"满洲"的霸权感到忧虑,也担心俄国会威胁到日本在"满洲"的利益和在朝鲜的地位。这可能让日本人坚信,他们必须独自担起阻止俄国进一步侵占中国北方的重任。美国官员主要关心俄国对"满洲"贸易的威胁,而日本对俄国的担忧则来自领土权益。如果美国国务院采取行动向俄国施压,保持"满洲"地区门户开放,日本似乎很乐意支持美国。但是,在新威胁面前,美国既已表示不作回应,那么日本很可能选择率先对抗俄国的最新计划,如有必要甚至可以付诸武力,以此保护日本在"满洲"地区的利益。日本与英国的盟友关系无疑也使日本更有底气做出这样的决定,因为与英国结盟后,日本就能相当肯定,假使有朝一日当真开战,法

---

① Rockhill to Hay, September 19, 1903, Ibid.

国与德国不会加入俄国的阵营。

面对这些不能同意的要求,中国人四处求援,以应对这次的新威胁。庆亲王奕劻拜访康格,表达了他的担忧。中国担心,如果不同意俄国的要求,俄国可能会拒绝撤军。奕劻想知道美国是否能就此事从中斡旋,与圣彼得堡政府协商出一个令人满意的解决方案。康格无法对奕劻做出保证,便向上级请示。① 美国国务院很快指示康格提醒奕劻,中国已同意签订协议。而一旦协议签订,美国将处于一个更有利的地位来"讨论那些可能会影响美国在华权益的问题"。② 与此同时,中国驻美公使也提出了类似的请求,但同样遭到了回绝。

10月8日,中美商约如期签订。条约第十二条规定将丹东(旧称安东)和沈阳(旧称奉天)开辟为商埠,第二条则规定了领事委任相关事宜。海约翰总算能够"相当满意地"将条约递交给参议院,他指出,目前中美贸易关系"有着比条约签订前更好的基础"。③ 不过,俄国军队仍未撤离"满洲"。

现在,中国要来检验美国的政策了。中国正式请求美国从中斡旋,使其与圣彼得堡政府达成和解。康格将中国的请求转达给华盛顿方面,海约翰则转呈给了罗斯福。罗斯福对此事进行了认真的考虑。他相信俄国会开战,也清楚美国在"满洲"的军事实力较弱,同时判断美国公众不会同意美国为了"满洲"而卷入战争,因此,他下令拒绝中国的请求。④ 罗斯福和海约翰都确信日本愿

---

① Conger to Secretary of State, September 23, 1903, Conger to Hay, September 24, 1903, *Despatches: China*.
② Adee to Conger, September 23, 1903, *Hay Mss*.
③ Conger to Hay, October 25, 1903, October 29, 1903, *Despatches: China*; Hunt, *Frontier Defense*, pp. 80 – 81.
④ Ibid.

意对抗俄国,可能也正因如此,他们认为中国的请求不难拒绝。①美国的立场无疑使中国的决策者感到相当沮丧,他们原本已经下定决心要利用"满洲"的贸易潜力作为诱饵,获取美英日等国的支持以对抗俄国的侵袭。②

另一方面,日本从1903年7月末开始就一直与俄国就两国在远东地区的关系和共同利益进行谈判。日本希望能与俄国达成某种协议,但是俄国对自己的军事实力相当自信,拒绝做出让步,日本的努力只能因此落空。1904年2月,东京方面耗尽了耐心,于是日军突袭了俄国在旅顺的海军基地,日俄战争由此爆发。在中俄僵持期间,罗斯福从始至终都将此争端留给海约翰和柔克义应对,他相信二人有能力把控局势。通过阅读急件与召开顾问团会议,罗斯福总统对事态发展相当了解,但他主要还是依靠这两位首席顾问的专业能力和经验来处理中国的相关事务。其他人偶尔也会发表看法,但罗斯福无疑最信任柔克义和海约翰。③

在"满洲"问题上,罗斯福显然对俄国抱有偏见。他认为,圣彼得堡方面那"令人难以置信的虚伪"是争端的根源所在,还指责俄国政府"撒谎成性"。④ 美国无意在政治上控制"满洲",也不打算阻止俄国;美国仅仅追求"我们争取的那些与门户开放政策有关的权利":

> 我们希望我们的人民能够获得商业特权,这些特权是俄国反复承诺的——其他列强也都认为那是我们应得的,但中

---

① 见 Hay to Roosevelt, April 28, 1903, May 12, 1903, *Hay Mss.*; 和 Roosevelt to Hay, July 26, 1904, *Roosevelt Mss.*
② Hunt, *Special Relationship*, p. 200.
③ Lodge to Roosevelt, May 21, 1903, Hollis to Roosevelt, July 6, 1903, Adams to Roosevelt, July 17, 1903, *Roosevelt Mss.*
④ Roosevelt to Shaw, June 13, 1903, *Roosevelt Letters*, vol. 4, pp. 497 - 98.

国却拒绝给予我们,因为俄国威胁说,如果中国这么做了,会有极其严重的后果。

罗斯福对俄国"含糊而无定论的回应"颇有怨言,指责俄国表里不一。他指出,俄国虽然已就美国在"满洲"的地位问题做出了保证,但俄国驻华公使却于同一时间"坚决不允许中国政府自主行动"。① 罗斯福对塞西尔·斯普林·赖斯所说的话更加直白:"过去三年间,俄国人在满洲的事情上,不仅对日本,同时也对我们撒下了弥天大谎。"②罗斯福表明,俄国"在满洲的行为使其失去了美国的支持,而且很显然,俄国人打算将统治中国作为他们统治世界的一步棋"。③

也许是想起了1895年的"三国干涉还辽"事件,罗斯福表示,只要他能确定法国与德国不会"参与其中",他就愿意为了"满洲"对俄国采取"极端行动"。④ 罗斯福坚持认为,俄国一直不遗余力地逼迫中国"一同破坏列强对满洲地区门户开放那本就摇摇欲坠的信心……并想将我们的人民挡在满洲贸易的大门外"。⑤ 有趣的是,罗斯福总统并未提及俄国在"满洲"的利益范围。

我们很容易就能看出海约翰在这件事上对罗斯福的影响。在给阿尔伯特·萧(Albert Shaw)的一封信中,罗斯福有一句话和国务卿海约翰曾经使用过的措辞很相似——"我们向来认可俄国在满洲的特殊地位。"此外,罗斯福宣称:

我们从未干涉她(指俄国)取得的进展,也不曾阻拦她实

---

① Roosevelt to Abbot, June 22, 1903, Ibid., pp. 500 – 501.
② Roosevelt to Spring Rice, June 13, 1904, Brands, *Selected Letters*, p. 358.
③ Roosevelt to George Otto Trevelyan, March 9, 1905, Ibid., p. 380.
④ Roosevelt to Hay, July 29, 1903, *Hay Mss*.
⑤ Roosevelt to Loomis, July 1, 1903, *Roosevelt Letters*, vol. 4, p. 508.

现正当抱负。我们只坚持要求我们的贸易能够准入自由并享有平等机会。这是包括俄国在内的整个文明世界达成一致协议,保证会给予我们的权利,俄国政府也屡次自发自愿地向我们做出承诺。①

由此清晰可见,罗斯福认同或者说接受了海约翰的看法。②

另一项限制来自门户开放政策本身。海约翰发出的两份有关门户开放的外交照会提出了两项要求,一是所有国家享有平等的在华商贸机会,二是维护中国的领土完整。结合起来看,门户开放政策似乎是在维护中国领土完整的前提下提出的贸易机会均等。一直到列强划分好各自的在华势力范围后,门户开放政策才得以阐明。海约翰的第一份照会内容就是请列强正式承诺,在各自的势力范围内,各国贸易能够享受平等机会。收到照会的各国政府给海约翰的答复含糊其辞。实际上,美国已经表达了对各国势力范围的认可,并要求在这些势力范围内能够受到平等的对待。

海约翰的第二份门户开放照会并未要求各国回复。相反,美国政府重申了保护其在华正当利益与平等贸易机会的决心,同时还宣布,捍卫中国领土完整已成为美国政策的一部分。这份照会表明,美国原则上已经表明了自己的立场,即反对一切分裂中国的行为。无疑,划分势力范围被视为可能导致中国最终四分五裂的一大威胁。美俄之间围绕"满洲"问题的争端说明,圣彼得堡政府对门户开放政策的理解是基于1899年的外交照会,而海约翰与罗斯福却根据1900年的照会行事。

---

① Roosevelt to Shaw, June 22, 1903, Ibid., pp. 497-98.
② Roosevelt to Hay, May 22, 1903, Ibid., p. 478.

不过,罗斯福、海约翰与柔克义都愿意承认其他国家在中国的"特殊地位"——这是对势力范围的一种委婉的说法。换言之,只要不分裂中国,列强划分势力范围获取特权的行为是可以接受的。但如果美国坚持中国各地都应提供均等的贸易机会,并支持中国保持领土完整,那么美国怎么能同时认可其他国家控制下的势力范围存在呢?如果某个国家在中国某地拥有特殊地位,那么它自然希望尽可能地控制这一地区以保护自己的利益,这是很正常的。因此,平等贸易机会即使存在,也很可能遭到破坏,只是迟早的问题而已;而长远来看,列强想要进一步巩固其势力范围,就很可能危及中国的领土完整。利益范围之争会导致列强之间的冲突,这不但会使美国的在华利益受到损害,还会使本就在内忧外患间艰难求存的中华帝国更加分崩离析。在罗斯福和海约翰的管理下,美国实行的政策既坚持门户开放,又(暗地里或明面上)认可列强的势力范围。这样的政策自相矛盾,含糊不清,因为罗斯福等人的行为可以说是否定了第二份门户开放照会中维护中国领土完整的坚决主张。不仅如此,如果美国承认了所谓的势力范围,那么门户开放这一概念终将变得毫无意义,平等的贸易机会也将不复存在。实际上,第二份照会从本质上否认了第一份照会对列强势力范围的默认。

中国内部问题愈发严重,国人深受其扰。无力抵御西方列强和日本侵犯的中国无法独立反抗列强的要求。为了维护自己的领土完整,中国只能对外寻求帮助。列强之间相互竞争,各国都不想让竞争对手在中国得到特权。要抵抗某国提出的要求,哪怕只是象征性地表示抵抗,中国就必须利用列强之间的竞争关系,获得一部分或是所有其余列强的帮助。如果说,门户开放是为了保护中国免受其余列强的掠夺,那么它还有一个目的是保护美国的在华贸易利益。关于俄国霸占"满洲"一事,美国明确地表示只愿意做这么多,而且比起帮助中国重获"满洲"地区的控制权,美国对保护自己在"满洲"的贸易利益要感兴趣得多。确实,当其余列强同样反对俄国对"满洲"的野心时,美国才能最有效地抵制俄国在"满洲"的行动。

这很可能是罗斯福和他的顾问们在评估了中国局势后的做法。在他们看来,这些评估是实事求是的。他们很有可能判断俄国终将得偿所愿,所以他们的行动是为了获得俄国的保证,确保美国商人能有平等的贸易机会。如果这是他们的目标所在,那他们想出来的方法实在是不够缜密。只有保证是远远不够的,在国际关系中尤为如此。三年前,曾任美国国务卿的理查德·奥尔尼(Richard Olney)批判美国殖民菲律宾一事时,提出了同样的观点。他指出,那些呼吁各国接受门户开放政策的号召据称"取得了令人满意的'保证'",但这些保证几乎不能视作确切的义务,所谓的保证就和观点或意向一样变化无常。① 此外,其余国家对第一份门户开放照会的回应全都模棱两可,并不能称之为"令人满意"(尽管美国自己是这么声称的)。

要想保护门户开放政策不受俄国破坏,更好的做法是签订一份关于贸易机会均等的书面协议,而且协议还应该包含俄国的保证,约定俄国在"满洲"地区攫取特权时不会将"满洲"从中国分裂出去。这份协议关乎美国在"满洲"的贸易机会,如果俄国选择无视或撕毁这份正式协议,美国就有了更可靠的退路,有了鼓动反俄舆论和保护美国在东亚地区利益的更有效手段,也有了关于门户开放政策更有力的论据来呈现给国际社会。鉴于不能直接与

---

① Olney. "Growth of Foreign Policy," p. 294.

俄国对峙,最实际的办法也许是遵从康格在1901年初提出的建议,与俄国商定协议。康格当时提出,美国可以尝试与圣彼得堡政府签下条约,以美国承认俄国在"满洲"的"特殊利益"为筹码,要求俄国承诺美国商人在"满洲"享有平等的贸易机会。这一设想并非康格独创。前美国驻暹罗(今泰国)公使约翰·巴雷特也曾经在1900年号召列强共同签订这样一份协议,不过那时他没有特别提到俄国。"这份协议不应局限于一份外交照会或是友好的意见交换,而应该成为一份正式签订的、有约束力的公约。"①

最可能发生的情况是俄国拒绝这类提议,因为接受了也得不到任何好处。但有趣的是,海约翰与罗斯福既已(至少是非正式地)接受了俄国在"满洲"建立势力范围这一现实,却未尝试寻找更有效的方法来维护美国在当地的商业利益。当然,这么做是有一定风险的,尤其是可能会破坏美国与英日两国的关系,可这种做法完全符合美国向来遵循的独立自主路线。俄国(或许还有日本,如果向日本提出的话)会拒绝美国的请求,这几乎可以肯定,原因是俄国更倾向于一项缺乏正式协议支撑的政策,因为这样的政策向来都是模棱两可的。相较于概念上的条件,俄国更不愿意在实质上受到门户开放政策的约束。然而,这并不意味着美国就不能对此做出尝试。中国人自然会将美国的这一举动解读为美国已经放弃维持中国的领土完整,但长远来看,一份维护门户开放原则的正式协定,无论是以双边还是多边的形式达成,都是对中国最有利的。如果美国在发出门户开放照会后,紧接着与各国分别或共同签订一系列条约,就能阐明美国的立场,并能令其余各国也遵从门户开放原则。考虑到各国对第一份门户开放照会

---

① Barrett,"America's Duty in China," pp. 147, 151.

的答复全都含糊其辞,美国即使当真如此尝试,也极可能以失败告终。不过,这仍然是值得一试的。

  罗斯福与海约翰两人可能只是忽略了门户开放政策本身的矛盾之处。在当时的局势下,他们能做的很有限,于是他们满足于发出照会、表示抗议和坚持要求维护美国在华权利的这样一套流程,同时(至少是非正式地)认可了俄国在"满洲"地区的"特殊地位"。总的来说,他们的门户开放政策成功之处少,而失败之处更多。俄国除了笼统地保证美国在"满洲"的利益不会受到威胁外,没有其他任何行动。罗斯福和海约翰都抱怨过俄国的虚伪,可美国政府竟然从未试图从俄国方面获得更明确的承诺,这确实令人惊讶。尽管美国与中国签订了新的商约,规定在"满洲"地区增设通商口岸,俄国却能够拖延口岸的开放时间,导致这份商约几乎失去价值。如果俄国没能从"满洲"攫取实际收益,美国是没办法强迫俄国从"满洲"撤军的。事实上,俄国当时的境况并不比义和团运动快结束时差多少。俄国不断向中国提出要求,但中国如果同意了这些要求,"满洲"实际上就成了俄国的附属地。俄国正是利用这种不断提要求的策略来拖延撤军的时间。海约翰和罗斯福所做的一切尝试都没能叫停俄国,而且实际上来说,他们也只能做这么多了,尽管他们可能并未将所有备选的方法都尝试一遍,甚至没意识到某些选择的存在。两人都很清楚,在瓜分中国的列强中,总有一个会控制"满洲",而即使拿下了海约翰口中那份"让人满意的条约",美国也无力叫停俄国。确实,最可行的办法可能就是让美国的利益去顺应"满洲"的现实情况。终归只有武力才能阻止俄国的计划,但美国既未做好准备,也无此意愿。反观日本,其背后有着英日同盟这一靠山,同时也对"满洲"怀有自己的野心。耗尽耐心的日本最终选择对俄国发动战争。

第四章　日俄战争及中国中立问题

1904年2月8日,日本突袭旅顺港俄国海军基地,日俄战争爆发。虽然日俄战争在中国的领土上进行,但日本和俄国都不希望中国参战。尽管清政府和许多中国人都支持日本,并且日方有效利用了中国间谍进行活动,清政府仍然宣布保持中立。由于担心引发西方世界的"黄祸"恐慌,也不希望把其他欧洲国家牵扯进来支持俄国,日本没有选择与中国结盟。中国宣布对在本国领土上进行的战争保持中立,这样的立场在战事中是极其不寻常的。①

日俄战争爆发,中国人民陷入了危险的境地。站在美国的角度来看,中国保持中立是最好不过的了。显然,"满洲"将会成为战场,但中国也有可能无意中卷入战争。战争爆发前一个月,康格就曾提醒过海约翰,中国在购买一些武器,暗地里重组军队并进行扩充。中方强调,此举并不是为必然爆发的战争做准备。不过,更加明智的美国官方"非常害怕中国会被卷入战争"。② 面对日本的请求,中国在几天之后给出了肯定的答复,表示中方会保持中立。日本袭击旅顺港约一个月之前,中国就已经如此

---

① Elleman and Paine, *Modern China*, p. 218.
② Conger to Hay, January 2, 1904, *Despatches: China*.

承诺。①

北京方面断定,保持中立是最佳选择。在说服清政府保持中立时,时任直隶总督兼北洋大臣袁世凯发挥了重要作用。② 中国甚至采取措施,叫停了即将开展的武器测试。中方请求美英法三国公使调解日俄之间的纠纷,为避免爆发战争做最后的努力。法国公使表示愿意尝试调解,但康格和英国公使的意愿并不强烈。康格告知清政府,他认为调解毫无用处,尤其是在日本已经表明不希望受到干涉的情况下。同时,康格劝告清政府让其驻美英法三国的公使出面处理此事。③

有趣的是,战争爆发前的种种迹象表明,俄国将其与日本的危机归咎于美国。日本袭击旅顺港的前几天,《纽约太阳报》转载了一篇发表在俄国周刊《新闻时报》上的文章。该文章谴责美国意欲"在全球范围"称霸。乔治·凯南(George Kennan)是一名记者,也是罗斯福的密友,在那段时间曾去过西伯利亚。按照文章的叙述,凯南前往西伯利亚其实是被派去抹黑俄国政府和人民。美国试图将中国变成"美洲印第安",压榨中国廉价的劳动力,让远东地区成为工厂。《新闻时报》坚称:"如果发生战争,那一定是美国佬挑起来的。"凯南认为报道中的指控十分好笑,于是将文章剪下来给罗斯福送去。凯南希望在美国不断"吞掉"俄国的这段时期,罗斯福仍是美国总统:"那么你就可以封我为西伯利亚的内务大臣,奖励我为这次'运动'提供的服务!"④"……俄国人本性

---

① Conger to Hay, January 12, 1904, Ibid.
② Hunt, *Frontier Defense*, pp. 85 – 87.
③ Conger to Hay, January 30, 1906, *Despatches: China*.
④ Kennan to Roosevelt, February 4, 1904, includes clipping from the New York Sun of February 3, 1904, *Roosevelt Mss*.

中歇斯底里的一面令人始料未及，"罗斯福对此表示惊讶，"日本人的成功，以及臆想中的美国的敌意，似乎都引发了俄国人的这种歇斯底里。"罗斯福提到，美国国民（美国犹太人除外）对俄国的遭遇表示同情。但他同时也坚称，自己"由衷地希望美国在战争中保持中立，也由衷地希望战争波及的范围越小越好，希望战争早日结束，而且参战双方遭受的损失越少越好"。①

战争一爆发，其他列强纷纷指望美国带头宣布中立。德皇威廉二世（Kaiser Wilhelm）请罗斯福向其他国家（包括交战双方日本和俄国）发出一份通知照会，呼吁他们在战争范围之外尊重中国的中立。罗斯福给柔克义看了德皇的这份照会，对于德国的计划，柔克义提出了反对意见。柔克义警告，俄国可能将德皇的提议视为同意俄国继续占领"满洲"的默许协议。除此以外，德国计划通过外国军队侵占中国其他地区来确保中国的中立，这可能会引起中国人民的不安。作为亲日派，柔克义还提出了其他的反对理由："我应该已经说过，如果采纳德皇的建议，可能会大大损害日本的利益，因为中国中立使其在即将爆发的战争中不会与日本联手，而中国在某一时刻的加盟很可能让俄国最终战败。"②

不过，罗斯福仍然同意发出照会。海约翰起草了一份指示，并在照会发布前请柔克义、阿迪以及德国驻美大使斯特恩堡过目。之后，这份指示以电报的形式发给了美国驻英大使乔特（Choate）、驻法大使波特（Porter）以及驻德大使托尔（Tower），要求他们与三国外长商议，在条件允许时以中立国的地位进行斡

---

① Roosevelt to Spring Rice, March 19, 1904, Brands, *Selected Letters*, p. 358.
② Rockhill to Roosevelt, February 6, 1904, Ibid., Varg, *Open Door Diplomat*, pp. 57 – 58.

旋,劝说交战双方尊重中国的中立,并"用尽一切可行的方式确保中国的行政主体完整"。海约翰的指示内容从根本上改变了德皇的措辞。他也尽量限定了战争爆发的区域范围,避免引起中国人的骚动,最大程度降低对商贸造成的损害。① 值得注意的是,海约翰在指示中呼吁确保中国"行政主体完整"而不是"主权完整",用词的区别表明,海约翰至少承认了"满洲"的命运攥在战争胜利者的手中。同时,美国人普遍关心的在华商贸机会也得到了重申。

另一方面,调解所做的努力却付诸东流。日本通知美国,任何类似的行为都是不友好的做法,都将被视为偏袒俄国的拖延策略,以使其争取时间巩固地位。俄国坚称任何(调解的)提议都只须向日本提出。谈到为调解冲突所做的努力时,罗斯福评论道:"目前,我们一直在努力确保中国的中立。我认为,在这个时候试图争取那些明知道不可能做到的事情只会带来损失。海约翰也是这么想的。"②

海约翰的电报得到了德国的答复,结果令人满意,但英国想要美国给出一个更具体的定义,说清楚什么是中立界限。海约翰回复说并没有一个周密的定义。美国希望明确可能成为战场的区域,以及在与日俄军事需要不冲突的前提下争取尽可能大的中立区域范围。随后,海约翰告知乔特,德国之所以同意美国的提议,可能是希望乔特利用这一信息寻求让人满意的答复。③

后来,海约翰告诉乔特,列强可以选择以任何形式表达自己的诉求,同时他提醒乔特,美国希望保证中国的中立,并尽可能限

---

① Hay to Roosevelt, February 8, 1904, *Roosevelt Mss*.
② Roosevelt to Strauss, February 9, 1904, *Roosevelt Letters*, vol. 4, p. 271.
③ Hay to Choate, Hay to Tower, February 10, 1904, *Roosevelt Mss*.

定战争的区域范围。"我们自然希望中国的行政主体遭受的损害越少越好,但如果要具体到用米作单位来指定边界,我们可能永远都得不到列强的同意。"①

德国的配合足以让海约翰发出通知照会,说明2月8日电文中提出的各项原则。两天后,这份照会发给了中国、日本、俄国以及其他国家,要求他们做出类似的陈述。德国、法国、英国和意大利向交战双方发了一份类似的电报,要求他们限定军事行动的范围。② 日本在2月13日的回复中表示同意。俄国于2月19日的回复也表示了类似的赞同,除了"满洲"——"在各种因素的驱使下,满洲将会作为战场",海约翰无条件地接受了俄国的答复。③ 早在2月11日,罗斯福就宣布了美国保持中立。④

中国紧随其后,于2月12日宣布保持中立。由于"满洲"是中国的边境领土,北京方面表示,希望交战国不破坏"满洲"的城市,不危害"满洲"人民的生命财产安全。清政府同时提醒俄国和日本,不得侵犯中国的领土。本质上来说,这一声明毫无意义,因为日俄战争的陆地战场就是"满洲"。⑤ 最后,中国重申了自己对东三省的主权,坚称无论谁赢得了战争,"满洲的主权都将归还中国"。⑥

---

① Hay to Choate, February 13, 1904, Ibid.
② Hay to Conger, February 10, 1904, Conger to Hay, February 10, 1904, *Foreign Relations*, 1904, pp. 118 – 19.
③ Hay circular instruction, February 20, 1904, Ibid., pp. 2 – 3.
④ Neutrality Proclamation, General Order number 152, Navy Department, February 15, 1904, *Roosevelt Mss.*
⑤ 例如,1905年3月奉天会战爆发,日本投入30万兵力,而俄国投入31万兵力。Mikaso Hane and Louis G. Perez, *Modern Japan: A Historical Survey*, 4th Edition (Boulder: Westview Press, 2009), p. 184.
⑥ Conger to Hay, February 13, 1904, *Foreign Relations*, 1904, pp. 120 – 22.

罗斯福对美国外交的成果十分满意。最令他满意的是,美国轻而易举地绕开了德国的计划。"是的,提出建议的是'德皇威廉二世',据此我们发出了关于中国中立的照会,"罗斯福告诉鲁特,

> 但是,添加"主体"这个词的是我们。德皇原本的建议令人无法容忍——他想要我们保证中国在长城以南的领土完整,这样俄国就可以随意吞噬真正想要的地区。我们删除了限制条件,更改了提议,德国也欣然答应了!

罗斯福不断赞扬德国的表现,称其在这种情况下"比其他任何国家做得都要好"。反观,英国外长兰斯唐(Landsdowne)"要求我们对根本不适合具体说明的内容给出详尽的解释。他那愚蠢的询问和要求都快把我们逼疯了"。①

海约翰觉得一切"似乎都在正确的轨道上"。战争在中国的领土上进行,全世界都赞成在可行的情况下维护中国的中立。海约翰在照会中没有提到朝鲜或"满洲",因为不可能"将中立的领土与被军队占领的领土区分开"。照会故意表述得含糊其辞,否则不太可能得到所有列强的同意。②

日俄战争爆发后的两周内,美国就得到了交战双方及其他利益相关国的担保,尊重中国的中立。华盛顿方面再一次利用了过往的成功策略。罗斯福、柔克义和海约翰在中国境内有关各方那里寻求保证,希望他们表明不会违反中国中立的立场,以此把压力施加到那些不太愿意同意的国家身上。美国虽然没有明确地提到门户开放,但重申了将保护商业利益和保证中国领土与行政完整联系在一起的想法。总的来说,中立问题让美国有机会重申

---

① Roosevelt to Root, February 16, 1904, *Roosevelt Letters*, vol. 4. p.731.
② Hay to Choate, February 27, 1904, *Hay Mss*.

"东方的基尔肯尼猫——希望能绑得住。"俄国和日本被描绘成两只打架的猫,一个写着"中立"的结把两只猫绑在一根名为"满洲"的绳子上。
来源:《顽童杂志》,1904年3月16日,美国国会图书馆

门户开放原则,并再一次得到了国际的认可。

对于中国在战争中保持中立的能力或意愿,俄国并不确定,甚至表示质疑。3月1日,康格向海约翰发送了一份战争爆发不久后俄国张贴在"满洲"的声明。这份声明列出了期望"东三省"

人民遵循的六项规定。俄国谴责日本对旅顺港发动的突袭,坚称自己有权在"满洲"采取强硬的立场,以防日本侵占中俄领土。俄国敦促在"满洲"的中国人帮助俄国军队采购粮食和饲料;"真诚友好地"对待俄国士兵;中国人民应当负责维护居住区域内的中东铁路、电报和电话线杆;希望中国人提供援助,消灭土匪;任何"敌视"俄国军队的人都可能被"杀害"。①

与此同时,中国试图守卫俄国已经归还的"满洲"地区,计划派遣约一万八千名士兵进驻该区域。俄国公使立即对此提出抗议,坚称"满洲"的所有地区必须排除在中立区之外,因为这些地方可能会开展军事活动。中方顺从地对俄方的抗议表示屈服,军队转而驻扎在"满洲"边境。② 海约翰借此机会提醒中国,美国希望中国保持中立,避免激怒日本或俄国。③

俄国担心中国可能受到诱惑,加入日本的阵营。4月底,俄国敦促美国国务院向中国提出新的交涉,说明美国希望中国严守中立。④ 然而,美国驻华官员怀疑俄国的动机。美国驻天津领事若士德(James W. Ragsdale)报告,此前对中国有能力在战争中保持中立的期待正在快速消散。若士德通知美国政府,中国正部署一支约八万人的军队,其中大部分人显然会驻扎在"满洲"边境,防止俄国入侵。"另据了解,俄国当局正诉诸一切必要的手段迫使中国宣战。"这样的行为可能会重新激起排外情绪,"带来严重的后果"。⑤

---

① Conger to Hay, March 1, 1904, *Foreign Relations*, 1904, pp. 127-28.
② Conger to Hay, March 4, 1904, Ibid., p. 128.
③ Hay to Conger, March 12, 1904, Ibid., p. 130.
④ Hay to Conger, April 29, 1904, Ibid., p. 132.
⑤ Ragsdale to Loomis, May 3, 1904, *CD Tientsin*.

对于俄国有关中国中立问题的担忧,康格表示怀疑。他对中国尽力严守中立的行为感到满意。但他也觉得:"如果俄国的行为最终没有激怒中方违背中立立场,那也不奇怪。当然,要是日本陆军和海军继续取得胜利,那就更容易了。"①

海约翰不确定俄国是真的害怕中国向其后方部队推进,还是仅仅在假装害怕。"长期与俄国打交道的外交经历都没有教会我如何确定他们什么时候是真的害怕,什么时候是出于某些外交原因而假装恐慌。"海约翰揣摩着,可能俄国人真的"吓得要死",但也可能是俄国希望赢得这场战争,一旦俄国占领了"满洲"和朝鲜,就会发现向中国表达不满是有用的。无论是哪一种情况,海约翰都觉得,同意俄国的要求,提醒中国严守中立没有什么坏处。②

海约翰并没有散布俄国对于中国中立所表现出的或真实或虚假的恐惧。他只是遵从俄国的诉求,提醒清政府履行中立者的义务,这样双方都没有理由抱怨。中国再次向海约翰保证"他们在此事上的立场"。③ 海约翰后来提到:"每当俄国人在日本人那里吃了瘪,他们就会转过头来埋怨我们。"④

1904 年 8 月的那次事件无疑引起了俄国对中美两国的大肆咒骂。当月 13 日,俄国"阿斯科尔德"号(Askold)巡洋舰在其驱逐舰的护送下驶入了上海的港口。当时,这艘巡洋舰已经严重受损,正在逃离身后追击的日本中队。中国知会俄国总领事,"阿斯科尔德"号只能在中立港口停留 24 小时。俄国总领事对此表示

---

① Conger to Hay, May 4, 1904, *Despatches*, *China*.
② Hay to White, May 5, 1904, *Hay Mss*.
③ Hay to Tower, May 11, 1904, Ibid.
④ Hay to Eddy, June 7, 1904, Ibid.

抗议,坚称"阿斯科尔德"号可以在上海停留"一段合理的时间",以便进行维修。① 中国一再要求"阿斯科尔德"号驶离港口,但都遭到拒绝。8月21日,中国告知美国总领事古纳(John Goodnow),中国无法保持中立立场,同时请求相关中立国就此事采取行动。为此,古纳召集了一次领事会议,决定向各国政府报告情况,并等待指示。会议召开时,日本一艘鱼雷艇已经抵达上海,中国也将"阿斯科尔德"号离港的最后期限延长至8月23日,但俄国明确表示他们打算留在原地。日本正在考虑采取更严厉的措施,但此前承诺过不会在没有通知美国的情况下采取行动。另外,标准石油公司请求庇护旗下的一家工厂,该工厂位于"阿斯科尔德"号停泊的港口附近。② 古纳收到通知,他只能抗议危及中立利益的行为。康格奉命向帝国朝廷询问此事可运用哪些中立规则。美国不能胁迫日本或俄国保护标准石油公司的工厂,但任何破坏中立国权益的行为都将被追究责任。③

海约翰和罗斯福此时都不在华盛顿,于是大部分工作都落在了阿迪的肩上。海约翰不在时,由阿迪担任助理国务卿。罗斯福像以往一样回到纽约牡蛎湾避暑,海约翰则在新罕布什尔州新伯里的家中。海约翰回家自然也是想躲避首都的炎夏,但他更希望回去能养好自己频繁发作的疾病。多年来,海约翰的身体每况愈下。罗斯福就任总统以来,海约翰经常受到健康问题的困扰。因此,在指导美国外交事务方面,罗斯福逐渐承担了越来越多的责任,这在"阿斯科尔德"号事件中可见一斑。

围绕"阿斯科尔德"号事件,阿迪一直在向两人报告中国正在

---

① Goodnow to Hay, August 22, 1904, Adee to Conger, August 24, 1904, Ibid.
② Goodnow to Hay, August 13, 1904, *Foreign Relations*, 1904, p.136.
③ Adee to Goodnow, August 22, 1904, Adee to Conger, August 22, 1904, Ibid.

发生的事情。上海附近驻有美国战舰,罗斯福立即要求提供相关信息,说明"我们的舰艇在上海已采取或计划采取的行动。这件事不容易处理,但非常重要,我希望了解完整的情况"。① 此外,罗斯福吩咐海约翰就此事"与阿迪和我"保持联系:"我希望阿迪不要就美国的不干涉立场做出任何承诺。"罗斯福认为,要么让"阿斯科尔德"号被迫离开上海,要么使其解除武装,否则日本不太可能不采取行动。罗斯福告诉海约翰:"必要时,请到我这里来一趟。"② 显然,主持大局的人是罗斯福。

美国海军军舰大多数停靠在上海以南 12 英里处的地区,包括"威斯康星"号(Wisconsin)和"俄勒冈"号(Oregon)巡洋舰、五艘驱逐舰和两艘运煤船。"莫纳德诺克"号(Monadnock)军舰停靠在上海。舰队指挥是太平洋舰队总司令、海军上将叶茨·斯特林(Yates Stirling)。代理海军部长查尔斯·亨利·达林(Charles H. Darling)将相关信息汇报给总统,并补充说已命令斯特林提交一份关于上海情况的报告。③

阿迪继续向罗斯福和海约翰汇报最新的情况,并提出自己的建议。阿迪提到,斯特林"在紧急情况下的自由裁量权"最好不受阻碍。他建议美国领事们在受到威胁时不应做出任何确保中国中立的承诺,而应着重维护美国的中立利益。另外,阿迪还向罗斯福提出了他与海约翰沟通时遇到的困难。海约翰手里没有电报密码,并且距离每天很早关门的电报站有三英里远。"相信您

---

① Roosevelt to Morton, August 22, 1904, *Roosevelt Letters*, vol. 4, p. 901.
② Roosevelt to Hay, August 22, 1904, Ibid.
③ Darling to Roosevelt, August 23, 1904, *Roosevelt Mss*.

会允许我在重要的事情上征求您的意见。"阿迪最后说。①

在阿迪之后,海约翰也给罗斯福写了信。他向罗斯福保证他与阿迪经常联系,恳请罗斯福不要担心。他相信阿迪不会承诺美国将采取积极的行动保证中国中立。海约翰指出,除非其他国家强行制止,否则日本会为了自己的利益采取行动。海约翰说,就此事而言,美方还没有任何干预的迹象。② 当天晚些时候,海约翰发出了第二封信,他在信中告诉罗斯福,自己将马上去拜访他。"但我身体不好,如果我现在来,您的手下中就会有一个病人。"他提醒罗斯福,不能让美国看上去是在偏袒任何一方,"但我们的目标是帮助中国,反对俄国将中国的港口当作海军基地"。③

海约翰也给阿迪发了两份函警告他,总统对于美国是否承诺干预中国中立感到焦虑,同时表示他相信美国可以避开陷阱。海约翰向阿迪重复了一遍他在给罗斯福的信中提到的关于日本的内容。海约翰认为,美国并不需要采取实际行动。"如果俄国坚持把中国的港口当作自己的海军基地,拒绝遵守中国中立的规定,那么哪天日本采取行动,也就由不得她抱怨了(虽然她肯定会抱怨)。"④

在另一封信中,海约翰表示,最好的办法可能是由中国告知日本和俄国,自己已经无法维持两个国家之间的和平。中国可以谴责这两个国家,并让他们一决雌雄。"日本或俄国丝毫不尊重中国的意愿和规则。如果中国所有的港口被立即划入

---

① Adee to Roosevelt, August 23, 1904, Ibid. ; Adee to Hay, August 23, 1904, *Hay Mss*.
② Hay to Roosevelt, August 23, 1904, *Roosevelt, Mss*.
③ Hay to Roosevelt, August 23, 1904, *Hay Mss*.
④ Hay to Adee, August 23, 1904, Ibid.

阿尔维·阿迪
来源:美国国会图书馆图片与摄影部,华盛顿,1908年

'交战范围',俄国就会停止在港口寻求庇护,日本也没有了侵扰的理由。"①

其时,罗斯福总统认为阿迪的观点令人满意,并通过电报向他表示赞同。美国领事们将按照指示,避免做出任何保证中国中立的承诺。斯特林要保持警惕,防止俄国或日本采取突

---

① Hay to Adee, August 23, 1904, Ibid.

袭。"在维护美国权益不受日俄侵害的前提下,必须给予他(斯特林)充分的行动权。"此外,阿迪还可以"不时"与罗斯福进行"自由"沟通。① 阿迪立即用电报将罗斯福的指示发往上海和北京。②

第二天,也就是8月24日,罗斯福命令阿迪告诉海军不要干预日本和俄国可能在中立港口进行的任何战斗。之后,他写信给海约翰,同意由北京宣布将中国港口纳入交战范围的观点。③ 此时,阿迪提出了一个解决问题的新办法。他建议中立国以治外法权原则为基础,履行"道义责任",采取措施将"阿斯科尔德"号逐出上海。阿迪认为,此举并不是对中国中立的维护,而是"一项独立的局部性措施,以维护租界的中立"。④

8月25日,海军方面通知罗斯福,"阿斯科尔德"号要到26日才能离开上海港。维修仍在进行,日本人也还在上海港附近巡航。没过多久,阿迪就写信告诉海约翰:"总统和你我想的办法都已经没有用了。"俄国已经决定解除"阿斯科尔德"号及其护卫舰的武装,将它们留在上海,直到战争结束。阿迪对此感到不满,因为这对维持中国的中立地位毫无帮助。⑤ 阿迪原本以为问题已经解决,但很快所有希望都破灭了。康格汇报,俄国公使已经正式发出通知,决定不再视中国为中立,而且将事态的转折归咎于日本。阿迪完全有理由担心日本下一步可能会采取行动。日本如果回应俄国的挑战,攻击停在上海的"阿斯科尔德"号,就会削

---

① Roosevelt to Adee, August 23, 1904, Ibid.; *Roosevelt Letters*, vol. 4, p. 902.
② Adee to Conger, August 23, 1904, *Hay Mss.*; *Foreign Relations*, 1904, p. 137.
③ Roosevelt to Hay, August 24, 1904, *Hay Mss.*
④ Adee to Hay, August 24, 1904, Ibid.
⑤ Adee to Hay, August 25, 1904, Ibid.; Darling to Roosevelt, August 26, 1904, *Roosevelt Mss.*

弱"中立国对形势的微弱掌控"。一旦日本疲态尽显,俄国就可以毫无顾忌地占领中国北方。阿迪强调,在俄国真正入侵之前,必须说服日本尊重中国的中立。他还担心俄国可能会攻占一个中国的港口(比如厦门港),并将其作为波罗的海舰队的冬季营地。① 第二天早上,罗斯福得知了这一消息。②

与此同时,海约翰把自己的想法告诉了阿迪:"俄国在中国中立问题上施压,我想不出有比这更愚蠢的事了。"俄国一旦采取行动,就相当于"授权"日本将中国的港口视为交战区域,"那太平洋舰队就完蛋了,如果波罗的海舰队来到上海,也同样会完蛋"。③海约翰指示康格和古纳,要求他们利用自己的影响力支持清政府,坚决维护中国海域的中立。海约翰指出:"中国无力强制实行其规定,因此,只要交战国一方滥用中立原则,自然会激起另一方的暴力行为。"他认为,适时地利用其他中立国的影响力,能阻止日本或俄国滥用中国的港口。④

这些事情发生时,日本公使高平小五郎向阿迪呈送了一份日本外务省的电报副本。阿迪在转发这封信时指出,他和高平之间的沟通暂时只是纸上空谈,但在沟通过程中,东京方面表达了自己对"阿斯科尔德"号驶离上海或解除武装的诉求。日方的行为其实是发布正式公报的前奏,公报中会传达日本对"阿斯科尔德"号事件的看法。正如高平对阿迪所说的那样:"我们希望列强知道我们对此事的观点。"高平当时警告阿迪,如果俄国一直拖延或

---

① Adee to Hay, August 25, 1904, *Hay Mss.*
② Forester to Loeb, August 26, 1904, Adee to Roosevelt, August 26, 1904, *Roosevelt Mss.*
③ Hay to Adee, August 26, 1904, Ibid.
④ Hay to Conger and Goodnow, August 26, 1904, Ibid.

不能有效解除"阿斯科尔德"号的武装,日本将亲自采取措施解决此事。①

海约翰一直在思考俄国的声明,并在写给罗斯福和阿迪的信中简要叙述了他的看法。他在给阿迪的信中写道:"对于(俄国的)最新举动,除了我们一直怀疑的目的之外,就没有其他可以想到的目的了——他们迷信上帝一定会带给他们胜利,所以他们正准备攻击中国。"海约翰相信,面对俄国的挑战,日本拖延的时间越长,就会占据越有利的道德立场,而且也几乎不会有任何战术上的损失。②

在一封写给总统的长信中,海约翰解释说,他对俄国最新的行动并非毫无准备。"在我看来,自战争开始至今,俄国一直企图向中国宣战——尽管遭遇了种种失败,俄国仍然非常希望打败日本,侵占满洲和朝鲜,然后尽可能多地占领中国北方以满足所需。"海约翰把俄国的立场描述为"豺狼想起诉羔羊"。他怀疑,俄国派遣波罗的海舰队前往远东的计划可能促使其发表声明。另一个可能是,俄国此举是想占领一个中国港口,把它作为自己的海军基地。"俄国有一个疯狂的计划,但他们似乎近来才开始往那个方向考虑。"在信的结尾,海约翰希望罗斯福能想办法与德皇单独谈谈。他表示,如果美国能清楚地知道俄国和德国之间真正的关系,"我们就会知道该怎么做。目前,我们做得越少越好,直到得到响亮而清晰的信号"。③

此次事件以"阿斯科尔德"号解除武装告终,这样即使没有让

---

① Adee to Hay, August 26, 1904, Ibid.; Adee to Roosevelt, August 26, 1904, *Roosevelt Mss*.
② Hay to Adee, August 27, 1904, *Hay Mss*. Hay's emphasis.
③ Hay to Roosevelt, August 27, 1904, Ibid.

俄国和日本满意，也肯定让中美两国政府松了一口气。美国再次变得谨慎，罗斯福和海约翰小心翼翼地避免做出任何保证中国中立的承诺。中国过于衰弱，无法坚持或捍卫自己的中立立场，美国也不会扮演守护者的角色。由于鄙视中国的软弱，怀疑俄国的动机，同时深信日本立场的正当性，罗斯福和海约翰并没有采取果断的措施，而是宁愿等到"信号"出现再行动。

实际上，除了在道义上支持中国，坚持交战双方要尊重中立国的权益之外，美国可能也做不了什么。维护中国中立很可能让美国卷入战争，而且肯定会让美国卷入不必要的口角。没什么证据可以证明，是美国的努力说服了俄国解除"阿斯科尔德"号的武装。更为可能的决定性因素是，俄国知道"阿斯科尔德"号离开港口肯定会被日本击沉或占领。俄国宣称不再视中国为中立，这只不过是一种出于蔑视或怨恨的宣泄。扩大一场越来越糟糕的战争并不会为俄国带来什么好处，而且还存在让中日结盟的风险。可以的话，俄国最好先解决日本，然后再处理中国的问题。因此，俄国选择让步，解除了"阿斯科尔德"号的武装。

这次事件意义重大，因为它表明了罗斯福此时在对华政策的方向上扮演着更重要的角色。海约翰每况愈下的身体状况无疑是主要原因，尽管他仍然掌控着局势，但显然罗斯福已经开始主持大局。之前，阿迪通常只向海约翰报告情况，而现在他需要向海约翰和罗斯福同时报告中国的最新消息。此外，罗斯福还更多地参与了对美国驻外官员的指示工作。海约翰过去承担了大部分责任，但由于他现在的身体越来越不好，罗斯福在对华政策上投入更多。

此前，海约翰希望罗斯福能和德皇单独谈谈，以便确切知晓德国对俄国和远东的态度。这一愿望很快实现了，虽然不是以海约翰设想的方式。尽管如此,两位领导人还是通过德国驻美大使、罗斯福的密友斯特恩堡向对方阐述了他们对中国局势的看法。

1904年底,双方开始交换意见。12月末,已经回到德国的斯特恩堡给罗斯福写了一封长信,谈到了他与德皇的一次"长谈"。斯特恩堡向德皇解释了罗斯福在门户开放问题上的立场。斯特恩堡在信中写到,德皇很高兴:"我向他保证您一如既往地坚定支持门户开放政策和中国的完整时,他明显松了一口气。"然而,德皇担心一旦日俄之间和平不再,"门户开放"和中国的完整都将受到严重损害。德皇认为,法国努力让英国和俄国达成友好协议,这将带来"一个危及中国完整和门户开放的强大联盟"。也许是想起了中日甲午战争结束后的"租借地抢夺战",德皇认为,如果能劝服中立国在战争爆发后声明,不会要求瓜分中国领土或争夺其他在华利益,危机就有可能避免。"换言之,各国应承诺,不会对为交战双方所提供的服务收取任何费用。"只要发出这类提案,就可以根据各国回复提案的速度来确定哪些中立国真正支持门户开放,哪些不支持。不过,德皇觉得不应阻止交战国寻求领土补偿。如果有领土割让给了日本或俄国,则应该规定任何割让的领土都须门户开放。在信的结尾,斯特恩堡保证,德国遵守门户开放原则并且维护中国领土的完整。他还暗示,德皇认为如果上述关于中立国的议案由美国提出,则会收获最理想的结果。①

一周后,德皇发来一份电报。他在电报中指出,寻求英法俄三国结盟,是为了说服俄国和日本,如果不对联盟成员进行补偿,就不可能实现中国的和平。德皇告诉罗斯福,他可以让所有国家

---

① Sternberg to Roosevelt, December 29, 1904, *Roosevelt Mss.*

（甚至小国家）承诺不会因为向日本或俄国提供了服务就要求中国补偿，以防止这种情况发生。至于俄国和日本，"瓜分中国北方的部分领土"不可避免，但可以以条约的形式维持"门户开放"。① 显然，德皇的建议有矛盾之处。但凡割占中国北方（即"满洲"）的领土，就已经否定了尊重中国领土完整的门户开放原则。德皇明显对第二次抢占租借地感到担忧，但这种担忧似乎是为了掩饰他支持俄国控制"满洲"的真实意愿。

在斯特恩堡的信送达的两三天前，罗斯福就已经收到了这份电报。他立即通过斯特恩堡转达他对德皇及其建议的感谢。"就这件事的重要性而言，我完全同意他的看法，并将立即采取措施查明各国对此事的意见。"②如果日本或俄国割占"满洲"的领土，就算没有彻底摧毁也会严重损害中国领土的完整，但罗斯福的回复显示，他要么没有意识到这一点，要么对此并不在意。

1月12日，斯特恩堡的来信送达，罗斯福再次立即回复。他坦言如果英国像德皇所揣测的那样打算与俄国结盟，他会感到震惊。"但我们很快就会知道答案。你在信中转达了德皇陛下的观点，我对此完全同意，甚至在收到你的来信之前，我就已根据他的建议行事了。"至于俄国可能割地的问题，这得"取决于和平谈判时的军事形势"。③ 虽然罗斯福对割让"满洲"的问题含糊其辞，但他可能已经问到了一个关键点：既然把中国领土割让给所谓的"联盟"会危及"门户开放"，那么让俄国和日本分割"满洲"领土如何能不危及"门户开放"？

罗斯福把这封信转交给海约翰。"显然，德皇真的对法国和

---

① Busske to Roosevelt, January 5, 1905, Ibid.
② Roosevelt to Sternburg, January 10, 1905, *Roosevelt Letters*, vol. 4, p. 1099.
③ Roosevelt to Sternburg, January 12, 1905, Ibid., pp. 1100 - 1101.

英国的做法感到恐慌,"罗斯福写道,"你也注意到了,他不断重复'中国的完整'这个表述。我很高兴之前曾建议你把这句话写进发给列强的照会中。"①

罗斯福相信德皇的"公正无私",但海约翰对此表示怀疑。海约翰意识到,德国提出的建议实际上是将"满洲"分割给俄国和日本。考虑到德国对中国华北也有所图谋,而且德皇期望与俄国结盟,海约翰在1月13日发布的声明中删除了德皇的建议。声明的开头写道:"据我们所知,某些国家担心在日俄最终的和平谈判中,有人可能要求将中国的领土割让给中立国。"海约翰重申了美国关于门户开放和中国完整的立场,否认美国有任何割占中国领土的意图。其他国家受邀发表类似的声明。随后,各中立国逐一发表声明,否认自己有任何割占中国领土的打算。不过,德国否认的方式比较特别,声称1900年的《英德条约》已经表明其立场。根据德国的解释,这份条约并未将"满洲"视为中华帝国的一部分。显然,德皇认为自己仍可以按自己的意愿支持俄国对于"满洲"的野心。② 对于这一说明,美国没有异议。

海约翰和罗斯福似乎都没有完全理解德皇的计划。③ 罗斯福确信"德皇的做法实际上已经提供了帮助"。④ 海约翰的行动

---

① Roosevelt to Hay, January 12, 1905, Ibid., p.1100.
② Tyler Dennett, *Roosevelt and the Russo-Japanese War* (New York: Doubleday, 1925), pp. 70 – 83; Zabriskie, *Russian-American Rivalry*, p.111; *Foreign Relations*, 1905, pp. 1 – 5; Roosevelt to Sternberg, January 18, 1905, *Roosevelt Letters*, vol. 4, p.1099;另请参阅,同一页, Busske to Roosevelt, January 17, 1905; Meyer to Roosevelt, January 20, 1905, *Roosevelt Mss.*; Choate to Hay, January 20, 1905, January 31, 1905, *Hay Mss.*
③ Dennett, *Russo-Japanese War*, pp. 81 – 83.
④ Roosevelt to Tower, February 16, 1905, *Roosevelt Letters*, vol. 4, p.1122.

至少阻止了列强正式许下支持俄国和日本分割"满洲"的承诺。两人很可能都已经意识到,这场战争将在一定程度上改变"满洲"的形势,也有可能令"满洲"的部分地区成为俄国或日本的领土。不过,虽然这是可预见的情况,但并不一定会发生。而且,就算"满洲"最终很有可能会有一部分割让给日本或俄国,美国也不应该对这种割让表示支持,这对门户开放和美国的在华形势都没有任何好处。1905年7月,德皇为操纵局势做了最后的努力,但以失败告终。当时,他试图让罗斯福相信,英国计划拉长战线以削弱日本和俄国,最终瓜分中国。①

海约翰发出通知后,俄国立即提出抗议,谴责中国违反中立立场,偏向日本。而且,俄国还指责中国正准备与日本一起参战。圣彼得堡方面断定,列强确保中国中立的努力已经失败,若情况继续下去,俄国将不得不考虑自己的利益。② 俄国间接要求美国向中国和日本施压,让它们更加谨慎地把持中国中立立场。

罗斯福认为,向中国施压之后,应该马上就俄国违反中国中立的行为向俄国提出抗议。"既然这只'豺狼'寻求外部力量干预'羔羊',我们就该抓住机会,让'豺狼'清楚地意识到自己的劣迹。"这样也许能阻止"豺狼"进行一系列"日后可能给我们带来麻烦"的不当行为。③

海约翰尽职尽责地提醒中国谨慎行事,保持中立状态,同时告知日本,他不希望有国家犯下违反中国中立的错误。俄国得知了美国的行动,同时收到了中国的回复——中国的中立立场没有受到任何侵犯。海约翰再次表示,他"希望并相信",无论是交战

---

① Edmund Morris, *Theodore Rex* (New York: Random House, 2001), p. 395.
② Cassini to Hay, January 13, 1905, *Foreign Relations*, 1905, pp. 757 - 58.
③ Roosevelt to Hay, January 16, 1905, *Roosevelt Letters*, vol. 4, pp. 1102 - 3.

国还是其他任何国家都不会违反中国中立的原则。①

中国和日本都否认自己违背了中立立场,还反过来谴责俄国。② 俄国气急败坏地回应:"这个问题能否妥善地解决……更多取决于中国和日本,而不是俄国。"③海约翰最后通知斯特恩堡,受中国中立问题影响的国家众多,美国不能单独做出决断,也不能独自采取行动维护这一立场。最好的办法可能是各国共同召开全体大会,在会上考虑俄国提出的问题。④ 在那之后,俄国安静了下来,类似的抗议也相对减少。⑤

几乎是从战争爆发的那一刻起,就已经有人开始努力谋求俄国和日本之间的和平。其他文献详细地记载了这些为求和平所做出的努力,此处不赘。⑥ 美国在两个交战国之间进行调解可能是实现和平的办法之一。然而,罗斯福不愿卷入其中。"我希望日本和俄国能自己解决这个问题。如果有人(只要不是我自己)能提醒他们解决这个问题,那我会很高兴。"⑦

另一方面,中国希望美国在谈判中发挥"重要作用"。根据康格的汇报,中国希望美国和其他国家一道"保证战争结束时中国不会遭受不必要的掠夺"。康格向中国保证,作为友邦,美国愿意竭尽所能确保公平,中国可以信赖美国。康格还说,在与同僚的交谈中,他了解到欧洲期望美国积极维护和平。接着,他提议,"无论如何",要将中东铁路移交给中国,其款项和保护都受到国

---

① *Foreign Relations*, 1905, pp. 135 - 36, 581 - 82, 758.
② Ibid., pp. 136 - 37, 582 - 85.
③ Ibid., p. 759.
④ Ibid., p. 760.
⑤ Ibid., p. 761;上述注释见 *Roosevelt Mss.*, dated January 23, 1905.
⑥ Dennett, *Russo-Japanese War*, pp. 170 - 277.
⑦ Roosevelt to Hay, March 30, 1905, *Roosevelt Letters*, vol. 4, p. 1150.

际担保,以这种方式防止"满洲"日后举步维艰。康格认为,这么做既给交战国设置了障碍,维护了和平,也能确保"门户开放"。①

在与罗斯福打交道时,日本人手里还有一张牌。日本知道,如果交战双方有需要,罗斯福是最有可能从中斡旋的人。金子坚太郎(KaneKo Kentaro)是罗斯福在哈佛的同学,早在1904年初,金子就被派往美国,发展日美之间的友好关系,只不过他跟罗斯福是后来才见的面。② 金子第一次在白宫见到罗斯福时,两人很快就成了朋友。1905年1月,金子再次来到白宫,提出了召开和平会议的想法。罗斯福同意金子的建议,但提出应将"满洲"归还给中国,列强也应该确保中国的中立。同时,罗斯福坚称日本必须保证"满洲"的门户开放,因为"满洲"的商业机会对美国非常重要。同年3月,在日本取得奉天会战(Battle Of Mukden)的胜利不久之后,金子应邀到白宫与罗斯福共进午餐。在谈话中,罗斯福告诉金子他将离开华盛顿六周,开启猎熊之旅,如果金子出于某种原因希望讨论这场战争,他将立即返回华盛顿。③

4月,俄国通过法国向日本提出和议。日本不相信已与俄国结盟的法国,也知道罗斯福支持日本的立场,因为罗斯福明白美国与日本在这场战争中目标相似,于是日本转而求助罗斯福。美国驻日公使劳埃德·格里斯科姆(Lloyd C. Griscom)指出,日本

---

① Conger to Hay, March 31, 1905, *Despatches: China*; *Roosevelt Mss*.
② 日本任命金子担任联系罗斯福的特使,反映了日本从一开始就对这场战争感到担忧。因此,他们在准备发动战争的同时,也在制定计划结束冲突。Shumpei Okamoto, *The Japanese Oligarchy and the Russo-Japanese War* (New York: Columbia University Press, 1970), pp. 101 – 2.
③ Donald Keene, *Emperor of Japan: Meiji and His World*, *1852 – 1912* (New York: Columbia University Press, 2002), pp. 612, 618.

人渴望和平,急切地希望罗斯福促成和平会议的召开。罗斯福让日本相信可以直接谈判。直到1905年5月26日,日本海军取得对马岛战役的胜利之后,日俄才最终同意进行和平谈判。此次谈判由罗斯福作为中间人,尽管进展缓慢,但还是做出了安排。1905年8月10日,会议在新罕布什尔州的朴次茅斯召开。①

会议开始前,中国表示希望派代表出席。已接任康格成为驻华公使的柔克义试图劝阻此举。他强调,和平谈判不太可能达成关于中国主权权利的条款。他相信日本会遵守关于门户开放的承诺。这位新任公使认为自己给清政府负责外交事务的庆亲王奕劻留下了深刻的印象。其他中国官员同意柔克义的观点,英国和法国也同样建议中国暂且等待。②

柔克义取得了成功。几天后,他发电报称,中国不会派代表前往朴次茅斯。美国国务院回信保证称将尽其所能防止中国主权受到损害,保护中国领土完整,但也同时提醒,美国与实际谈判结果无关。中国的回复是,如果没有与清政府商定,中国不会承认由俄国和日本签订的涉及中国利益的条约。柔克义注意到,中国担心日本接管俄国在"满洲"的租界。他向清政府保证,日本会与中国达成协议。③

柔克义也在尽力让罗斯福安心。谈判开始前,罗斯福写信给柔克义,特别指出了柔克义在汇报中提及的中国对日本获胜的担忧。柔克义认为,中国对日本"亦步亦趋"的可能性微乎其微。中

---

① Donald Keene, *Emperor of Japan: Meiji and His World*, 1852-1912, p.618; Zabriskie, *Russian-American Rivalry*, pp.113-21; Barnes to Loeb, April 25, 1905, *Roosevelt Mss.*
② Rockhill to Hay, July 1, 1905, *Despatches: China*.
③ Rockhill to Hay, July 6, 1905, July 8, 1905, Ibid.

国会发现,日本的领导并非不可接受,因为日本必须遵循与英美相同的政策,"也就是确保中国完整和'门户开放'"。日本若是违背这一政策,就会失去美国和英国的支持,也会失去"它心目中唯一的永久性保障——与所有国家贸易的机会"。中国对被日本支配的恐惧并不亚于对被俄国支配的恐惧,所以会竭尽所能避免这种情况的发生。①

《朴次茅斯条约》于1905年9月5日签订。日本获得旅顺港、大连和南满铁路。条约中明文要求中国必须同意移交这些地区,并要求俄国声明自己没有任何损害中国主权或"不符合机会平等原则"的特权或租界。此外,根据条约的第四条,日俄承诺不会"阻碍中国为发展满洲地区采取的与其他国家类似的一般性措施"。② 1907年,日本与法俄两国进行谈判,在达成的协议中,日本重申了其对门户开放政策的保证。③

日本和俄国能坐下来谈判,罗斯福在当中发挥了重要作用。另外,此前事态因日本要求赔款而陷入僵局,也是罗斯福从中调节。他说服了日本代表团放弃赔款的要求,为最终达成协议铺平了道路。日俄结束谈判并签订条约,这表示罗斯福的均势外交取得了明显胜利。日本的扩张似乎受到了限制,协议也让俄国和日本面对面,希望以此能降低他们各自对"满洲"的野心。④ 回复中国皇帝的贺电时,罗斯福表示了对事件结果的满意,他很高兴中

---

① Roosevelt to Rockhill, May 18, 1905, Rockhill to Roosevelt, July 7, 1905, *Roosevelt Mss*.
② Text of the Treaty of Portsmouth in Raymond A. Esthus, *Double Eagle and Rising Sun, The Russians and Japanese at Portsmouth in 1905* (Durham: Duke University Press, 1988), pp. 207 - 12.
③ Ibid., p. 197.
④ Henry Kissinger, *World Order* (New York: Penguin Press, 2014), p. 252.

国的完整得以维护,"满洲"获得和平,"世界各国的商业往来也有所得益"。① 在另一封电报中,罗斯福向柔克义概述了条约的规定,也陈述了他的看法。他认为,中国"没有理由质疑移交的效力,也不能犹犹豫豫,不让日本享有俄国正在行使的所有权利。如果中国在移交问题上造成任何麻烦,你应当适时向中国政府说明这一点"。柔克义奉命将电报内容告知日本公使。中国没有在这个问题上出乱子——在1905年12月12日签订的《满洲善后协约》中接受了《朴次茅斯条约》。②

海约翰没能活着看到东亚恢复和平,衰弱的心脏和其他病痛最终带走了他的生命。1905年7月1日,海约翰逝世。对中美关系而言,海约翰的逝世标志着一个时代的结束和另一个时代的开启。前文已经提到,在海约翰去世之前,罗斯福就已在对华政策中发挥着日益重要的作用。到任期结束为止,罗斯福已经在一定程度上修改了门户开放政策。尽管如此,海约翰去世之前,他在中国问题上仍然对总统产生了一定的影响。

然而,罗斯福不愿承认海约翰的影响。事实上,海约翰去世不到两周,罗斯福就告诉洛奇,他认为已故的国务卿是一个软弱的人。罗斯福称赞海约翰"忠诚坚定",是"政府的宝贵人才",但并不认可他的努力:

> 在实际工作中,重要的事情都是我亲自处理的,至于其他让我担心的事,他的工作也做得不好或是根本没做。他开始讨厌德皇,所以在跟德国打交道时我没办法信任他。举个

---

① Roosevelt to the Emperor of China, September 10, 1905, *Roosevelt Letters*, vol. 5, p. 18. 对罗斯福在和平谈判中的作用最好的描述见 Esthus, *Double Eagle and Rising Sun*. See also Dennett, *Russo-Japanese War*, pp. 236–77.

② Roosevelt to Rockhill, September 10, 1905, *Roosevelt Letters*, vol. 5, p. 18.

海约翰
来源：美国国会图书馆图片与摄影部，华盛顿，1902 年

例子，德皇提出了确保中国完整的绝佳主张，但海约翰却希望拒绝，并指出德皇最初的提议中有不可取的地方。我只好亲自处理，接受了德皇的提议，同时稍加修改，彻底删去了有异议的内容（德皇一开始建议我们应该允许俄国在中国北方

全境为所欲为,但我在接受提议时表明,应该维护整个中国的完整),再让海约翰发布。①

罗斯福指的可能是 1904 年或 1905 年关于中国中立的通知照会,尤其是 1905 年的那一次。这是最近的一次,可能也是他记得最清楚的一次。然而,不管是哪次,都有证据表明海约翰促进了异议内容的删除。而且,目前看来,海约翰曾负责起草第二份照会,并且似乎是他说服了罗斯福,在第一份通知照会中写上确保中国完整的声明。②

不管怎么说,罗斯福对海约翰的批评都是不公平的。1902 至 1903 年"满洲"问题期间,是海约翰和柔克义一起背负着重担。那时,罗斯福接受了这位国务卿的建议,也同意他提出的行动方案。虽然后来海约翰或身处外地,或休养恢复,罗斯福承担了更多原本属于国务卿的职责,但海约翰仍然充分了解事态的发展,继续给罗斯福提建议,而且这些建议也常常得到罗斯福的认可。简言之,尽管罗斯福承担了很多海约翰的工作,但他依然离不开这位病弱的国务卿,他对海约翰的依赖比在给洛奇的信中所说的要多得多。罗斯福为何怀有信中提到的这种想法,目前还不得而知。也许是因为他仍然得意于自己成功把俄国和日本一起带到了朴次茅斯的谈判桌上,所以他在评价自己和海约翰时变得忘乎所以。但是,无论罗斯福是因为什么说出了这样的评语,对于一位尽忠尽责服务过国家和三任总统的人来说,他的评价都是狭隘且不恰当的。

日俄战争期间,美国看似在维护中国中立的各国中起带头作

---

① Roosevelt to Lodge, July 11, 1905, Ibid., vol. 4, p. 1271.
② Tyler Dennett, *John Hay: From Poetry to Politics* (New York: Dodd, Mead, and Company, 1934), p. 409.

用。但是，这种领导作用没什么实质效果。与"满洲"早前的一些麻烦一样，如果没有其他牵涉中国事务的列强支持，美国很少主动采取行动。通常情况下，美国的行动，比如发出关于中国中立的通知照会，都是应其他国家（通常是德国）的要求而进行的。至少，德国并不反对把美国当作棋子来实现自己在东亚的野心。这步棋失败了，也可能只是因为罗斯福和海约翰没有完全理解德皇的意图。在带头维护门户开放、中国完整和中国中立时，美国几乎完全依赖于其他大国的支持。

因此，美国的行动谨慎且有限，有时还会感到困惑和犹豫。罗斯福和海约翰只能反复寻求各国的保证，让他们尊重中国的中立、完整和门户开放。两人行事谨慎，避免对中国的中立做出任何承诺或担保，因为如果美国在远东事务上的参与达到了那种程度，可能会遭到美国民众的反对。因此，日俄在中国中立问题上从来没有受到过太大的外交压力。美国对中国施加的压力要大一些，但无非只是告诫他们要小心，避免激怒日本或俄国。罗斯福政府遵循的基本原则是，如果中国人不能确保自己的中立地位，美国也不会帮他们维持中立。

像对"满洲"之前的问题一样，美国的政策讲求务实。美国不能单独在中国采取行动，即便要与关心中国事务的其他国家合作，程度也是有限的。门户开放政策为在华列强提供了权宜之计，但并没有打消他们的野心。美国只是成功找到了一个方法，让列强和睦相处，但前提是他们愿意。与其说是门户开放维护了中国的完整，不如说是列强（欧洲各国和日本）之间的竞争让中国得以完好无损。而另一个原因是，列强意识到，除了瓜分中国之外，还可以用其他方式剥削中国。然而，日俄战争再次表明，这些野心家可能还是希望瓜分中国。

正是如此,美国再一次获得机会,主动寻找解决问题的方法。日俄战争是两个国家为争夺领土和权利而进行的战争,这些领土和权利却本该属于第三个国家。中国不得不保持中立,在一旁看着他们争夺本属于自己的东西。在以美国为主的努力下,尤其是罗斯福的努力下,当地恢复了和平,但也仅此而已。美国的领导也许有助于和平的实现,但其实美国本来有机会做得更多。日俄之间的冲突本应让美国意识到,必须要举办一次国际会议来讨论清楚中国的问题。朴次茅斯和平谈判之后,罗斯福原本可以提议召开一次关于中国的国际会议,进一步确立美国在中国问题上的发言人地位。他绝对有机会在朴次茅斯会谈期间游说各国参加会议。如果罗斯福在私底下向他那些外交使团的朋友们透露,自己想召开这种会议,那么他就可以评估会议的可行性了。如果事成,就有可能通过谈判达成协议,使门户开放变得更可行和更有效。从现实的角度来看,对其他国家而言,比起正式许诺遵守门户开放原则,他们更希望只做一些含糊的保证。但是,站在美国的角度来说,努力召开会议并不会有什么损失,而一旦成功还能收获甚多。由于美国未能察觉到机会并加以利用,而是选择了让俄国和日本在"满洲"对峙,中国能否继续作为独立主体存在的问题没有得到解决,只能暂时搁置。

第五章　排华、修路和 1905 年抵制美货运动

"满洲"问题不仅影响了中美关系,而且也影响了美国对其他国家的政策。"满洲"是中美关系中的棘手问题,也是国际上的重要问题。除此之外,罗斯福政府还面临着其他关于中国的问题,其中最突出的包括驱逐美国本土的中国移民劳工、1905 至 1906 年中国的抵制美货运动、连州教案,以及中国与美华合兴公司(the American China Development Company)签约,赎回了粤汉铁路的路权。

义和团运动之后,清朝尽最后的努力实施改革,旨在彻底改变中国传统的生活方式。改革从教育开始,最终废除了重点考察中国古典文学知识的科举制度。其他改革措施包括:新设外务部取代之前的总理衙门;"编练"新军;设立其他政府机构;进行经济改革,提倡修建铁路和建立中央银行。但是,负责实施改革的官员并没有全力推进改革。同时,反清革命愈演愈烈,尤其是孙中山领导的运动。他于 1905 年创立了革命政党中国同盟会。①

1905 年初,中美关系呈现出友好的态势。慈禧太后向美国赠送了一幅自己的画像,借此感激美国对中国的友好情谊,并一

---

① Elleman and Paine, *Modern China*, pp. 223 - 27;徐中约, *The Rise of Modern China*, pp. 408 - 12; Fairbank and Goldman, *China: A New History*, pp. 241 - 44.

如既往地祝愿美国人民幸福安康。罗斯福接受了这份礼物,并表示中美关系应该持续发展,以所有切实可行的方式不断加强。美国把慈禧的画像放进了国家博物馆,作为中美两国和睦友好与永葆团结的象征。① 然而,这种情况没有持续太久,两国之间的关系很快又变得紧张起来。

关于驱逐中国劳工的问题,一些研究已经做了详尽的分析,这里只对研究结论进行简单的总结。② 罗斯福就任总统时,美国的对华政策有一种内在的矛盾。一方面,美国尽力为其在华商人和投资者争取"门户开放",另一方面却又制定了"关门"政策阻止中国人进入美国。诚然,门户开放是为了保护美国在华的商贸活动,但对中国人而言,美国针对华工的限制性移民政策以及竭力将华工拒之门外的做法却是一种羞辱。此外,长远来看,限制中国移民可能会损害美国在华的商业利益。

美国于1868年与中国签订了《蒲安臣条约》,条约内容包括对中国人赴美的邀请,尽管他们没有资格入籍美国。那时,已有

---

① Chang, *Empress Dowager Cixi*, pp. 321 – 22.
② 其中包括：Andrew Gyory, *Closing the Gate: Race, Politics, and the Chinese Exclusion Act* (Chapel Hill: University of North Carolina Press, 1998); Delber L. McKee, *Chinese Exclusion versus the Open Door Policy, 1900 – 1906* (Detroit: Wayne State University Press, 1977); Stuart Miller, *The Unwelcome Immigrant: The American Image of the Chinese, 1785 – 1882* (Berkeley: University of California Press, 1969); Erika Lee, *At America's Gates: Chinese Immigration during the Exclusion Era, 1882 – 1943* (Chapel Hill: The University of North Carolina Press, 2007); 王冠华, *In Search of Justice: The 1905 – 1906 Chinese Anti-American Boycott*, (Cambridge: Harvard University Press, 2001); John Soennichsen, *The Chinese Exclusion Act of 1882* (Westport: Greenwood Publishing Group, 2011); 同见, Hunt, *Special Relationship*. 同见 Adam McKeown, "Ritualization of Regulation: The Enforcement of Chinese Exclusion in the United States and China," *The American Historical Review* 108, no. 2 (April 2003): 377 - 404.

超过十万名中国人来到了美国,他们或是为了躲避太平天国运动引发的混乱,或是被加利福尼亚州发现的黄金和太平洋铁路上的工作机会所吸引。然而,太平洋铁路修建完工后,美国东部发生大规模向外移民,再加上"1873年大恐慌"①的影响,这些中国人便纷纷前往加利福尼亚州。他们主要定居在旧金山及其附近地区,并且渴望找到一份工作。经济压力和种族歧视很快激起了加利福尼亚州强烈的反华情绪,社会躁动不安,要求禁止中国移民。来自加利福尼亚州的压力最终迫使美国在1880年与中国谈判并签订《安吉立条约》②,条约赋予了美国管控但不完全禁止中国劳工入境的权利。排华派很快就呼吁,美国应根据新条约的内容出台限制性法规。③ 1882年,《排华法案》通过。

1888年和1892年,美国又分别通过了两份补充法案。1888年,美国签署《斯科特法案》(Scott Act)④,限制中国劳工入境,禁止他们离开美国后再次返回,但老师、学生、官员、商人和游客除外。1892年,美国签署《基瑞法案》⑤,要求美国境内的所有华人,无论是不是美国公民,都要随身携带证明其具有美国居住权的文件。⑥ 然而,由于劳工骑士团(Knights of Labour)的前任领袖特伦斯·鲍德利(Terence V. Powderly)被任命为美国移民局局长(1902年卸任),1898年,这些移民政策发生了变化。鲍德利发起了一场"巧妙而无声的行政革命",目的是把除外交官以外的全部

---

① 译者注:1873年爆发的金融危机,导致欧洲和北美1873—1877年的经济衰退。
② 译者注:美国驻华公使安吉立1880年与清政府签订的条约,正式名称为《中美续修条约》。
③ McKee, *Chinese Exclusion*, pp. 22 - 23.
④ 译者注:《1882年排华法案》的扩展法案,禁止华人离开美国后再次返回。
⑤ 译者注:在《斯科特法案》的基础把《1882年排华法案》的期限延长了十年。
⑥ Sutter, *U. S. -Chinese Relations*, p. 24.

中国移民彻底拒之门外。此外,鲍德利还打算通过蓄意袭扰的方式将华人群体驱逐出美国。这位移民局局长甚至试图把类似的政策推广到夏威夷和菲律宾。1902年,美国通过《排华法案》,这让鲍德利及其继任者弗兰克·萨金特(Frank B. Sargent)(另一位劳工领袖)获得了官方的许可,可以通过任意裁决来切断上层华人的移民。法案的通过也让他们拥有了实权,能以袭扰的方式迫使华人居民离开美国。1904年签署的一项新法案删去了之前提到的中美条约内容,从而将移民政策交到了国内立法机构的手中。到1904年,"基于阶级的限制政策已经演变成了一项针对民族和种族的限制性政策"。①

排华还包含了对美国国家安全的考量。在反对中国劳工移民的论战中,美国劳工联合会发表了一篇题为《排华的理由:肉食对大米,美国壮丁对亚洲苦力,孰能生存?》的文章,总结了反对移民的观点:

> 因此,考虑到公共责任、国家安全和人民权利的方方面面,考虑到保护我们的文明以及制度的永续性,请愿者们都坚决要求重新制定排华法案。二十年来,是排华法案保护了我们免受重大危害。放宽限制将损害美国人民及其后代视为神圣不可侵犯的一切利益。②

陈国维指出,"如果不是某些地方的措辞不同",这段话"读起来几乎就像是9·11事件后的国家安全声明"。③

华人在美国并非没有支持者。美国的商人、传教士、教育工

---

① McKee, *Chinese Exclusion*, pp. 28-29, 216-17; 引自 pp. 29, 217.
② American Federation of Labor, *Some Reasons for Chinese Exclusion*, p. 30.
③ 陈国维, "Notes for a History of Paranoia," *Psychoanalytic Review*, p. 271.

作者以及外交官等人反对排华政策,担心这可能会损害"门户开放"政策以及美国的贸易利益。查尔斯·哈姆林①(Charles S. Hamlin)写信对罗斯福说:"您也知道,我们在新英格兰地区与中国有大量的贸易往来,特别是棉花贸易。"哈姆林代表几位反对1902年《排华法案》的新英格兰商人写了这封信。信中还提到,通过该法案"将对上文提及的贸易造成灾难性的打击"。② 罗斯福将这封信转给了鲍德利,后者承认他忽略了美国在新英格兰地区与中国之间的贸易体量。鲍德利回复罗斯福:"依我之见,我很难相信此举会影响新英格兰地区与中国之间任何合法的贸易,这种影响不太可能超过排华法案对中美之间一般贸易的影响。"③

另一个反对排华法案的人是美国驻福州领事塞缪尔·李维斯·葛尔锡(Samuel L. Gracey)。葛尔锡不相信取消移民限制后,华人劳工真的会在美国泛滥,因为他认为中国人并不喜欢背井离乡。他还支持让技工进入美国大陆。不过,葛尔锡支持放宽限制另有考虑,前文也略有提及,他在信的最后说:"如果能让家仆进入美国,那将大大解决我们家庭生活中最棘手的困难之一。他们(中国人)是世界上最好的家仆。"④

中国教育会的成员更加严肃地提出了支持放宽限制的理由。他们对华人学生遭受美国海关官员的骚扰和羞辱表示抗议,称这种做法会有损美国的在华利益。教育会的成员据理力争,表示越来越多的华人学生选择去欧洲留学而不去美国。因此,他们指出,美国的商业利益很可能受损,美国教育工作者在中国的影响

---

① 译者注:财政部的助理部长,美联储的第一任主席。
② Hamlin to Roosevelt, November 24, 1901, *Roosevelt Mss*.
③ Powderly to Roosevelt, December 11, 1901, Ibid.
④ Gracey to Pierce, March 24, 1902, CD: Foochow.

第五章 排华、修路和1905年抵制美货运动

力也会严重削弱。华人学生的入境许可被推迟,他们面对着各种不确定性,个人尊严也受到损害,中国人因此充满怨恨,这不仅会伤害美国人民,也有损于美国的在华利益。中国教育会竭力主张美国应给予学生充分的准入机会,以此赢回中国人的善意,改善美国在中国的地位。① 罗斯福的另一名通讯员站在美国的角度提出了这一问题的最佳解决方案:"我们可以让有教养的华人在美国得到善待,正如我们坚持让有教养的美国人在中国得到善待那样。如果国会能允许这一点,哪怕我们不改变对华人劳工的态度,我们的贸易也可能会得到极大的改善。"②

罗斯福的非官方助理③、新闻记者约翰·卡兰·奥劳林(John Callan O'Laughlin)也表达了他对放宽限制的支持。他认为美国需要的是"进行立法,允许条件较好的华人阶层自由进入美国,在不受干扰的情况下在美国进行交易。在现有《移民法》[原文如此]的牵强解释下……一位银行家被拒绝入境,因为他既不是官员、老师、学生或商人,也不是游客。"奥劳林还报告了中国驻美公使馆书记官周自齐的遭遇——一名"华人检查员"以未携带身份证明为由试图逮捕这位外交官。现场有目击者认出了周自齐,周自齐的名片也表明他是中国公使馆的一员,但这名检查员既不相信目击者的话,也不承认那张名片上的信息。直到这位书记官准备给美国国务院发电报时,他才终于获释。中方因为这件事发起了正式的投诉,美方就此进行调查,但调查的结果是,移

---

① Rockhill to Hay, June 25, 1905, *Despatches*: *China*.
② Reynolds to Roosevelt, May 16, 1905, Roosevelt Mss.
③ Liang-Cheng to O'Laughlin, August 11, 1905, O'Laughlin to Roosevelt, undated 1905, *John C. O'Laughlin* Papers(Washington D. C.: Library of Congress). 以下简称为 *O'Laughlin Mss*。

民局认为这名检查员履行了自己的职责。① 1906年1月,在《大西洋月刊》上发表的一篇文章里,约翰·福斯特也提到了类似的虐待事件。②

中国政府尽其所能地反对排华政策,他们试过游说国会议员,发表公开演讲,也试过与总统直接见面沟通,但都收效甚微。1901年,担任中国驻美公使的伍廷芳受命在11月与罗斯福讨论此事。同年12月,伍廷芳向罗斯福递交了一份具体的案例清单,列举了中国人因排华法案而遭受的苦难和不公对待。伍廷芳指出,美国海关官员一直无视和剥夺得到豁免的华人阶级的权利。他引述了一些具体的虐待事件,并将其归咎于法律的"严厉执行":

> 这些人来美国绝对不是为了抢美国工薪阶层的生计,而是为了促进两国之间的友好理解和商贸关系。诚然,企图以欺诈手段入境的例子并非不存在。但是,那些有权进入美国的中国人是无辜的,不应被当作可疑人员对待,动辄把他们遣返回国。③

当时,1892年《排华法案》即将到期,于是伍廷芳要求美国国务院考虑进行调整。中国希望可以达成一份"更符合两国人民利益"的协议。④ 然而,随着1902年《排华法案》的通过,中方的希望破灭了。尽管这份新法案没有像排华派所希望的那样赶尽杀绝,但

---

① O'Laughlin to Roosevelt, undated, 1905, *O'Laughlin Mss.*
② John W. Foster, "The Chinese Boycott," *Atlantic Monthly* 97, no. 1 (January 1906): 118-27.
③ Wu Tingfang to Hay, December 9, 1901, U.S. Department of State, *Notes from the Chinese Legation in the United States to the Department of State* (Washington, D.C.: NationalArchives). 以下简称为 *Legation Notes: China*.
④ Wu Tingfang to Hay, December 10, 1901, Ibid.

也没有否定移民局的行为。①

美国不断严厉执法,中方只能采取更加极端的措施。旨在处理移民问题的1894《中美华工条约》②原定于十年后到期,在1904年1月,中国宣布终止该条约。美国试图让中国撤销这一决定,但并没有成功。美国辩称,中国不太可能获得更有利的条约,并且国会很有可能通过更严苛的排华立法,却依然遭到了中方的回绝。中国愿意在短期内保持条约的有效性(而非规定的十年续约期),以便进行谈判达成新的条约。如果不能做到这一点,最好让现有的条约终止,然后重新开始谈判。对海内外华人来说,目前的严苛规定太过恼人。清政府认为,美国对华人的压迫已经坏到极致,所以最好的办法是让条约失效后重签新条约。③然而,中国的努力失败了。4月底,美国国会通过了新的排华法案。同时,对1894年条约的重新谈判在1905年春陷入僵局。于是,中国采取新的方法抗议移民政策,把重心转向商业战,最终导致1905年夏天开始的抵制美货运动。

"门户开放"的支持者曾极力反对1902年和1904年的《排华法案》,但他们的努力却未能阻止法案的通过。白宫里也有人强烈反对排华,但正如前文所述,罗斯福坚决反对中国劳工移民。1902年《排华法案》签署之际,他写道:"我的立场……一直都是,我们希望采取更加严厉的措施,驱逐华人劳工(而非华人学生或商人)。即使没有查看细节,我也知道参议院通过的法案是令人

---

① Hunt, *Special Relationship*, p. 232.
② 译者注:又名《限禁来美华工保护寓美华人条约》,美国国务卿葛礼山(W. Q. Gresham)与清朝驻美公使杨儒在华盛顿签订,共六款。
③ Conger to Hay, April 20, 1904, *Despatches: China*.

满意的。"①在1901年12月递交给国会的第一份年度报告中,罗斯福就主张收紧限制措施,阻止廉价劳动力的涌入。②

伍廷芳
来源:美国国会图书馆图片与摄影部,华盛顿,弗朗西斯·本杰明·约翰斯顿(Frances Benjamin Johnston)原创,1900年

---

① Roosevelt to Shaw, March 27, 1902, *Roosevelt Letters*, vol. 3, p. 249.
② *Foreign Relations*, 1901, p. xxi.

第五章 排华、修路和1905年抵制美货运动

《"中国佬"如何躲避"排华法案"》。上图描绘了一个华人劳工被山姆大叔踢出码头的场景。在周围的几幅小图中,这位"中国佬"伪装成各种不同的人进入美国,以躲避排华法案:来参加游艇比赛的挑战者、"勤奋的无政府主义者"、"谦卑的爱尔兰人"、"'找老婆'的英格兰人"和手持刀枪的"温和守法的西西里人"。
来源:《顽童杂志》,1905年7月12日,美国国会图书馆

在解释1904年的排华政策时,罗斯福坚称限制措施只针对劳工而非华人学生或商人。但是从中国来的商人和学生也常常"备受阻碍",罗斯福承认对此深感不安:

> 我认为,这种情况会对我们的人民带来严重的伤害。我们希望扩大与中国的贸易,希望加强对中国的文化控制。为了我们的利益,应该允许中国商人和学生来到美国。与我们的利益相冲突的是,华人劳工来到美国与我们自己的劳工竞争。①

尽管罗斯福对想要进入美国的非劳工华人所受的待遇表示不安,

---

① Roosevelt to Cortelyou, January 25, 1904, *Roosevelt Letters*, vol. 3, pp. 709–10.

他也没怎么采取措施制止移民局的过激举动。他确实干涉过一次此类事件,对方是他本人认识的一名华人。罗斯福表示,他的那次干涉可以作为更好地对待上等华人的示范。移民局原则上同意罗斯福的想法,但在执行时不予理会。①

在讨论共和党针对1904年美国大选的竞选纲领时,罗斯福的担忧也很明显。他认为不需要提及移民问题,但是负责行政和国会的分支部门却认为应该表明驱逐华人劳工的态度。竞选纲领采纳了这一点,并承诺继续推行排华政策。我们无从得知罗斯福对该纲领的确切态度,因为他似乎对此并不关注。"我不清楚竞选纲领中关于排华政策的具体内容,"他向洛奇如此坦承道。②

直到中国抵制美货运动的威胁出现时,罗斯福才下定决心采取行动。面对危机,美国的权势集团强烈要求取消排华政策,其中包括哈里曼家族、洛克菲勒家族、希尔-摩根家族以及其他纽约的商业和金融大鳄。同样主张取消排华的还有美国的教会和教育组织。6月16日,罗斯福吩咐商务和劳工部部长维克多·霍华德·梅特卡夫(Victor H. Metcalf)向移民局官员发出"严格的指示",要求他们更礼貌地对待中国人。三天后,罗斯福又通知梅特卡夫,他计划下发一系列新指令,内容变化之大足以终结美国对上等华人的压迫。梅特卡夫最初很是踌躇,因为作为一名加利福尼亚人,他担心此举会损害自己在家乡的政治影响力。无法公然违抗罗斯福的梅特卡夫最终选择了屈服,他于6月24日发布了指令。根据指令,得到豁免的华人可以自由行动,相关法律的执行也不再严酷。移民局官员在执法过程中的一切残暴行为都

---

① McKee, *Chinese Exclusion*, p. 87.
② Ibid., p. 93, Roosevelt to Lodge, May 24, 1904, June 28, 1904, *Roosevelt Letters*, vol. 4, pp. 803, 849.

第五章 排华、修路和1905年抵制美货运动

是不能容许的,甚至他们会因这些行为被解雇。为了放宽排华政策,美国还成立了一个专门委员会,负责审查和修订相关部门条例。以上的种种行为显然是为了让中国人取消原定于8月1日开始的抵制运动。①

尽管罗斯福最终采取了行动,放宽了这项激怒中国人的政策,但他本人从未改变过对华人劳工移民的立场。1906年初,他在给伦纳德·伍德将军的信中写到,任何情况下"我都不会批准允许中国劳工以任何形式进入美国的一切立法"。1912年大选期间,罗斯福发表了反对亚洲移民的言论,指出美国"承担不起让本国劳工与华人劳工竞争的后果"。1913年,他如此写道:"最重要的是排除一切大规模的接触。"②对于允许亚洲商人、官员、学生和游客赴美旅行和在美居住的重要性,罗斯福表示认同,但他坚决反对亚裔劳工移民到美国。毋庸置疑,罗斯福的言论中有一部分是出于政治考量的表态,这主要是为了在美国的劳工群体中拉票。但是,这些发言的感觉很真诚。而事实是,这些言论在他的一生中一直没有改变,进一步说明了罗斯福是真的这样认为的。很明显,罗斯福怀有偏见,他的偏见主要基于文化差异和群体认同。对那些他认为难以融入美国社会的外来因素,他会拒绝接受,并跟它们划清界限。而且他确实对其中涉及的经济问题非常敏感,尤其在就业竞争方面。

---

① McKee, *Chinese Exclusion*, pp. 126 – 30; Roosevelt to Metcalf, June 16 and 19, 1905, *Roosevelt Letters*, vol. 4, pp. 1235 – 36, 1240; Metcalf to Roosevelt, June 24, 1905, Department of Commerce and Labor, General Instructions on the Enforcement of Chinese Exclusion Laws, *Roosevelt Mss.*

② Roosevelt to Wood, July 22, 1906, *Roosevelt Letters*, vol. 5, p. 135; excerpt of Rooseveltspeech in Albuquerque, N. M., September 18, 1912, *O'Laughlin Mss.*; Roosevelt to Spring Rice, July 6, 1913, *Roosevelt Letters*, vol. 7, p. 737.

事实证明，美国对移民局的压制太少也太晚了，因为这些措施并没有阻止中国人的抵制运动。一段时间以来，美国收到了蜂拥而至的警告称，如果不能制定更宽松的移民法律，中国人将会采取行动。6月8日，一份来自福州领事馆的报告指出，为了激起反美情绪，有人散布了华人在美遭受虐待的煽动性谣言。其中一条消息假称，有两千名华人在美国被杀头。这种煽风点火的谣言可以使"暴徒发疯，施展猛烈的报复"。一周后，美国驻福州副领事威尔伯·蒂雷尔·葛尔锡（Wilbur T. Gracey）再次向华盛顿方面发出警告，称此地可能发生群众暴动。美方要求地方总督阻止张贴反美标语的行为。总督回应称正在采取有力的措施。葛尔锡认为，中国计划发起的抵制运动"将严重损害美国面粉、棉布及煤油等行业的贸易"。①

曾在暹罗（今泰国）和中国担任重要外交职位的约翰·巴雷特鼓励罗斯福推行更为宽松的移民法。中国总督张之洞和袁世凯曾请求巴雷特利用自己的影响力说服罗斯福。巴雷特告诉罗斯福："这些政治家强调，除非事情向好的方向改变，否则美国的在华利益，无论是商业利益还是政治利益，都必然遭受巨大的损害。"②

7月初，柔克义向罗斯福报告，当地商会试图鼓动反美抵制运动来迫使美国修改移民法。中国人听闻，美国正计划让中国签署一份有损于中方利益的条约，因此必须发起抵制运动对抗美方的要求。抵制运动将于8月1日开始，此消息已经通过电报传到了20个城市。柔克义说，他曾试图说明真相，但抵制运动正在不

---

① Gracey to Pierce, June 8, June 14, June 21, 1905, *CD：Foochow*.
② Bartlett to Roosevelt, June 17, 1905, *Roosevelt Mss*.

断蔓延"到福州、厦门、广州、汉口、天津以及一些内陆城镇……"。也许是想起了义和团运动,柔克义担心骚动可能会引起针对外国人的暴力行为。他已向清政府外务部施压,要求制止这场即将开始的反美抵制运动。7月6日,柔克义通知华盛顿:"经过本使馆的多次紧急交涉,清朝外务部已下达命令禁止反美暴动和计划中的抵制美货运动。"①然而,庆亲王提醒柔克义,是美国的移民法和对华人的不公"导致了这场运动。如果贵国政府能放宽限制,并以友好的方式缔结条约,那么这场骚动就会自动消失"。②

身在广州的美国公民直接向总统请愿,恳求他采取行动。他们同样主张更宽松的排华条约,以保护美国的在华商业利益,让美国能够引领中国走向"现代世界"。同时,宽松的条约可以鼓励更多的华人学生赴美留学,并进一步巩固中美之间的友谊。③ 美国驻广州领事雷优礼(Julius G. Lay)警告称广州的局势日益严峻,还提到了拒约会(Opposing Exclusion Society)的成立。雷优礼并不认为抵制运动会持续很长时间,但他推测这会对美国贸易造成一定的损害,而且针对外国人的暴力行为也同样值得担心。更让雷优礼担忧的是,要是最后真的达成一份更宽松的条约,中国就会认为抵制运动取得了胜利,今后"无论跟哪个西方国家产生问题",就都会再次利用抵制作为武器。④

---

① Rockhill to State Department, July 6, 1905, Ibid.
② Prince Qing to Rockhill, July 1, 1901, Ibid.
③ Petition from U. S. citizens residing in Canton, China, July 17, 1905, Ibid.
④ Lay to Loomis, July 22, 1905, July 24, 1905, Ibid.

约翰·巴雷特
来源:美国国会图书馆图片与摄影部,华盛顿

有些地区似乎没有受到什么影响。牛庄新任总领事托马斯·萨蒙斯(Thomas Sammons)发现,牛庄的情况相对稳定。当地商会收到了从上海发来的电报,称上海的商人不会订购美国的货物。但是,牛庄的商人仍然友好地对待美国。只有当来自上海的影响导致供应中断时,部分商人才会无法买卖美货。一些反美海报出现在牛庄,但那里的中国商人似乎并不愿意支持这场抵制

运动。①

然而,美国驻厦门领事乔治·安德森(George Anderson)发现厦门的情况恰恰相反。"这里的中国官员很支持这场运动。而且哪怕他们不支持这场运动,他们也没有这么多精力或情感去反对。"②上海的情况与厦门相似。美国驻上海总领事詹姆斯·林恩·罗杰斯(James L. Rodgers)报告说,这里的中国人反美情绪高涨。罗杰斯提到,大量学生和文人参与了抵制运动,而且这场运动几乎得到了所有商人的支持,只有极少数商人不愿意参加。③ 眼看抵制运动进行得如火如荼,约翰·福斯特认为:"发起这场抵制运动的不是中国政府,而是中国民众。严苛的排华法案以及美国某些地区和阶级的种族仇恨使很多华人成为受害者,中国人民心生怨愤。基本上可以说,这场抵制运动完全是这种不满情绪的产物。"④

抵制运动原定于 1905 年 8 月 1 日正式开始,但实际上 7 月下旬就已经在进行了。⑤ 身处广州的雷优礼认为,运动"提前结束"的迹象已经出现。但他也承认,抵制运动"还没有充分发展,即使是这里最有阅历的长者也无法预测会发生什么"。⑥ 另一方面,牛庄发生了一起事件。许多中国人试图阻止美国标准石油公司在牛庄卸货。后来,一些日本人接管了这项工作才避免了这场麻烦。⑦

---

① Sammons to Rockhill, July 11, 1905, July 24, 1905, July 28, 1905, *CD*: *Newchwang*.
② Anderson to Loomis, July 25, 1905, *Roosevelt Mss*.
③ Rodgers to Loomis, July 27, 1905, Ibid.
④ Foster, "The Chinese Boycott," p. 118.
⑤ Hunt, *Special Relationship*, p. 235.
⑥ Lay to Loomis, August 1, 1905, Ibid.
⑦ Sammons to Rockhill, August 2, 1905, *CD*: *Newchwang*.

抵制运动迅速蔓延到了沿海地区的各个城镇,并渗透到部分内陆地区。各种报纸、海报、小说和歌曲都在传播美国的侵犯行为,加剧了人们的仇美情绪,而抵制运动的领袖们则以反美社团的名义散发宣传资料。亲身经历过虐待的人也煽动着当地的反美情绪。其中一个极端案例是一名广东人赴美留学时被拒绝入境,最后在美国驻上海领事馆的台阶上自杀身亡。美国滥用移民政策,出售美华合兴公司给比利时利益集团,在本国水手杀害中国人后拒不承认,种种事件使中国民众积怨已久,此时正是抗议者们发泄的时候。抵制运动也得到了海外华人的捐款支持,其中包括九万名在美华人。尽管美国人指责中国官员插手了这场运动,但大部分中国官员实际上都与运动保持距离,虽然他们的心里通常都赞成抵制。在这个夏末,中国外务部的官员们竭尽所能地顶住美国的外交压力以支持这场抵制运动。①

8月4日,柔克义请求华盛顿方面给出指示。他想知道自己能否告知中国,如果清政府不能阻止抵制运动,就要对美国贸易遭受的一切损失负责。柔克义形容中国外务部到目前为止都是"躺着不干活",而且抵制运动还为他们提供了胁迫美国的方法。② 柔克义收到的回复是让他通知中国,根据1858年《天津条约》的第十五款,中国可能要对美国遭受的一切损失负责。③

抵制运动过程中,领事馆不断传来负面消息。雷优礼把运动归咎于中国官员而不是商人。他认为抵制运动正在进入关键时期,如果中方不尽快把运动镇压下去,情况将失去控制。"现在正

---

① Hunt, *Special Relationship*, pp. 235 – 38. 关于抵制活动意识形态的讨论,参见 Wang, *In Search of Justice*, pp. 134 – 60。
② Rockhill to State Department, August 4, 1905, *Despatches: China*.
③ Adee to Rockhill, August 5, 1905, *Foreign Relations*, 1905, p. 212.

是紧要关头。抵制运动要么在排外情绪和改革派的控制下变成一场政治运动,要么无疾而终。"①

在上海的罗杰斯写到,情况"变得越来越糟"。中华总商会想要解决此事,但学生和"不负责任的煽动者"却横加阻挠。罗杰斯同样指责中国官员,认为是他们的不作为导致抵制运动蔓延开来。"虽然暂时还没听说任何骚乱或暴力事件,但现在整个局势具有一定的威胁性。"他还报告称,越来越多的人相信抵制运动存在着明确的政治动机,而且具有反王朝的本质。②

美国政府命柔克义调查和汇报抵制运动的总体情况,并告之必要时可以采取强硬立场。8月15日,柔克义把第一份报告发回华盛顿:"根据各地领事的报告,只有上海和广州地区受到抵制运动的严重影响;其他地区情况基本正常或影响程度较轻。"据报告,上海的贸易遭受严重的损失,预计需要很长时间才能恢复。所有的外国利益都受到影响,抵制运动具有排外的特征。按照柔克义的说法,大多数中国商人都想停止抵制运动,但外务部对此无动于衷,省级官员采取的措施也不够充分。总的来说,柔克义断定这场运动的潜在威胁更甚于迄今为止所造成的损失。他总结到,如果不能叫停这场抵制运动,它就会成为一个危险的先例。③

大约十天后,柔克义再次发出警告,称美国须警惕抵制运动固有的危险。"中国在这场运动中面临着潜在的危险,由于中国政府在处理时表现出的无能,这种危险与日俱增。所有外国人都意识到了这一点,中国的官员们也渐渐有所察觉,但恐怕为时已

---

① Lay to Loomis, August 9, 1905, August 16, 1905, *Roosevelt Mss.*
② Rodgers to Loomis, August 11, 1905, August 21, 1905, Ibid.
③ Rockhill to State Department, August 15, 1905, *Foreign Relations*, 1905, pp. 212-18.

晚。面对有组织的群众性运动,中国政府已经无法掩饰自己的软弱无能了。"尽管在这场抵制运动中,柔克义见识到了中国的"团结精神",但如果没有往合法的方向发展,这场抵制运动会十分危险。"如果运动得到适当的引导,则将会为中国带来希望。"①其他人也注意到了中国出现的新精神。"中国的抵制美货运动充分表明,这个大帝国中有一种精神正在觉醒,那就是对不公待遇和外国侵略的愤恨。"②虽然柔克义明显意识到中国民族主义精神的觉醒,但他还是忍不住表达出当时的主流态度:中国的这种民族主义或"团结"需要"指导"。他的意思是,这种指导自然应该来自包括美国在内的强国。虽然柔克义越来越认同中国日益增长的民族主义情绪,但他讨厌抵制运动,因为他担心会对改革造成威胁。③

另一方面,罗斯福对此并不满意。他指示柔克义继续调查抵制运动,并直接向他汇报。罗斯福告诉柔克义:"我打算还中国人一个公道。"但是他又补充,柔克义有必要对中国人"明显做错的地方"采取"强硬的态度"。罗斯福坚信,中国人鄙视软弱胜过崇尚正义。他坚称:"我们必须说清楚这一点……我们要做的是正确的事情……我们不打算……承受错误带来的后果。"一周后,罗斯福评论抵制运动时表示:"我非常不满意中国人的态度。"④

其他人也同样不满意。有人开始请求罗斯福把正在远东进行友好访问的陆军部长威廉·霍华德·塔夫脱派往广州,尽其所

---

① Rockhill to State Department, August 24, 1905, *Roosevelt Mss.*; Rockhill to State Department, August 26, 1905, *Despatches: China.*
② Foster,"The Chinese Boycott," p. 118.
③ Hunt, *Special Relationship*, p. 268.
④ Roosevelt to Rockhill, August 22, 1905, August 29, 1905, *Roosevelt Letters*, vol. 4, pp. 1310, 1326.

能结束抵制运动。请罗斯福采取行动的人包括加利福尼亚州参议员乔治·珀金斯(George C. Perkins)和标准石油公司与英美烟草公司的代表。① 很快,塔夫脱被派往广州。罗斯福要求他避免做出明确的承诺,同时要让中国人知道,美国虽然不打算屈服于中国当前的社会运动,不过会做正确的事。9月4日,塔夫脱会见了一批中国官员,转达了总统的信息。罗斯福的女儿爱丽丝(Alice Lee Roosevelt Longworth)也参与了塔夫脱此次的太平洋之行。她记得,当时在广州有中国人对她挥舞拳头。②

虽然不太情愿,但结束广州之行时塔夫特提出,如果总统希望他前往北京,他也可以去那里进一步向清政府施压。罗斯福和柔克义都认为不需要他这样做。9月16日,塔夫特便已启程回国。塔夫脱本次改道广州的一个好处是,他可以向罗斯福直接汇报中国的情况。10月份,塔夫特的报告被呈至顾问团,并让顾问团决定进一步放宽移民政策。③ 与此同时,美国驻华的外交官也开始传回一些令人安心的消息。抵制运动似乎接近尾声,也似乎没有对美国贸易造成太大的影响。但是,也有人警告,如果移民问题不能圆满解决,激烈的抵制运动可能会再次爆发。④

不利的征兆依然存在。有迹象表明,商人正在失去对抵制运

---

① Perkins to Roosevelt, August 30, 1905, Wheelwright to Roosevelt, August 31, 1905, Loomis to Loeb, September 1, 1905, Piles and Awkenny to Roosevelt, September 1, 1905, Parker to Loomis, September 2, 1905, *Roosevelt Mss.*

② Wang, *In Search of Justice*, p. 190.

③ Taft to Roosevelt, September 4, 1905, September 6, 1905, Ibid.; Rockhill to Root, September 11, 1905, *Despatches: China*; McKee, *Chinese Exclusion*, pp. 137–40.

④ Rockhill to Root, September 1, 1905, Adee to Loeb, September 21, 1905, Rockhill to Root, October 4, 1905, *Roosevelt Mss.*; Gracey to Loomis, September 13, 1905, *CD: Foochow*; Sammons to State Department, September 14, 1905, *CD: Newchwang*; Rockhill to Root, October 3, 1905, *Despatches: China.*

动的控制,取而代之的是越来越多的极端分子。中国的爱国团体纷纷要求停止一切形式的歧视,排外情绪日益加剧;一场新的义和团运动或许正在酝酿。抵制运动取得成功,意味着中国人以后还会使用这种胁迫性手段,而中国政府似乎也变得强硬。中国公使馆警告称,将对不正当的驱逐行为提出索赔,必要时还会就此类事件向海牙法庭提出起诉。①

10月底,美国担心的暴力事件在广东发生了。当月28日,美国长老会在连州的传教站被一群暴民袭击,5名传教士被杀,2名传教士逃脱,传教站被毁。直到11月3日,柔克义才得知此次事件。根据中国外务部的说法,引发暴动的原因是传教士们阻止当地村民在节日期间烧信炮②。中国政府对此表示屈辱和痛心,承诺会迅速采取有力的措施。③

在新任国务卿伊莱休·鲁特的指示下,柔克义敦促中方平息当地的反美情绪,逮捕并惩处与命案相关的人,处罚纵容反美情绪滋生的官员。柔克义将指控的矛头指向两广总督,因为他认为两广总督无视朝廷的圣旨,没能阻止反美骚乱和示威。12月29日,事件的调查和随后的抓捕工作完成。两广总督没有被撤职,但美国国务院要求清政府对其降职。④ 此外,中国政府同意赔偿本次事件造成的生命和财产损失。⑤

罗斯福以一位学者所描述的"一贯的两面性"行事。⑥ 对连州事件感到惊恐的罗斯福命令海军部长查尔斯·约瑟夫·波拿

---

① McKee, *Chinese Exclusion*, p.159.
② 译者注:菜园坝当地村民举行打醮仪式,需要不断鸣放信炮。
③ *Foreign Relations*, 1906, pp.308 – 9.
④ Ibid., pp.309 – 15;同见 Denby to Root, January 16, 1906, *Despatches: China*.
⑤ *Foreign Relations*, 1906, pp.315 – 24.
⑥ Beale, *Rise of America*, p.239.

巴(Charles J. Bonaparte)采取措施,"在中国海岸集合一支尽可能强的海军部队,越快越好"。在罗斯福看来,中国人并没有"表现出好的一面",他决定做好准备应对一切可能发生的事件。①11月,5艘驱逐舰被派往广州,支援"莫纳德诺克"号(Monadnock)浅水炮舰和"卡亚俄"号(Callao)炮艇;2艘巡洋舰驶往上海;1个战列舰中队奉命前往香港;1艘军舰被派往烟台(当时称"芝罘")。查尔斯·杰克逊·崔恩(Charles J. Train)少将奉命暗中收集情报,配合陆军可能对广州发起的进攻。② 美国正在认真考虑对中国进行军事远征。

但罗斯福也有其他措施,其中主要是放宽引发两国纠纷的限制性移民政策。在写给旧金山商人交易所秘书弗里德兰德(T. C. Friedlander)的信中,罗斯福回应了之前收到的请求,同意采取有力措施结束抵制运动。鲁特起草了这封信的重要段落。罗斯福告诉弗里德兰德,国会必须修正移民法来消除引发中国抗议的根源。"如果你和其他因抵制运动受到伤害的美国商人都能敦促解决引发抵制运动的根本问题,你们成功的几率会相当大。"③罗斯福在信中强调了国会采取行动的必要性,这跟他10月份到南方巡视时发表的讲话内容相呼应。在那次讲话中,罗斯福表示,如果美国想得到中国的公平对待,就必须公正地对待中国:

> 我们制定的法律和条约,应保证除中国劳工以外的所有中国人都有权进入美国,并在美国得到与其他国家公民相同

---

① Roosevelt to Bonaparte, November 15, 1905, *Roosevelt Letters*, vol. 5, p. 77.
② William R. Braisted, *The United States Navy in the Pacific, 1897–1909* (Austin: University of Texas Press, 1958), pp. 187–88.
③ Friedlander to Roosevelt, November 6, 1905, Root to Roosevelt, November 24, 1905, *Roosevelt Mss.*; Roosevelt to Friedlander, November 23, 1905, *Roosevelt Letters*, vol. 5, pp. 90–91.

的待遇。我将采取行政手段,尽可能迅速地制止实施这项(排华)法案的多年里出现的不正之风。我能做很多,我也会做很多,即使国会不行动,我也会做好那些事。但还有很多应该做的事需要国会的行动支持,否则它们无法全部完成。①

罗斯福12月向国会递交的信息意义更为重大。他坚持自己的信念,认为劳工是不受欢迎的移民,但他强调,只要有法律阻止他们进入美国便已足够。但对于中国学生、专业人士和商人,美国应该允许他们入境。他表示,制定法律时应该规定,除劳工外的所有中国人都可以进入美国。中国发生抵制运动,正是因为赴美华人遭受的不公对待。罗斯福重申,每个国家都有权利制定条约限制移民,然后表达了对中国的友好和祝愿。② 如此公开地呼吁停止虐待在美或赴美华人,显然是为了平息中国的骚动。

到了1906年,改革还在继续。罗斯福任命了一个委员会来调查移民局的华人事务,芝加哥商人詹姆斯·雷诺兹(James B. Reynolds)也受任参与其中。雷诺兹一直大力抨击移民局的过分行为,指责这损害了美国的在华影响力。此次罗斯福对雷诺兹的任命表明了调查的严肃性。③ 最终,一些引起较大反感的政策得到修改。美国亚洲协会响应总统改革立法的号召,提出了一项议案。该议案扩大了对劳工的定义,同时移除了移民局对华人较具冒犯性的限制措施。④

12月18日,上海发生了一场暴乱,此后越来越多的暴力事

---

① Quoted by Foster, "The Chinese Boycott," pp. 126 - 27.
② *Foreign Relations*, 1905, pp. xlviii - xl.
③ Hunt, *Special Relationship*, p. 245.
④ Hunt, *Special Relationship*, pp. 245 - 46.

件随之而来。当天,20名中国人被杀,几名西方人受伤。为了平息暴乱,包括美国在内的一些国家迅速将军舰开往上海。他们认为,和连州事件一样,上海暴乱的罪魁祸首也是中国的抵制运动。此次事件使罗斯福确信,现在已经到了出动武力的时候。一周后,有新闻报道称,美国正往菲律宾增派部队,准备应对中国可能出现的情况。部队出发的确切时间是1月2日。①

罗斯福正考虑远征中国,攻占广州。广州是抵制情绪最激烈的地方。罗斯福向塔夫脱提出,要想为中国境内的美国人争取平等的权利,可能得采取军事行动。② 罗斯福命令陆军部研究对广州采取军事行动的可行性。1月11日,陆军部把研究报告交给罗斯福。在确认收到报告的复函中,罗斯福对出军表示关切,他认为远征军的规模必须足够大,才能防止失败。按照罗斯福的想法,派出15000人再加上5000人的预备队,应该比较合适。"中国军队比五年前要强大得多,"他写道,"我们不应该抱有任何侥幸心理。我们承担不起失败的后果。"③陆军参谋长詹姆斯·富兰克林·贝尔(J. Franklin Bell)少将奉命研究中国军队,以避免一切可能发生的风险。④

即将发生第二次义和团运动的流言遍布美国。人们开始要求增加美国在中国的军事力量和海军驻军。塔夫脱和鲁特向参议院拨款委员会申请10万美元的资金,为增派至菲律宾的部队提供住宿,此时这些士兵正在为一场或许十分漫长的战役做准

---

① Beale, *Rise of America*, pp. 241 – 42.
② George E. Mowry, *Theodore Roosevelt and the Birth of Modern America*, *1900 – 1912*(New York: Harper & Row, 1958), p. 186.
③ Roosevelt to Taft, January 11, 1906, *Roosevelt Letters*, vol. 5, pp. 132 – 33.
④ Braisted, *U. S. Navy*, p. 188.

备。① 2月15日,美军驻菲律宾分部的指挥官伦纳德·伍德少将告诉罗斯福,他那里有5000名士兵已经整装待发,"随时候命"。伍德很想率军远征,一旦接到命令前往中国,他会把这看作"一生中最难得的机会,一切都已经准备充分"。②

始终信奉双重方针的罗斯福在威胁军事干预的同时,又施加了更多的外交压力。2月26日,罗斯福提出了一系列强硬的要求,包括:采取严厉的措施,防止义和团式的动乱再次发生;惩罚有罪之人;有力打击排外运动的支持者;惩罚那些未能保护美国人的地方官,因为他们中的许多人对抵制运动持放任或友好态度。此外,由于抵制运动以不正当的方式抑制了贸易发展,所以必须予以镇压。柔克义极力施压,要求清政府回应美方需求。到3月6日,清政府发出诏书,内容似乎可以安抚美方情绪。不过,柔克义依然继续敦促北京方面采取行动,兑现诺言。③

此时,中国的事件开始平息下来。四月,抵制运动似乎有此征兆。4月2日,罗斯福通知伍德,远征中国的可能性已经不大,"但我想确定的是,假如需要远征,我们也不是毫无准备"。④ 4月21日,柔克义表达了自己的观点:"华盛顿政府正在快速地从激

---

① Beale, *Rise of America*, pp. 243 – 44.
② Wood to Roosevelt, February 15, 1905, *Wood Mss*. 在这一时期的信件中,伍德提供了一些关于拟议远征的细节。见 Wood to War Department, February 14, 1906, Wood to Taft, February 21, 1906, Wood to Roosevelt, February 21, 1906, *Wood Mss*.
③ Beale, *Rise of America*, pp. 244 – 45; Varg, *Open Door Diplomat*, pp. 68 – 69; McKee, *Chinese Exclusion*, pp. 186 – 89; Rockhill to Root, March 5, 1906, *Despatches: China*.
④ Roosevelt to Wood, April 2, 1906, *Roosevelt Letters*, vol. 5, p. 205.

第五章 排华、修路和1905年抵制美货运动

动中恢复平静。"①从3月到5月,北京方面一直努力安抚罗斯福政府。②1906年夏天,抵制运动实现了真正意义上的结束。跟抵制运动一同走向终点的,还有整顿移民局过激行为的承诺。美国亚洲协会的议案在众议院上遭到排华派的阻挠,试图通过外交途径解决问题的努力也止步不前。最终,在罗斯福任期的最后一年,移民局的做法又回到了老路。③

美国面临的另一个难题来自美华合兴公司,该公司的两名股东是约翰・皮尔庞特・摩根(J. P. Morgan)和爱德华・亨利・哈里曼(E. H. Harriman)。这个问题没有抵制运动严重,但也令人十分恼火。1898年④,美华合兴公司获得了汉口至广州之间的铁路修建权。在1900年⑤签署的修订版合同中,规定该铁路建设由华洋共组的董事会监督;同意提供额外的经济优势;发行价值约四千万美元的债券,以支付总长900多英里的主线、支线和旁轨的新增建设费用。新合同第十七条禁止美国将其铁路权利转让给其他国家或其他国家的国民,这是为了防止特许权落入俄国或法国手中,因为这两个国家都正在华北和华南地区修建铁路。中国人希望利用这种方式,防止其大部分铁路系统被任一强国控制。⑥ 这也是中国再一次利用他们自己的门户开放来保护自身利益。

其实,在协议签署之前,美国就已经违背了约定。美华合兴

---

① Rockhill to Hippisley, April 21, 1906, *Rockhill Mss*.
② McKee, *Chinese Exclusion*, pp. 189 – 90.
③ Hunt, *Special Relationship*, p. 246.
④ 译者注:1898年4月14日,清政府驻美公使伍廷芳与美国美华合兴公司在华盛顿签订《粤汉铁路借款合同》十五款。
⑤ 译者注:1900年7月13日又签订《粤汉铁路借款续约》二十六款。
⑥ Ibid., p. 193; Beale, *Rise of America*, pp. 200 – 201.

公司的股份已经转让给比利时的利益集团和外国人。据说,连比利时国王利奥波德二世(Leopold Ⅱ)也购买了该公司的股票。事实上,到1904年,利奥波德二世已经控制了公司的多数股权。① 此外,由于管理不善、中方董事和非中方董事之间的争吵以及当地人的敌意,公司并没有多大作为。截至1903年11月,仅有10.5英里的铁路建成可用。② 虽然美华合兴公司向华盛顿方面隐瞒了出售公司资产的事,但比利时人接管公司的事情在外国社会却广为人知,柔克义和康格都已经警告过美国国务院。然而,海约翰选择相信公司表面上所做的保证,只有当中国对违约行为采取措施时,他才会有所行动。③

1903年4月下旬发生的事件说明了当地人对铁路修建的反对。当时,正在铁路上施工的美国工程师在广州以西约一百英里的地方遭到了一群暴徒的袭击。美国派出卡拉罗号炮艇前去营救遇袭的工程师们,并于4月30日安全返回。根据中方的说法,这群暴徒并不知道工程师们只是在勘察路线。他们担心修建铁路会扰乱当地的风水,于是开始敲锣打鼓大吵大闹地示威。前哨的卫兵镇压了示威,驱散了人群,工程师们才得以安然无恙地返回广州。④

与此同时,中国人意识到了美华合兴公司的股票正落入比利时人的手中。1904年1月底,康格向国务院通报了中国对此事的担忧。康格警告称,中国将对此事带来的后果采取行动。康格表示,他已经为美华合兴公司做了他所能做的一切,但如果

---

① Hunt, *Special Interest*, p. 277.
② Beale, *Rise of America*, p. 201.
③ Hunt, *Special Interest*, p. 278.
④ Conger to Hay, May 25, 1903, *Despatches: China*.

报告属实,这家公司就不再值得美国支持。中国坚决反对转让股份,因为这违反了合同第十七款的规定。如果要进行转让,或者已经转让,北京方面将宣布合同无效。康格最后说:"中国人很难将美国政府与美国公民的企业分开看待。因此,如果后者不遵守承诺,也会使美国政府蒙羞。美华合兴公司的这一行为将使美国政府今后很难得到中国政府的信任。"①海约翰也放弃了为美华合兴公司辩护。直到5月份,海约翰收到查尔斯·惠蒂尔(Charles A. Whittier)的保证,才再次改观。惠蒂尔是一名富有的波士顿人,利奥波德国王安排他主管美华合兴公司。收到保证后的海约翰,用他自己的话说,决心要阻止中国方面的"弃约行为"。②

6月,康格得知有人向中国皇帝请愿废除合同。③ 不过,清政府花了好几个月的时间才做出决定。直到11月,康格才接到正式通知,中国决定以美华合兴公司违约为由宣布合同无效。康格提出抗议,并警告北京要对一切损失负责。④ 海约翰指示康格要求中国推迟行动,直到收到所有利益相关方的意见。⑤ 事实证明,这种拖延战术没有任何作用。1904年12月22日,中国驻美公使梁诚通知海约翰,合同将会作废。⑥

尽管美华合兴公司违反了合同,但美国国务院仍对其予以支持。美国向比利时人施压,让他们把股份卖回给美国人。1905年1月,海约翰得知利奥波德国王将手上的1200股股份卖给了

---

① Conger to Hay, January 22, 1904, *Despatches: China*.
② Hunt, *Special Relationship*, p. 278.
③ Conger to Hay, June 10, 1904, Ibid.
④ Conger to Hay, November 14, 1904, November 16, 1904, Ibid.
⑤ Conger to Hay, December 20, 1904, Ibid.
⑥ *Foreign Relations*, 1905, pp. 125 - 26.

约翰·皮尔庞特·摩根。这笔交易使美国人重新取得了对该公司的控制权,摩根也成为公司的主要股东。随着交易的完成,美国得以正式支持该公司。①

海约翰随后要求梁诚敦促清政府推迟取消合同,并指示康格在北京进行类似的交涉。② 1月6日,海约翰通知梁诚:"粤汉铁路的经营者的的确确已经重新持有公司的绝大部分股权……"在第二份照会中,美国国务院坚称:"我方政府无法承认清政府打算进行之举措,因为我方政府真诚地认为美华合兴公司是美国的公司……"③对此,梁诚只答复到,他已将海约翰的照会转交到北京,供清政府考虑。④ 美国驻北京的外交官员继续敦促朝廷推迟行动,直到有关各方有机会表态为止。⑤

罗斯福似乎是在1月底才第一次知道这场风波。"前几天你向我谈到了中国铁路的事,"罗斯福在1月26日写给海约翰的信中说道,"放弃那条铁路的修建计划的确会让我感到很遗憾。找个时间再和我讨论一下这个问题吧。"⑥毋庸置疑,海约翰确实跟罗斯福讨论过这件事,罗斯福也确实定期收到了相关情况的汇报,但他一开始并不怎么关心,直到后来才加以关注。

与此同时,在中国,事情僵持不下。美国驻北京公使馆临时代办约翰·贾德纳·柯立芝(John Gardner Coolidge)3月报告称,他们与中国外务部就废除合同一事的沟通已经暂停。不过,

---

① Beale, *Rise of America*, p. 202.
② *Foreign Relations*, 1905, p. 127.
③ Ibid., p. 129; Hay to Chentung Liang-cheng, January 6, 1905, *Rockhill Mss*.
④ *Foreign Relations*, 1905, pp. 127 – 28.
⑤ Coolidge to Prince Ching, January 9, 1905, Coolidge to Hay, January 25, 1905, February 9, 1905, *Roosevelt Mss*; *Foreign Relations*, 1905, pp. 129 – 31.
⑥ Roosevelt to Hay, January 26, 1905, *Roosevelt Letters*, vol. 4, p. 1109.

第五章 排华、修路和1905年抵制美货运动

梁诚（号震东）
来源：美国国会图书馆图片与摄影部，华盛顿，1903年

柯立芝与一位官员的闲谈更能说明情况："他们（清政府）的处境非常尴尬，一方面他们明白我国政府对于此事的态度，但同时他们也很害怕当地人民的敌意——在铁路经过的省份，中国人民几乎无不对美华合兴公司抱有敌意。"①

美国也在努力解决这个问题。1月至6月，梁诚与中国政府的代表律师约翰·福斯特（John W. Foster）和美华合兴公司代表

---

① Coolidge to Hay, March 8, 1905, *Roosevelt Mss*.

伊莱休·鲁特以及乔治·华盛顿·英格拉哈姆（G. W. Ingraham）进行了会谈。中方提出赎约，并愿意为该公司迄今所做的努力支付一笔合理的补偿金。英格拉汉姆起初提出的金额是1800万美元，但后来降到了1354万美元。在5月29日写给福斯特的信中，英格拉汉姆表示，合理的补偿金额"自然是指假设中国政府允许完成合同，美国公司本应获得的利润"。最终，双方于6月份达成一致。中方支付675万美元赎回该公司的股份和所有权。公司董事接受了这个提议，剩下的就是在8月份的股东大会上获得股东的批准，完成清算。①

当年6月，利奥波德国王写信给罗斯福求助，罗斯福也显露出对此事的关注。这位比利时国王把争端的根源归咎于中国人，认为他们迫切地想把白人排除在他们的企业之外。利奥波德敦促罗斯福告诉中国人，为了让他们放弃毁约的要求，美国政府已经同意将股份转让给了摩根。利奥波德还请亨利·卡伯特·洛奇到比利时进一步商讨此事。洛奇去比利时与利奥波德讨论后，给罗斯福写了信。利奥波德国王认为美国应该握紧铁路的特许权，洛奇也支持国王的观点。②

柔克义同样反对这项交易。他认为，国务院应该解决好这件事，这并不是为了公司的利益，而是为了美国人的名声，因为美国人此前由于公司的错误蒙受了损失。如果把公司卖回给中国，损失将会继续。柔克义还担心，公司出售后，铁路特许权会落入某些"欧洲利益集团"的手中，最终威胁到美国在中国的商贸和政治

---

① Beale, *Rise of America*, p. 203; Ingraham to Foster, May 29, 1905, *Roosevelt Mss*; *Foreign Relations*, 1905, p. 132.
② Beale, *Rise of America*, pp. 204 - 5.

利益。① 在罗斯福的主要顾问中,只有鲁特赞成公司出售,当然,他曾经是该公司的律师。②

海约翰刚刚去世不久,所以由罗斯福负责处理此事。他首先写信给摩根,转告了洛奇拜访利奥波德国王的细节。"我认为,放弃这条意义重大的铁路会是一个真正的不幸,这对我们的声望以及在中国的商业都是巨大的打击——我们一直都想以各种方式发展在华商业,"罗斯福补充道。然后,他透露了鲁特对交易的支持,同时也提到海约翰、柔克义和洛奇的反对意见。"也许你有办法能让鲁特意识到,持有那条铁路能为我们带来的经济效益和政治意义。"最后,罗斯福写道:

> 尊敬的摩根先生,我无意建议你应该怎么做。从国家利益的角度出发,我完全赞同洛奇的观点。我不能指望你或者我国任何一个大企业家去做他们认为对自己不利的事情。但是,如果你放弃这项特许权……而放弃的原因是觉得自己不受政府支持的话,我想向你保证,政府会以一切体面的方式站在你们这边,并尽一切力量确保你们在这件事上不受中国或其他任何国家的伤害……当然,我只是希望看到美国的商业能在东方繁荣发展。③

8月7日,摩根在牡蛎湾和罗斯福见面。媒体获悉,两人会面后,摩根决定握紧特许权,并认为这将在整体上增进美国的利益。第二天,梁诚会见了罗斯福,重申了中国赎回铁路的强烈意愿。与此同时,柔克义提醒罗斯福,如果在合约中进行一些修改,

---

① Rockhill to Hay, July 7, 1905, *Despatches: China*.
② Beale, *Rise of America*, p. 205.
③ Roosevelt to Morgan, July 18, 1905, *Root Mss*.

中国还是会把铁路交到外国人手中。①

罗斯福对这种矛盾的信息感到十分气恼。他立即命令柔克义把事情搞清楚,并愤怒地指控中方(要么是梁诚,要么是外务部)"严重推诿事实"。② 8月14日,柔克义报告称,中国外务部"声称对取消粤汉铁路特许权一无所知"。但中方承认,他们批准湖广总督去赎回铁路控制权,并指示他与梁诚合作。8月15日,华盛顿方面收到消息,称清政府已经同意了这笔交易。阿迪立即回复了柔克义,称总统对此事感到"不解"。"他(总统)倾向于认为,我国政府必须表明立场,但他想先在你那里充分了解你对此事的建议。"③

8月17日,柔克义在回信中对自己发出的消息进行了解释。他指出,实际上自己完全不清楚美华合兴公司在此事上的立场。考虑到目前的总体情况,柔克义认为"失去这个极其宝贵的特许权会严重损害我们的在华利益"。废除合同是"我们未来的贸易和工业的巨大损失。但如果美华合兴公司愿意放弃特许权,没有您的指示,我不知道公使馆还能做些什么。"柔克义认为,中国人想要赎回铁路,不是因为对美国抱有敌意,而是出于当地人对美华合兴公司的反抗。"必须牢记……目前中国上下都强烈渴望他们能早日夺回铁路的所有权……并决心不向其他国家做出任何形式的让步。"柔克义淡化了事态的严重性,强调中国并没有敌视美国。④

---

① Beale, *Rise of America*, p. 207.
② Rockhill to State Department, August 9, 1905, *Despatches: China*.
③ Adee to Rockhill, August 16, 1905, *Roosevelt Mss*; *Foreign Relations*, 1905, pp. 132-34; Rockhill to State Department, August 14, 1905, *Despatches: China*; Beale, *Rise of America*, pp. 207-8.
④ Rockhill to State Department, August 17, 1905, *Despatches: China*.

罗斯福为留住特许权而付出的努力最终白费。四天后,梁诚通知美国国务院,清廷已经批准了这一交易。大约一周后,代理国务卿弗朗西斯·卢米斯(Francis B. Loomis)回复,美华合兴公司已经接受了中国的提议,美国不会设置任何障碍阻止出售的完成。中方已经明确表示,他们不会在这个问题上让步。摩根也不顾罗斯福的劝说,决定不再坚持保有特许权。①

罗斯福满心气恼地接受了这个决定。在写给柔克义的信中,他抱怨到,铁路特许权被交出去,是因为摩根等人相信"清政府……的做法表里不一,显然是打算夺走他们的特许权。对他们而言,坚持下去的风险太大了"。对于他们的选择,罗斯福无从指责,"因为我对情况的了解不充分,不能保证万一遇到来自中国的麻烦,他们不会受到伤害"。②

罗斯福还向斯派克·冯·斯特恩堡抱怨了这场交易,他说:"我已经尽了最大的努力,让皮尔庞特·摩根和汉口租界的人坚持立场,但他们没有这样做……"罗斯福承认,商人必须考虑到股东的利益。"他们说(中国)开出的价格很优厚,可能比他们在任何仲裁机构所能得到的损害赔偿都要多得多。"所以,罗斯福认为,如果中国人不允许修建铁路,公司别无选择,只能接受赔偿。③

在写给美国驻英国大使惠特劳·里德(Whitlaw Reid)的长信中,罗斯福再次提到他反对这笔交易。他责备美国人对公司管理不善,将其卖给比利时人,这在一定程度上导致了问题的发生。但他同时也谴责中国人"惯用的行事方式:一方面,地方总督坚决表示美国人必须出售公司,而另一方面清政府却声泪俱下地控诉

---

① *Foreign Relations*, 1905, pp. 134 - 35; Beale, *Rise of America*, pp. 209 - 10.
② Roosevelt to Rockhill, August 29, 1905, *Rockhill Mss*.
③ Roosevelt to Sternberg, September 6, 1905, *Roosevelt Letters*, vol. 5, p. 15.

美国人企图从他们身上敲诈巨额钱财"。罗斯福还怪自己没能及早介入此事。如果他能"更加密切关注国务院的工作……我早该采取严厉的措施,既要阻止那些美国人……把公司出售给比利时人,也要反对中国政府。我相信我本来可以好好解决这件事的"。① 这是典型的罗斯福式夸口。他的确可能比较晚才介入此事,但是,考虑到美国明显违反了关于外国参股美华合兴公司的合同条款,而粤汉铁路的建设也没什么进展,或许置身事外才是罗斯福最好的做法。

抵制运动和粤汉铁路这两件事不仅让罗斯福感到恼火,也让他的顾问和外交官们感到气愤。不过,在这两起事件中,抵制运动更加严重。罗斯福根本不应该卷入铁路特许权之争,因为当时双方已经达成了协议,美华合兴公司的股东最终很可能会批准出售。铁路建设完成的工程量极少,而且公司负责人愿意将股份出售给其他利益集团,这些都表明了他们缺乏担当。本来,最好的做法是在一开始就让中国人买下特许权,按照他们自己的意愿来处理。但是,罗斯福虽承认自己不了解铁路项目,却对事情进行了不必要的干预,还使之变成美国的声望问题,把水给搅浑了。无可否认,罗斯福的主要顾问都反对出售(当然,除了鲁特)。但是,比起放弃特许权,导致美国在中国声望受损的更可能是美华合兴公司的不作为。

在比利时国王求助之前,罗斯福对这件事一直没有表现出什么兴趣。显然,利奥波德是代表买入该公司股权的比利时人发出求助,他们希望挽回自己的投资。罗斯福要么是没有意识到这一点,要么是选择了置之不理。当大多数顾问表示担心失去特许权

---

① Roosevelt to Reid, September 16, 1905, *Roosevelt Letters*, vol. 5, pp. 29-30.

会损害美国的利益时,他才采取行动。罗斯福把这场争端变成了美国的声望问题,忽视了这家公司在中国的不良表现以及其投资者希望退出的明显事实。正如比尔(Beale)所言,罗斯福在实际过程中"乞求企业帮助维护国家的威信",是对"金元外交"①的反向实施。② 罗斯福试图守住铁路特许权的举措是在向中国人表明,美国纵容美华合兴公司的越轨行为和违约行为。他不但没有维护美国的声望,反而造成了更大的伤害。罗斯福等人似乎没有想到,比起违背承诺最终损害美国的在华形象,不在中国拥有特许权或许更好。顽固的自尊、傲慢的态度和某种程度的无知,加上他意识不到或拒绝承认中国日益增长的民族精神,种种因素导致他决定卷入这场争端并采取了上述措施。正如艾米莉·罗森伯格(Emily Rosenberg)所说,当罗斯福觉得事情已经上升到危及国家荣誉时,他愿意去维护经济利益。③

罗斯福对抵制运动的反应也大致如此。他并没有去安抚中国人受伤的情绪,也没有努力寻求外交方式解决问题。相反,他不断向北京施压,要求其阻止抵制运动,最后甚至以军事干预相威胁,迫使中国就范。美国的强硬对策可能在某种程度上源于罗斯福对铁路特许权事件愈发增长的怒火,但同时也反映了罗斯福及其同僚的看法:中国就是得一直逼着才会做(美国标准下)正确的事情,动用武力永远比示弱更可取。

麦基(McKee)认为,罗斯福所做的军事准备主要是防御性

---

① 译者注:鼓励和保护资本投资和海外商业及财经活动的对外政策。
② Beale, *Rise of America*, p. 211.
③ Emily Rosenberg, *Spreading the American Dream: American Economic and Cultural Expansion, 1890-1945* (New York: Hill and Wang, 1982), p. 58.

的,是为了保护美国人,防止第二次义和团运动的发生。① 这种观点有一定的道理。罗斯福等人真正担心的是,抵制运动可能会演变成一场引发暴乱的全面排外运动。连州的命案以及其他事件必然加深了这种担心。因此,罗斯福自然要在中国做好最坏的打算。就这一点而言,他的做法是对的。

然而,上述评价没有注意到,他的行为是典型的罗斯福式做法。作为一个务实的人,面对这种情况,罗斯福通常会准备多种应对措施。他下令做好军事准备,是为了让自己有选择的余地。一旦外交手段没能遏止抵制运动,美国也不至于手足无措。从这个角度说,罗斯福只是忠于自己最喜欢的行事方式,也就是现在已经老生常谈的那句名言——"温言在口,大棒在手。"②后来,在美国的移民问题引发与日本的危机时,罗斯福也采取了类似的措施。他下令增强海军建设,最后还派遣美国舰队进行了一次著名的世界巡航。罗斯福并不只是满足于手持大棒;只要他认为有必要,同时确定对方不可能向他回击时,他就会气势汹汹地挥舞起来。在这件事上,他的强硬措施没有考虑到中国人的感受,而且可能激起了更多的不满。

对于罗斯福在这些事件中的反应,比尔的解释可能是最贴切的。③ 罗斯福把中国出现的新情绪与导致义和团运动的情绪混为一谈,在应对时试图支持摇摇欲坠的当权者,又执意要求他们维持国内的秩序。为了维持秩序,支持清政府,美国还与其他列强进行了合作。由于罗斯福固执于自己的观点,始终认为中国人落后或低人一等,因此他不能很好地跟中国人打交道。更重要的

---

① McKee, *Chinese Exclusion*, p. 10.
② 译者注:史称"巨棒外交",这句话源于罗斯福喜欢的一句南非谚语。
③ Beale, *Rise of America*, pp. 249-52.

是,也许他并没有明白,中国人可能厌恶他的态度。在罗斯福的眼中,中国人的爱国只是一种需要纠正的错误行为。抵制运动爆发后,罗斯福只想大力镇压,而没有试图解决最初引起中国人反感美国的根本性问题。持续向清政府施压,只是突显出朝廷的愈发无能。美国的政策之所以失败,是因为没有真正了解中国国内正在发生的事情,所以也就没办法有效地解决当地的情况。因为当时掌权的人是罗斯福,做出重大决策的也是他,所以必须由他来承担责任。

最后,还有抵制运动损害美国贸易的问题。抵制运动是否严重损害了美国的商业呢?答案似乎是否定的。1904年和1905年,美国的贸易额增长了250%以上,市场占有率也翻了一番。不过,1905年年底到1906年间,美国贸易出现了下滑。抵制运动是一个因素,但还有其他原因,比如中国的铸币生产过剩、上海的投机热潮结束、同年年底发生水灾以及日俄战争结束等。① 抵制运动的真正意义在于,在中国走向现代国家的过程中,它是极其重要的一步。

罗斯福本人也开始意识到这一点。国务卿鲁特对伍廷芳的任命持保留意见,因为伍廷芳曾积极地为抵制运动奔走。罗斯福也同意伍廷芳是个"又老又坏的中国佬",但他承认"因为我们对中国人的傲慢无礼,他们才不时想要进行报复。无论哪个中国佬有这种想法,我都不能反对"。② 1908年11月底,罗斯福为《展望》(The Outlook)③杂志写了一篇文章,题为"中国的觉醒"。在

---

① C. F. Remer, *A Study of Chinese Boycotts* (Baltimore: The Johns Hopkins Press, 1933), pp. 35–39.
② Roosevelt to Root, September 26, 1907, *Roosevelt Letters*, vol. 5, p. 809.
③ 译者注:1870—1935年在纽约出版的周刊。

这篇文章中,罗斯福提到了他听到的两次布道。圣公会和长老会传教士在布道中呼吁人们更加关注中国的基督教教育。罗斯福赞扬了在中国的新教和天主教传教士们为人道主义事业所做的贡献,也提到传教士们察觉出了"中国人对西方的思想和工作日益增长的兴趣"。① 于是,罗斯福在文章中宣告,"中国正在觉醒"。

> 他们与外国人的接触越来越多,对外贸易日益增长,越来越广泛地使用现代通讯和运输方式。他们也在引进解放劳动力的设备方面取得了一些进展,工业化进程也随之而来……传教士们正在开展许多令人钦佩的传教工作、教育工作和医疗工作……这些教会学校鼓励和帮助最优秀的中国人全力抗击鸦片和类似的恶习,反对政治腐败,并鼓励他们为提高国家的道德标准而勇敢奋斗。②

罗斯福接着说:

> 中国的觉醒是我们这个时代的大事之一。不管所谓的"黄祸"是什么,解决它的方式都不是去压迫中国人,而是要教化和引导他们。在美国,我们相信,要解决国民的不满不是靠镇压,而是靠公平和教育。同样地,为了避免可能由伟大的中国人民引起的危险,不管是商业危险或是军事危险,最好的办法就是公平正直地对待他们,努力让他们过上公平正直的生活……在我看来,如今没有任何地方比中国有更好的机会开展这项工作,我殷切地希望我们能吸引广大公众的

---

① Theodore Roosevelt, "The Awakening of China," *The Outlook* 90, no. 13 (November 28, 1908): 665.
② Ibid., pp. 665–66.

注意,让所谓的传教界以外的人既发现这项工作的重要性,又都能看到其中的可能性和可行性……现在是西方国家将其理想典范植入东方的时候了,我们要通过这种方式尽可能避免两个截然不同、怀有敌意的文明在未来发生可怕的冲突;如果等到明天,我们可能会发现等得太久了。①

值得注意的是,罗斯福在呼吁中提到,在中国植入西方典范是为了避免东西方"未来发生冲突",这既反映了西方的"黄祸"恐慌,也反映了后来的"文明冲突论"。

尽管罗斯福为一个觉醒的中国喝彩,但很显然,他依然相信,一个现代化的中国必须来自西方的引导,美国即使不是领路人,至少也要发挥自己的作用。另外,正如科恩(Cohen)所说,即便支持中国的民族抱负,罗斯福也没有准备挑战日本在远东的利益。虽然他认为,一个强大的中国有利于国际社会,也有利于维持东亚乃至全球的力量均衡,但他并不准备"挑起那个重担,榨干美国的力量"。尽管他把美国的使命说得天花乱坠,但他并没有幻想实现"美式和平"(Pax Americana);他也没有救世主般的内在冲动,能驱使他为了中国而赌上美国的安全和利益。② 从日俄战争后罗斯福应对日本在华野心的方式,可以看出他对美国在中国的力量和利益边界是如何理解的。

---

① Theodore Roosevelt, "The Awakening of China," *The Outlook* 90, no. 13 (November 28, 1908): pp. 666 – 67.
② Cohen, *America's Response*, pp. 74 – 75.

第六章 "默默地坚定维护我们的立场，才是我们真正的政策……"①

《朴次茅斯和约》的签署结束了日俄战争。此后，中国进入转型的最后阶段。变革十分激进，但这一切注定会以失败告终。人们认为，日本击败了俄国，可见君主立宪制在改革过程中更有效。于是，清王朝很快就建立起西式政府部门，努力消除政府腐败现象，为女童建立国家教育体系，并且稳步推进建设现代化军队。到1909年，清朝面临着巨大压力，需要出台宪法并批准咨议局选举。一系列的改革费用高昂，由此增加的税收也让国人日益反对满人的统治。社会动乱也不断加剧，到1911年底，那场最终推翻清政府的革命已然在进行当中。②

与此同时，美国在东亚最重要的外交问题之一就是日本未来在"满洲"的活动走向。③ 日俄战争最终让日本夺回了在中日甲午战争后被迫放弃的"满洲"南部的势力范围。经罗斯福从中斡旋，《朴次茅斯和约》的条款规定，日本获得南满铁路（South Manchuria Railway）以及俄国在"满洲"南部的租借地，尤其是旅

---

① 转引自 Philip C. Jessup, *Elihu Root*, 2 volumes (New York: Dodd, Mead and Co., 1938), vol. 2, pp. 52 - 53.

② Elleman and Paine, *Modern China*, pp. 224 - 34; 徐中约, *The Rise of Modern China*, pp. 412 - 17.

③ Paul A Varg, *The Making of a Myth: The United States and China, 1897 - 1912* (EastLansing: Michigan State University Press, 1968), p. 139.

第六章 "默默地坚定维护我们的立场,才是我们真正的政策……"

顺口海军基地(旅顺港)和大连港所在的辽东半岛的租借权。①随后,在 1905 年 12 月 22 日,日本又与中国签署了一份条约,确保中国承认俄国向日本转让权利。与此同时,中国还向日本转让了一定的伐木权,允许日本把朝鲜半岛的铁路连接到南满铁路,并且承诺不会另建铁路与之竞争。② 日本从中获得了巨大利益,甚至有人预计,日本将控制该地区的资本投放。然而,日本并没有像德国在山东半岛那样拥有"完美"的势力范围。德国在山东有投资的排他权,而日本在"满洲"南部则没有这样的权利。③ 尽管《朴次茅斯和约》明文规定要支持门户开放政策,但日本军队在"满洲"的活动还是给当地的贸易和中国的主权造成了威胁。

日本军方毫不在意其他国家在"满洲"的商业野心。日军领导人拒绝向外国人开放"满洲"腹地,并且明确向东京提出不希望"满洲"存在外国利益集团。美国驻日临时代办弗朗西斯·亨廷顿-威尔逊(Francis Huntington-Wilson)在快信里阐明了美国面临的困境。威尔逊向国务院报告称,日军领导人并不支持"满洲"地区的"门户开放",他们担心这样会引起"复仇战",希望能自由支配"满洲"。外国人在"满洲"就算不被当作间谍,也会被视为入侵者。包括"支持门户开放原则"在内的官方政策也完全不受重视。此外,威尔逊还说,日军并不认为"满洲"的"外国既得利益"——主要是英美的利益——"能保护其不受北方侵略"。他还

---

① Jessup, *Elihu Root*, vol. 2, p. 7; Raymond A. Esthus, *Theodore Roosevelt and the International Rivalries* (Waltham: Ginn-Blaisdell, 1970), p. 136.
② *Foreign Relations*, 1906, vol. 2, pp. 996 - 99; Rockhill to Root, December 22, 1905, December 28, 1905, *Despatches: China*.
③ Esthus, *International Rivalries*, p. 136.

谈到了军人在日本的巨大影响力。他说,哪怕整个政府都赞成日本维护门户开放原则,军人也有能力按照自己的意愿改变政府的态度。① 在后来的一份报告中,威尔逊称:"毫无疑问,是日本军事部门的妨碍导致了目前的状况。"②

显然,日本人认为,是他们征服了"满洲"。达成和约不久,美国驻牛庄总领事托马斯·萨蒙斯就寄回了一份《满洲日报》(Manchuria Daily Report)的社论。用美国人的话说,《满洲日报》是"一份半官方的日本刊物"。这篇社论称"日本用鲜血和金钱以高昂的价格买下了满洲"。恢复亚洲势力均衡以及防止中国解体都是日本的功劳。"满洲属于日本,是日本的正当权益……这世上哪个公正的人能质疑日本对满洲的合法所有权呢?"③

还有其他迹象表明日本人不奉行门户开放政策。柔克义指出,日本商人可以自由进入"满洲",而其他国家的商人则被拒之门外。他以为,美国驻奉天总领事的回归或许有助于解决问题。④ 1906年2月,英美烟草公司(British-American Tobacco Company)抱怨称,他们到达大连和奉天的货物税收和关税都被区别对待,而日本商品进入"满洲"则无需上缴税款。另外,只有日本人被允许进入战区,其他外国代理商则不允许进入日本人占领的领地范围。这一事实同样引起了不满。⑤

---

① Wilson to Root, March 15, 1906, U. S. Department of State, *Despatches from United States Ministers to Japan* (Washington, D. C.: National Archives), hereafter cited as *Despatches: Japan*.
② Wilson to Root, March 28, 1906, Ibid.; Rockhill to Root, January 18, 1906, *Despatches: China*.
③ Sammons to Rockhill, September 22, 1905, *CD: Newchwang*.
④ Rockhill to Root, January 18, 1906, *Despatches: China*.
⑤ Sammons to Rockhill, February 16, 1906, *CD: Newchwang*.

第六章 "默默地坚定维护我们的立场,才是我们真正的政策……"

由于日本不情愿开放"满洲"让其他国家获取商业利益,美国和英国都表达了关切,并敦促日本开放"满洲"。2月底,威尔逊得知美国商人不仅不得进入"满洲",还因为偏袒日本商人的歧视政策而深受其害。美国方面指示威尔逊,要将美国的忧虑告知日本人,并暗示违反门户开放政策可能是未经授权的下属所为,同时要求日本人调查此事。3月8日,威尔逊来到了当时兼任外相的日本首相西园寺面前,传达了美国的怨言。①

当月,美国紧接着发起了两场抗议活动。到3月30日,国务卿鲁特称,他担心中国将会发现自己只拥有名义上的领土主权,而当地的实质性优势已经被临时占有者据为己有。② 这段话显然达到了美国期望的效果。4月5日,威尔逊告知鲁特,日本已经决定在"满洲"奉行门户开放原则。他还报告称,自1906年6月1日起,"满洲"将完全对外国人开放。唯一的例外是在某些军事区和大连,尽管日本表示会尽快开放大连港,但开放时间还是会有所延迟。西园寺的回应在一周后给鲁特的正式照会中得到了确认。③日本人还声明:"帝国政府根本没想过要违反门户开放原则,也无意破坏他们用名誉担保的平等贸易机会来垄断满洲的贸易。"④尽管西园寺给出了承诺,身在"满洲"的美国人依然忧心忡忡。⑤

内外的压力使得日本最终做出了这一决定。包括西园寺和加藤在内的数位政治家都主张严格遵守平等贸易机会的原则。⑥

---

① *Foreign Relations*,1906,vol. 1,pp. 170 - 71.
② Ibid.,p. 177.
③ Ibid,pp. 176 - 80.
④ Ibid.,p. 181.
⑤ Rockhill to Root,May 30,1906,June 15,1906,*CD:Newchwang*.
⑥ Raymond A. Esthus,*Theodore Roosevelt and Japan*(Seattle:University of WashingtonPress,1966),p. 121.

日本的主流媒介也支持该政策。被威尔逊称为"或许是日本最重要的独立报纸"的《时事新报》(*Jiji Shimpo*)强调,日本政府有责任在"满洲"贯彻平等贸易机会的原则。该报纸还呼吁日英美三方采取统一政策,维护中国领土完整和门户开放原则。①

6月1日,日本宣布从"满洲"撤军完毕,并逐步将"满洲"南部的大部分地区归还中国管辖。但中国人并不着急接管,因为他们正设法在保有"满洲"控制权的同时,尽可能少地向日本人和俄国人交出租借地。中国与日俄的谈判直到1906年秋天才开始。尽管英美两国都强调了达成和解的重要性,谈判还是拖了很久。与俄国谈判的主要问题来自俄国的坚决主张。根据一份之前的条约,俄国坚称其货物应可自由进入"满洲"方圆一百里(约33英里)以内的区域。另一方面,日本则拒绝交出其军队在与俄国交战期间占领的大片土地。日本对"南满"地区的管辖直到1907年4月才正式结束,而中国与俄国则是直到当年7月才达成和解。②

整个1907年,美国官方对"满洲"的关注极少。除了使馆和领事馆就该地区重新开放对外贸易定期撰写报告以外,美国几乎没有关注过这个地区。③ 其他信件讨论的则是税收和关税问题、海关法规问题、日本设法向中国出售铁路线以及日本仍试图统治

---

① *Foreign Relations*, 1906, vol. 1, pp. 175 – 76.
② Varg, *Making of a Myth*, pp. 142 – 46; Esthus, *Roosevelt and Japan*, p. 125; Rockhill to Root, January 10, 1906, January 18, 1906, June 29, 1906; Bacon to Rockhill, August 11, 1906; Rockhill to Root, August 16, 1906; Adee to Rockhill, August 29, 1906, August 31, 1906, September 20, 1906; Root to Rockhill, October 4, 1906; Rockhill to Root, October 6, 1906, December 18, 1906, February 1, 1907, March 29, 1907, May 17, 1907; Root to Rockhill, May 27, 1907, June 5, 1907, June 11, 1907, *Despatches: China*.
③ *Foreign Relations*, 1907, vol. 1, pp. 130 – 40.

第六章 "默默地坚定维护我们的立场,才是我们真正的政策……"

"满洲"市场的问题。① 日本试图在安奉铁路两侧经营矿山,这引起了美国的抗议,就像1902至1903年抗议俄国垄断矿业一样。美国和之前一样,相信中国不会签署任何危害其领土完整或损害其他国家在中华帝国任何地区之合法利益的协议。此次中国与日本达成采矿协议令美国感到担忧,因为这会造成垄断,违反了《朴次茅斯和约》的规定以及中国对其他国家的义务。美国的贸易会因此受到限制,并且担心其他国家会提出类似的要求。日本的要求被认为是背叛了其对美国做出的门户开放承诺。② 但总的来说,罗斯福和美国政府在1907年更关注日本的移民危机。总统把"满洲"问题留给了国务卿伊莱休·鲁特来处理。

如果说美国在1907年极少关注"满洲"的话,那么日本则绝非如此。在这一年里,日本与法国和俄国分别就"满洲"地区的问题达成协议。两份协议都秉持中国完整和独立的原则以及平等的贸易机会原则,但更重要的是,每个国家在中国的特殊利益都得到承认。这两份协议都增强了日本在"满洲"的地位,这胜过日本通过与中国达成条约能获得的任何经济权利。在此关头,美国很乐意作壁上观,因为日本人的做法为其与中国人之间旷日持久的冲突埋下了伏笔。面对日本对"南满"地区不断增强的兴趣,中

---

① Rockhill to Root, January 12, 1907; Bacon to Rockhill, February 8, 1907; Rockhill to Root, March 22, 1907; Root to Rockhill, April 5, 1907; Rockhill to Root, April 22, 1907; Rootto Rockhill, April 29, 1907; Rockhill to Root, May 31, 1907, June 6, 1907, August 8, 1907, *Despatches: China*; Sammons to State Department, January 31, 1907; Paddock to State Department, March 21, 1907; Rockhill to Root, May 31, 1907; O'Brien to State Department, December 12, 1907, U. S. Department of State, *Numerical Files of the Department of State* (Washington D. C.: National Archives), microfilm reels, 311, 501, 571, and 328, hereafter cited as *NF*.
② State Department memorandum from the Division of Far Eastern Affairs, December 24, 1907, *NF*: reel 571.

199

国人急切地想尽可能维护其主权和行政主体地位。①

1908年2月,美国卷入了关于俄国在"满洲"北部铁路区管辖权的争端。俄国试图获得哈尔滨市的市政主权,由此引发的争

伊莱休·鲁特
来源:美国国会图书馆印刷品与图片部,华盛顿,1902年

① *Foreign Relations*, 1907, vol. 2, pp. 754 – 57; C. Walter Young, Japan's Special Positionin Manchuria(Baltimore: The Johns Hopkins Press, 1931), pp. 125 – 26; O. Edmund Clubb, *China and Russia*, *The "Great Game"* (New York: Columbia University Press, 1971), p. 145; Esthus, *International Rivalries*, pp. 136 – 37.

端一直持续到塔夫脱政府时期。通过宣称拥有铁路区的专有行政权,俄国直接破坏了中国在"满洲"的主权。①

这件麻烦事要从俄国的抱怨开始说起。俄国称美国驻哈尔滨领事弗雷德·费希尔(Fred D. Fisher)对中国抗议俄国接管哈尔滨政府的行动给予了支持。在信中,俄国叫美国不要"多管闲事"②。直到4月份,美国才回信答复。在长信中,鲁特重申美国在中国主权方面的立场,并提醒俄国在《朴次茅斯和约》和其他协议中已经接受了维护中国领土完整的门户开放原则。鲁特还对费希尔的行为表示支持,并提议美国和俄国共同努力维护中国主权完整。③

6月份,俄国的第二封抗议信送达华盛顿,指控费希尔的观点和行动与美国国务院的态度不符。鲁特在7月份做出回应,承诺就俄国的指控展开调查。然而,直到12月下旬,这位国务卿才告知圣彼得堡,美国已经"对费希尔先生在有关问题上的态度进行了彻底的分析"。调查得出的结论是,费希尔领事的观点和行动"完全符合本届政府的观点"。鲁特再次敦促俄国维护中国主权完整和门户开放原则。④

鲁特担心日本也可能对"南满"提出类似的要求。因此,他在努力阻止俄国得逞的同时,又与日本大使高平小五郎男爵会晤了几次,以确认日本可能采取的行动。日本政府没有提出与俄国类似的要求,而是选择在其铁路区主张模糊的"警察权"。⑤ "哈尔

---

① *Foreign Relations*,1910,p. 202;Esthus,*International Rivalries*,p. 142.
② *Foreign Relations*,1910,p. 202.
③ Ibid.,pp. 203 – 5.
④ Ibid.,pp. 205 – 8.
⑤ Esthus,*Roosevelt and Japan*,p. 270.

滨问题"最终在1909年5月俄中达成的一项协议中才得到解决。①

1908年期间,美国还努力向中日两国表示友好。在抵制美货运动、移民问题以及美华合兴公司事件造成中美两国关系紧张之后,美国试图向中国表达真诚的好意,将大部分庚子赔款退还中国。美国是第一个向中国退还庚子赔款的收款国。虽然美国只分得了7%的赔款,并不是主要债权国,但其退还赔款的决定是史无前例的。中国当时面临着重大的财务难题,急切希望能尽可能多地收回赔款。柔克义牵头当时在中国的谈判,他也是赞成将这笔资金用于中国学生留美教育的人之一。然而,与中国的谈判并不容易。1905年的抵制美货运动、铁路问题和移民问题都导致双方关系紧张,让赔款问题的处理困难重重,谈判也陷入僵局。中国努力煽动公众舆论支持退还赔款,这只会让与美国达成协议变得更加困难。最终,在1907年,新任驻美公使伍廷芳说服了罗斯福。在罗斯福以及包括美国传教士、教育家明恩溥(Arthur Smith)和伊利诺伊大学校长埃德温·詹姆斯(Edwin James)在内的其他人的支持下,鲁特提议中国可以利用这笔资金将学生送到美国深造。罗斯福表示赞同,并请国会授权退还部分赔款,以帮助中国人适应他们面临的新环境。经过激烈的讨论,国会通过提议,并于1908年敲定了最终协议。协议内容显示,美国支持中国按计划支付赔款,这些资金将用于教育。1908年7月,中国签署协议,宣布将每年派遣一百名中国学生赴美留学,直

---

① *Foreign Relations*, 1910, p. 209; Rockhill to Root, January 31, 1908, February 14, 1908; Bacon to Rockhill, April 15, 1908; Root to Rockhill, April 23, 1908; Bacon to Rockhill, July 2, 1908, July 7, 1908; Root to Rockhill, December 29, 1908, *Despatches: China*.

第六章 "默默地坚定维护我们的立场,才是我们真正的政策……"

到总数达到四百名。1911年,留美预备学校清华学堂建成,也就是如今的清华大学。①

然而,正如亨特(Hunt)所言,这份协议比较令中国人失望,因为他们更愿意以他们自己认为合适的方式来使用这笔资金。中国无力反抗美国的坚决要求,最终只能被迫屈服,将资金用在教育上。对美国迅速退还资金的渴望和自由支配这笔退款的愿望本身就是相互矛盾的,因此当美国表示资金要用于教育时,中国人根本招架不住。也就是说,除非在美国的要求面前低头,否则他们有可能永远都无法获得退还的赔款。罗斯福政府利用了自己在谈判中的主导地位来达到这一目的。因此,与其说用美国退还的庚子赔款来向中国学生提供赴美留学的机会是美国的慷慨之举,不如说这是美强中弱的结果。②

美国与日本也缔结了两项协议。第一项是仲裁条约,第二项则通常被称为《鲁特—高平协定》。后者是两国政府于1908年11月30日交换的公文。协定中,两国承诺尊重彼此在太平洋地区的权益,并支持中国的独立和完整。③ 在某些方面,该协定与前一年缔结的法日协定和俄日协定非常相似。④

---

① Jenks to Roosevelt, August 10, 1905; Mathews to Roosevelt, September 22, 1905, *Roosevelt Mss.*; *Foreign Relations*, 1907, pp. lxvii – lxviii; Michael H. Hunt, "The American Remission of the Boxer Indemnity: A Reappraisal," *The Journal of Asian Studies* 31, no. 3(May 1972): 539 – 59; Frank H. H. King, "The Boxer Indemnity—'Nothing but Bad'" *Modern Asian Studies* 40, no. 3(July 2006): 678 – 79; William H. Harbaugh, *The Life and Times of Theodore Roosevelt*. Revised edition(New York: Oxford University Press, 1975), p. 302; Jessup, Root, vol. 1, pp. 385 – 88.
② Hunt, "The American Remission of the Boxer Indemnity," p. 541.
③ *Foreign Relations*, 1908, p. 511.
④ Thomas A. Bailey, in "The Root-Takahira Agreement of 1908," *Pacific Historical Review*(March 1940): 24 – 25. 这篇文章指出,这种相似不仅表现在上述这两个协定,还体现在1905年英日同盟(1902年同盟条约的延续)的序文。

庚子赔款的退还鼓励了一些(如果不是全部的话)中国官员，让他们认为有可能与美国开展更加紧密的合作，解除日本在"满洲"的威胁。他们有理由相信，美国政府正向中国表现出真正无私的友谊，并且可能会被说服向中国提供援助，让中国有机会抵抗进一步的侵略。①

日俄战争结束后，中国的政策开始集中在美国这个中国独立的主要捍卫者身上。大国的商业利益已经靠不住，因为日本当时已经严重威胁到了"满洲"的门户开放。此外，日本与英国联盟，这使得英国没办法反对日本违背门户开放的任何行为。尽管英美两国有机会在"满洲"的十几个城市经营业务，并且有高度发达的铁路网络进行贸易，他们还是没能充分获取在"满洲"的商业利益来抵消日本和俄国的影响力。这也进一步恶化了局势。为了在"满洲"与日本和俄国抗衡，中国开始实施一项计划，内容包括扩大政治管辖权、鼓励拓殖和促进工商业，并指望用退还的庚子赔款来支持这项计划。实施计划的关键之处在于建设由中国控制的铁路，以便更轻松地保卫"满洲"，削弱俄国和日本的影响力，促进工商业的发展。要为这项大胆的计划筹集资金，并获得冲击"满洲"现有势力的外交支持，中国需要一个大国作为合作伙伴，美国便是那个不二之选。②

在慈禧太后的重臣袁世凯的领导下，中国采取了双重手段。他们首先向美国铁路大亨哈里曼提供了建设从"满洲"南部到俄国边境的铁路的机会。尽管哈里曼一开始很感兴趣，但1907年美国经济衰退，他不得不拒绝这个机会。与英国金融家的接洽也

---

① F. M. Huntington-Wilson, *Memoirs of an Ex-Diplomat* (Boston: Houghton Mifflin Co., 1945), p. 168.
② Hunt, *Special Relationship*, p. 204.

第六章 "默默地坚定维护我们的立场,才是我们真正的政策……"

失败后,中国人再次转战美国政府。奉天巡抚唐绍仪被派往北京,寻求皇室和柔克义的支持。曾在美国留学的唐绍仪积极地争取罗斯福的支持,帮助中国阻止日本在"满洲"的野心。他与袁世凯等人一同努力说服美国政府和商业利益集团在奉天投资铁路建设,以此打击日本在当地的扩张目标。① 美国驻奉天总领事司戴德(Willard Straight)作为传播信息的渠道,让塔夫脱在1907年的远东之行中得知了中方的最新计划。华尔街的许多金融家也得到了消息。② 然而,塔夫脱从亚洲返回,复职陆军部长后,并没有将该计划告知国务院和白宫。③

与此同时,慈禧太后和袁世凯开始着手改善与美国的关系。他们提出了一项中美仲裁条约,热烈欢迎美国访华舰队,并发起了中美同盟的公开活动。他们让美国商人知道"满洲"有哪些机会等待着他们,同时宣扬,中美结盟是保护两国商业利益不受日本破坏的手段。此时就差得到华盛顿和美国金融利益集团的支持了。④

于是,唐绍仪离开中国前往华盛顿。此行表面上是感谢美国退还赔款,其实是去向美国为"满洲"的一家银行借贷。这家银行将为增强中国实力的项目提供资金。唐绍仪得到了司戴德的支持。司戴德坚决反对日本在"满洲"扩张,也反对罗斯福在"满洲"的政策。他认为,日本之前接管朝鲜完全是一种侵略行为(日本"保护国"成立时,他曾任职于汉城的美国公使馆)。他已经接受任命前往奉天,增强美国在中国的影响力,以防日本在"满洲"故

---

① Sutter, *U. S. -Chinese Relations*, p. 30.
② Hunt, *Special Relationship*, p. 205.
③ Hunt, "The American Remission of the Boxer Indemnity," pp. 552-53.
④ Hunt, *Special Relationship*, p. 205.

司戴德
来源:威拉德·迪克曼·司戴德文件,加州州立理工大学波莫纳分校,加利福尼亚州

伎重施。①

　　1905年司戴德在朝鲜时就见过哈里曼。那时哈里曼正在远东旅行,想寻找增进美国贸易机会和美国影响力的方法。哈里曼

---

① Herbert Croly, *Willard Straight* (New York: The Macmillan Company, 1924), p. 268; Walter LaFeber, *The Clash : U. S. -Japanese Relations throughout History* (New York: W. W. Norton & Company, 1997), p. 86.

第六章 "默默地坚定维护我们的立场,才是我们真正的政策……"

还想创建一条环球运输路线,由美国控制,途经日本、西伯利亚、俄国欧洲部分以及大西洋。他的目标是联合世界上四个人口最多的国家,让美国在东方处于主导地位。路线如果建成,美国将能够满足欧亚最不发达地区数亿人的需求,并在一定程度上促进他们的商业活动。①

哈里曼计划首先向俄国购买中东铁路,然后获得从北"满洲"到波罗的海海岸、跨西伯利亚和俄国欧洲部分的政府公路的交通运输和货运权。从波罗的海的终点站再通过蒸汽船队横跨大西洋,连接到美国。② 在日本的时候,哈里曼就已经与日本政府达成了购买南满铁路的协议。但是,日本代表团带着和约从朴次茅斯返回后,这项协议便落空了。日本代表团团长小村寿太郎男爵反对此项交易,因为违反了和约第六条。而且,日本人若将其用鲜血夺来的商业市场开放给外国竞争者,拱手让出他们在近两年的战争中赢来的一切,也太愚蠢了。③ 虽然无法执行计划,哈里曼还是通过司戴德发来的报告密切关注着远东地区的铁路事务。1908年夏天,哈里曼劝说鲁特召回司戴德,让美国商人与他共同讨论为中国提供贷款的权宜之计,这些款项将用于"满洲"的农业发展和铁路建设。司戴德带着一份协议书到达华盛顿。其中提到,美国提供一笔2000万美元的银行贷款,用于在"满洲"建立银行。该银行将与美国和中国的利益相关方合作,在"满洲"建设一条新的铁路线。④

---

① George Kennan, *E. H. Harriman: A Biography*, 2 volumes (Boston: Houghton Mifflin Company, 1922), vol. 2, pp. 1 - 2.
② Ibid., p. 3.
③ Ibid., pp. 15 - 19.
④ Ibid., pp. 26 - 27; Croly, *Straight*, pp. 269 - 70; Huntington-Wilson, Memoirs, p. 168.

唐绍仪和司戴德的计划并没有实现。中国人想将退还的庚子赔款用于建设银行的项目,这让柔克义很是惊讶。柔克义敦促中国人签署协议,同意将这笔钱用于中国学生的留美教育,还威胁称,要是不尽快达成协议,就会延期退款。最终,他成功让协议达成。另一方面,柔克义也采取行动,打消一切想要贷款给中国开设银行的念头。柔克义提醒国务院,唐绍仪正前往美国进行贷款谈判,但美国不应该允许中国人破坏对他们有好处的教育计划。1908年11月30日,唐绍仪到达华盛顿,发现美国国务院完全没有兴趣讨论贷款的提议。由于无法与鲁特会面,唐绍仪于1909年初便离开美国,前往欧洲。①

此外,光绪帝和慈禧太后于1908年11月去世。慈禧太后的去世严重削弱了唐绍仪的主要支持者袁世凯的地位。新的摄政王免去了袁世凯的职务,使得失去支持的唐绍仪更加失望,只得就此作罢。②《鲁特—高平协定》是对唐绍仪的又一沉重打击。讽刺的是,这份协定就是在唐绍仪到达华盛顿的那天签署的。协定的签订将美国拉进了日本与法俄英三国达成的协议网中,同时孤立了中国,进一步破坏了中国的计划。③ 如果以一定的方式解读协议中含义不明的条款,就可以看出,美国实际上认可了日本在"满洲"的地位。

美国既要应对日本在"满洲"的扩张,还要在1905至1909年

---

① Hunt, "The American Remission of the Boxer Indemnity," pp. 554 – 55.
② Kennan, *Harriman*, pp. 26 – 27; Huntington-Wilson, Memoirs, p. 168, Hunt, *Special Relationship*, pp. 207 – 8.
③ Bailey, "The Root-Takahira Agreement," pp. 28 – 29, 24; Huntington-Wilson, *Memoirs*, pp. 168 – 69; Akira Iriye, *Pacific Estrangement: Japanese and American Expansion*, 1897 – 1911(Cambridge: Harvard University Press, 1972), p. 206; Hunt, *Special Relationship*, p. 207.

第六章 "默默地坚定维护我们的立场,才是我们真正的政策……"

之间维护门户开放原则,两难的罗斯福政府持续应对着各种事件,迟迟不愿采取坚定的立场。在外交照会中,无论是重申美国对于门户开放的立场,还是抗议他国违反门户开放政策,罗斯福政府始终保持着友好的姿态。对美国来说,比起冒险与日本发生公开的冲突,劝导其他大国维护中国的门户开放原则是更加安全的做法,尤其是美国在"满洲"没有重大商业利益的情况下。1899年和1900年海约翰的外交照会就宣告了现在人们所熟悉的"门户开放"原则。尽管其他国家有时不愿承认,并且倾向于在方便的时候才奉行这些原则,他们当时还是表示了赞成。当这些国家违反门户开放原则从而让中国的主权受到威胁时,美国能给予中国的支持主要就是持续的抗议,尽管它其实可以提供更广泛的支持。然而,已有研究指出,美国在中国缺乏强大的军事力量、美国公众的漠不关心以及门户开放政策本身的局限性,这些都是美国无法或不愿全力帮助中国走出困境的因素。

美国不肯尽力的另一个原因可能是它在中国一直没有可观的商业利益。这里并不是说美国在中国不存在商业利益,只是利益并不大。1900年,美国对中国的出口额接近1530万美元,占当年美国出口总额的1.1%。1905年,美国对中国的出口额跃升至约5350万美元,但这也仅占美国出口总额的3.5%。三年后,这一数字下降到2230万美元,仅占美国出口总额的1.2%。此外,1908年,中国从美国进口的商品仅占其进口商品总额的10.5%。[①] 一般来说,美国对中国的进口要大于出口,但1900年美国从中国进

[①] U. S. Department of Commerce, *Statistical Abstract of the United States*, 1905 (Washington, D. C.: Government Printing Office, 1905), pp. 216, 154; Ibid., *Statistical Abstract of the United States*, *1909* (Washington, D. C.: Government Printing Office, 1909), pp. 370, 336, 769, hereafter cited as *Statistical Abstract*.

口的商品仅占进口总额的 3.2％,1905 年占 2.5％,1908 年占 2.2％。① 1905 年,美国对中国的出口额大幅增长,表明美国预计日俄战争结束后,中国会开放更多港口。然而,战争结束后,人们对外国商品的需求减少,反而导致贸易下滑。平民百姓受战争影响变得一贫如洗,对日本的撤军情况也无法确定,因此无法填补需求空缺。结果,过度乐观的公司库存积压。另外,战争导致的金融环境和运输的不稳定性也中断了贸易。美国商人还要接受来自日本商人的竞争。日本人享受政府补贴,劳动力廉价,同时熟悉"满洲"市场,地理位置也接近,这些优势让日本商人能够以比美国商人更便宜的价格出售商品。②

美国对"满洲"的出口额也说明了"满洲"缺乏美国企业。美国出口额在 1905 年到达顶峰,然后下降。1903 年,美国商品约占从牛庄港进入"满洲"的商品总量的 10％,但到 1905 年,即美国向亚洲出口"繁荣"的一年,美国商品占比增长到约 50％。1906 年和 1907 年,美国对"满洲"的商品销量下降,最终不到 1905 年销量的 10％。③ 美国在"满洲"也没有什么直接的贸易活动。1906 年,只有六家美国企业在"满洲"经营,其中四家在牛庄,另外两家则在辽宁省(原奉天)内地。美国公司通常在更南边的上海设立,很少会去"满洲"或在"满洲"成立分公司。上海的商人一般从美国购入商品,然后运送到"满洲",由英国、德国、中国

---

① U. S. Department of Commerce, *Statistical Abstract of the United States*, 1905 (Washington, D. C. : Government Printing Office, 1905), pp. 216, 154; Ibid., *Statistical Abstract of the United States*, 1909 (Washington, D. C. : Government Printing Office, 1909), pp. 370, 336, 769, hereafter cited as *Statistical Abstract*.
② Iriye, *Pacific Estrangement*, pp. 115, 190 - 91; Hunt, *Frontier Defense*, pp. 108 - 13.
③ Ibid., Sammons to Rockhill, February 21, 1906, *CD*; *Newchwang*.

和日本的代理商进行销售,因而也让美国制造的产品丧失了原本的身份标识。美国投资者也不愿意在"满洲"这种充满不确定性的地区进行投资。鲁特从 1905 年起担任国务卿,这或许也成了美国商人不愿意入局"满洲"的因素,因为鲁特不支持政府与在国外经营的公司建立紧密联系,也反对政府官员利用政治影响力帮助私人投资者签下合同。①

虽然缺乏美国企业,但这并不意味着美国人没有预料到中国巨大的市场潜力。据预测,"满洲"若对工商业完全开放,将会迎来"令中国和世界震惊的繁荣发展"。届时,美国的贸易将增长"百分之一千"。② 1905 年 6 月,罗斯福被告知"现在是扩大美国商品市场的极好机会"。③ 普遍的想法是,当各国都拖欠债务时,他们将争夺市场出售商品,以抵销债务。美国进入中国市场的经济动机正是基于这个观念。东亚赫然成为制造业商品的巨大潜在市场,对美国而言,控制东亚市场符合自己的最大利益。无法控制这一市场可能会导致中国最终瓦解,而在亚洲市场上占据主导地位则可能使美国坐拥世界上最大的财富和权力。罗斯福认为,最好的做法就是让通向亚洲的贸易之路保持畅通,并为了国家利益从根本上妥善管理。④

但总体而言,美国投资者对中国市场普遍不感兴趣,几乎没有什么投资意向。因此,美国在中国没有重大的经济利益,其对

---

① Hunt, *Frontier Defense*, p. 111; George E. Mowry, *The Era of Theodore Roosevelt and the Birth of Modern America*, *1900-1912* (New York: Harper and Row, 1958), p. 190.
② Miller to Squiers, March 19, 1903, *CD: Newchwang*.
③ Barrett to Roosevelt, June 17, 1905, *Roosevelt Mss*.
④ Beale, *Rise of America*, pp. 178-79; Shaw to Roosevelt, September 26, 1905, *Roosevelt Mss*.

华政策也始终有限,并且缺乏影响力。保罗·瓦格(Paul Varg)指出:"美国在中国没有充足的经济根基,不足以培育出强大的意志,因此它很难跳脱出旁观者的身份。"① 罗斯福政府的行动也充分证明了这一评价的准确性。

美国在东亚没有付出强有力的经济行动,这也使其不那么担心自己在"满洲"的安全问题。它一直用友好的态度对待在中国的各个大国,特别是日本。不过,这并不代表美国,尤其是罗斯福,会害怕他们。② 罗斯福在这一时期的信件表明,他真心尊重和钦佩日本,也特别欣赏日本向西式强国转型,但他并不恐惧日本。③ 而且,日本在中国拥有强大的地位不一定是件坏事。1905年6月,一份发给罗斯福的简报称:

> 如果……日本可以提高中国和朝鲜的购买力(这是发展的必要条件!),将其提升到日本的购买力水平,那他们几年后向我们购买的商品将会是现在的十倍之多。认为日本将完全统治中国,并将美国和其他所有国家排除在外……是愚蠢的想法……种种迹象表明,中国希望通过自己的努力保持自身领土完整和经济独立。④

柔克义也认为,日本不太可能完全控制中国:

> 日本会在自己能力范围内尽可能多地占领中国和俄国市场,这一点我毫不怀疑。日本有能力并且将会帮助中国成为一个更强大、更富有、更负责任的大国,这也是事实。但

---

① Varg, *Making of a Myth*, pp. 126 - 27.
② Ibid.
③ *Roosevelt Letters*, vol. 5, pp. 22, 135, 474 - 75, 528, 853; vol. 6, p. 1445; vol. 7, pp. 180 - 81, 189 - 91, 239.
④ Barrett to Roosevelt, June 17, 1905, *Roosevelt Mss*.

是,因为日本的做法而永久破坏东亚平衡的可能性很小。①罗斯福政府在1905年后就没有在"满洲"为中国提供更多支持,这表明以上的这些观点已经说服了罗斯福总统以及美国的决策者们。

那些在亚洲更为树大根深的国家则面临着复杂而紧迫的安全问题。俄国和日本在"满洲"依旧对立,英国则担心俄国可能会侵略印度。为了阻止这种可能性,英国与日本建立了联系。法国的利益主要在东南亚,在俄国也有大量投资,再加上它十分恐惧德国,便将对华政策放在了次要地位。这几个国家通过协议网络捆绑在一起,从而在各自的势力范围内自由攫取其利益。他们也形成了一个堡垒,让美国无法"有效挑战任何一个国家"。② 这里并不是指美国对太平洋和亚洲地区安全问题的合理关切不值得重视。美国夺取了夏威夷和菲律宾,成为殖民国家。如果日本要继续向南扩张,那么菲律宾就首当其冲。不过目前,日本的目标是确立其在亚洲大陆的地位。在罗斯福和他的一些顾问看来,这也让日本成为抗衡俄国的一股力量。日本在"满洲"的行为显然是对美国有好处的,因此,对美国来说,明智的做法是要求在"满洲"机会均等时谨言慎行,毕竟迄今为止,美国在"满洲"的商业表现充其量只能用马马虎虎来形容。

美国这一时期的外交政策也表明,它不太关注自身在远东的经济和安全问题。美国公众对中国的情绪并不怎么激烈,因为无论是从特殊利益集团还是从广泛的国家安全利益的角度看,美国都没有对亚洲、中国或"满洲"表现出任何能引起公众热情的重大

---

① Rockhill to Roosevelt, July 7, 1905, *Roosevelt Mss*.
② Varg, *Making of a Myth*, p.128.

关注。① 美国国务院只是偶尔表达对中国领土完整的尊重,申明平等商业机会的原则,公开赞许传教事业,仅此而已。②

《朴次茅斯条约》签署后,门户开放的意义实际上更加局限,甚至可能没什么意义了。亨廷顿-威尔逊离开了日本公使馆,在罗斯福总统任期的最后三年里担任其第三助理国务卿。他指出:"任何一个敏锐的外交政策研究者都会忍不住哀叹我们与远东的关系极度不现实……都不禁觉得[门户开放]是一个迷思。"③

门户开放可能在中国面临被瓜分的危险时更有意义。但在这一时期,中国几乎不太可能被割裂。此时,参与中国事务的国家对实际问题更感兴趣,如获得铁路合同和采矿权、推进其他经济事务等等。④ 欧洲资本家在政府的支持下带头促进了这些活动。不过,政府支持的基础是他们与其他国家的政治关系,没有哪个国家的政府愿意冒犯他们在中国的竞争对手或盟友。⑤ 基本上,每个国家在各自的势力范围内都享有中国授予的特定权益。虽然各国公开承认门户开放原则,⑥但没有一个国家愿意让步,让另一个国家损害自己势力范围内的特殊利益。因此,他们愿意签订支持门户开放的协议,但更重要的是,他们承诺互相尊重彼此在中国的"特殊利益"。面对这些协议,美国也束手无策,因为"门户"确实是"开放"的。正如"满洲"的情况那样,想进入中国也许只能硬闯,但门户开放的概念确实是生效的。因此,美国

---

① Varg, *Making of a Myth*, p. 128.
② Ibid.
③ Huntington-Wilson, *Memoirs*, p. 166.
④ Varg, *Making of a Myth*, p. 130.
⑤ Ibid.
⑥ 例如,1905 年续订的英日同盟以及 1907 年续订的日法、日俄协定中,都包含维护门户开放原则的条款。

第六章 "默默地坚定维护我们的立场,才是我们真正的政策……"

的政策可以归结为:让中国继续成为一个能维持自身地位的独立国家,同时发展出对中美双方都有利的经济关系。① 只要美国能有平等的机会获取商业利益,只要中国在表面上维持着独立,美国就不愿采取任何行动来挑战其他国家在中国的特权(不过,如果日本在"满洲"的利益更加重要,美国也可以放弃这里的平等商贸机会)。这样一来,门户开放的确不再是现实,而是一种幻象。它已经成为基于道德而非政治或实际考虑的政策。

对美国制定远东政策至关重要的,是罗斯福及其新任国务卿伊莱休·鲁特的态度。罗斯福的态度之前已经讨论过,那么现在必须关注一下鲁特的观点。

鲁特于1905年9月说:"外交的主要目的是不让国家招惹是非。"② 在担任国务卿的整个任期内,鲁特一直奉行着这样的外交原则。他的政策就只是承认日本和俄国在"满洲"的合法权利,避免抨击这些特权,同时抵制对这些权利的不合理解读,也不允许这些权利损害中国的主权。③ 鲁特怕中国有一天可能会被瓜分,认为如果这一旦发生,"将会对人类带来自罗马帝国灭亡以来最大的影响"。④ 他确实努力赢得并维持了与中国的友谊。他对庚子赔款溢出款项的处理方式也充分证明,他希望保持友好的中美关系,至少是美国标准之下的友好。

鲁特认为上一任国务卿海约翰在某种程度上影响了他。作为内阁成员和海约翰的朋友,鲁特参与讨论了"(美国的)大部分

---

① Varg, *Making of a Myth*, p. 130.
② 转引自 Richard W. Leopold, *Elihu Root and the Conservative Tradition* (Boston: Little, Brown and Company, 1954.), p. 50.
③ Esthus, *International Rivalries*, p. 145.
④ 转引自 Jessup, *Root*, vol. 1, p. 382.

外交问题以及海约翰先生担任国务卿期间的大部分重大事件……我从他那里学到了一些观念、解决问题的方法和精神"。①事实上,鲁特第一次接触中国事务是在1900年义和团运动期间海约翰生病的时候。当时担任陆军部长的鲁特承担了海约翰的职责。他帮忙制定美国的对华政策,由此第一次接触到了国际事务的决策和谋略。这位未来的国务卿当时对亚洲事务已有一定程度的了解,这将在未来几年里对他有所助益。② 鲁特也同意捍卫门户开放原则,但他意见的不同之处在于他愿意承认日本对朝鲜的统治权。这一点将在下一章中提到。

鲁特对俄国不屑一顾,但是对日本抱有很高的期望。他希望日本成为"东方的英格兰",采用立宪政体,不要有过度侵占领土的野心,并致力于促进世界上动荡地区的稳定和商业机会的平等。因此,鲁特同意重申1905年英日同盟条约,并且认为日本逐步吞并朝鲜的结局已经不可避免,甚至是一种理想的状况。③

如上所述,美国在中国缺乏强大的商业利益,这可能使其无法对日俄篡夺"满洲"主权的意图采取更强硬的政策。鲁特对美国商业利益的态度也充分验证了这一点。虽然鲁特维持着保护美国贸易的总体政策,但他对促进美国人在"满洲"的个人商业利益几乎不感兴趣。例如,他拒绝让美国向中国提供任何形式的国际财团贷款,因为"为了帮助银行家和商人而使政府陷入争议,是一个巨大的错误"。

> 我们的政体让政府能够提供足够的帮助到贸易中。但

---

① 转引自 Jessup, *Root*, vol. 1, p. 452.
② Ibid., p. 380, Leopold, *Root*, p. 60.
③ Ibid.

第六章 "默默地坚定维护我们的立场,才是我们真正的政策……"

这样可能会使贸易争端成为战争的直接原因。正是由于政府独立于贸易之外,商人才得以通过协商解决争议。①

在另一个场合,鲁特进一步阐述了他的看法。"虽然国务院正在积极参与……努力撬开并维护美国进入商业市场的大门……但我还是不太相信政府。"鲁特认为,"真正的功夫"必须得由美国商人来完成。"伟大的成就……是以一种真正的美国方式,也就是通过个体私营企业的联合来实现的。"②

在中国特使唐绍仪到达华盛顿寻求上述贷款时,鲁特写了一封信给司戴德,扑灭了让美国政府对"满洲"进行任何金融投资的希望:

> 关于贷款的谈判,无论是在美国还是在欧洲……国务院都不希望也无权在法律或道德范围内让美国承担任何贷款相关的义务。③

鲁特认为,最好是让司戴德"在明确的指示下行动"。④ 但是,鲁特并没有切断经济援助的所有可能性。他吩咐司戴德帮唐绍仪会见任何他需要会见的美国金融和商业代表,以便"完成任务"。无论唐绍仪希望找谁知晓美国的态度,司戴德都要向其展示鲁特的这封信。⑤

本质上,鲁特奉行的外交政策都是以条约和协议的法律解释为基础的,这也符合他的律师背景。因此,只要在条约规定的权利范围内,他就会捍卫俄国和日本的立场。但是,这两个国家都

---

① 转引自 Jessup, *Root*, vol. 2, p. 53.
② 转引自 Jessup, *Root*, vol. 2, p. 53.
③ Jessup, *Root*, vol. 2, p. 54.
④ Root to Roosevelt, December 18, 1908, *Root Mss*.
⑤ Jessup, *Root*, vol. 2, p. 54.

没有权利以任何方式篡夺中国在"满洲"的主权。反过来说,无论中国多么担心会失去"满洲",它都无权以任何方式干预给予日本和俄国的条约特权。鲁特还倾向于在友好、冷静和节制的气氛中进行外交,并且把《鲁特—高平协定》的缔结归功于这种外交政策。他指出:"使协议签订成为可能的友好态度并非由于单一事件,而是来自久而久之的一系列行为。"①

鲁特在哈尔滨问题上扮演的角色也许是他法律观念的最好例证。严格来说,他只是为美国和在"满洲"的其他商业大国辩护,反对俄国错误解读条约中的权利。虽然鲁特所持的立场是基于他对国际法的解释,但他赫然发现自己其实也在努力维护中国在"满洲"的主权。② 鲁特这样阐述美国的立场:

> 美国的立场是,我们既不打算放弃自己在中国的条约权利,也不承认在维护这些权利的同时就要放弃保持中国统一;在中国铁路公司的问题上,我们不受任何政府权力的约束。另一方面,我们不希望以傲慢的、咄咄逼人的或者不友好的态度主张权利,也不希望成为满洲的主角,担起与俄国激烈争论的责任。默默地坚定维护我们的立场,才是我们真正的政策,因为我们要维护的是门户开放未来的利益。没有任何眼前的利益可以让我们在默默地坚定维护自身立场的时候,表现出过分的激动。③

在捍卫中国主权时,鲁特能够赢得伦敦和柏林的支持,也能够阻止日本人提出类似的主权主张。然而,尽管他认为自己有责任维

---

① 转引自 Jessup, *Root*, vol. 2, p. 42.
② Esthus, *International Rivalries*, p. 142.
③ 转引自 Jessup, *Root*, vol. 2, pp. 52 - 53.

第六章 "默默地坚定维护我们的立场,才是我们真正的政策……"

护美国的权利,并且保护中国主权免受严重打击,但他仍然不愿意卷入"满洲"的争端。① 鲁特希望保持友好的中美关系,但美国对中国的支持只会限制在国际法的范围之内。他不希望让美国与欧洲列强或日本在中国发生冲突并对此负责。他采取了一种温和克制的政策,既注意不与其他大国发生不必要的对抗,又确保美国坚定维护自身立场。

如果总统换了一个人,鲁特是否会采取不同的策略呢?这个问题并没有确切的答案。但很明显的是,鲁特处理中国事务的方式即使不算受到了限制,也确实受到了罗斯福对远东看法的影响。

关于日本在"满洲"的特殊利益,罗斯福的观点显而易见。他认为,即使日本在日俄战争中取得胜利,俄国仍然是"满洲"的主要威胁,而日本将在"满洲"起到抗衡俄国的重要作用。这样一来,美国的利益就可以得到保护,中国主权也得到了维护。② 这种观点让罗斯福减少了他对"满洲"门户开放政策以及中国在"满洲"主权的关注。同时,美国也将外交抗议作为维护海约翰照会内容的主要方式。

《朴次茅斯和约》签署后,日本为巩固其在"满洲"南部的地位无视门户开放政策。罗斯福总统对此却并不担心。由此对日本发出的抗议很大程度上源自鲁特,而不是罗斯福的意见。③ 日本在朴次茅斯谈判中承诺尊重门户开放后,罗斯福就对日本充满信

---

① Esthus, *International Rivalries*, p. 144; Root to Reid, May 22, 1908, Root Mss.
② Paul S. Holbo, *United States Policies toward China* (New York: The Macmillan Company, 1969), p. 21.
③ Esthus, *International Rivalries*, p. 137.

心。① 1906年年中,日本将"满洲"大部分地区开放给外贸,这印证了罗斯福的预判,但鲁特和英国人关于开放"满洲"的抗议活动可能起到了加快日本决定的作用。

如果日本拒绝重新开放"满洲",罗斯福是否会与其对峙呢?这个问题也没有答案。他非常尊重日本在"满洲"的战略利益,认为日俄冲突是亚洲众多对立关系中最根本的一个,并且也明确知道美国在远东地区能做的事情很有限。罗斯福坚信,日本在"满洲"的利益比美国和所有西方国家在"满洲"的利益都更为重要,因为对日本而言,这是关乎国家安全的问题。只要是捍卫在亚洲的合法权益,美国就可以理解日本在"满洲"的经济侵略行为。因此,无论罗斯福对中国在"满洲"的主权持什么态度,都抵不过他对日本战略利益的尊重。② 到1908年,罗斯福已经向高平表示,他愿意区别看待"满洲"和中国的其他地区。③

进一步影响罗斯福对日本看法的是加利福尼亚州虐待日本人事件导致的危机,以及美国拒绝日本劳工入境的政策。尽管这个问题在1907至1908年《君子协定》(Gentlemen's Agreements of 1907 - 1908)中得以解决,但由此产生的敌对情绪也让罗斯福更加谨慎,唯恐与日本发生进一步或不必要的对抗。尽管他肯定日本并没有即刻与美国开战的计划,但他也坚信,如果美国在"满洲"对抗日本,就会招致敌意。

我不认为日本想打仗,但是我非常确定,如果我们充分

---

① Esthus, *International Rivalries*, p. 137; Holbo, *United States Policies*, pp. 21 - 22.
② Roosevelt to Taft, December 8, 1910, December 22, 1910, *Roosevelt Letters*, vol. 7, pp. 180 - 81, 189 - 91; Esthus, *International Rivalries*, p. 138.
③ Ibid., pp. 139, 144.

第六章 "默默地坚定维护我们的立场，才是我们真正的政策……"

激怒和羞辱日本，我们将替代俄国，成为日本不得不对抗的民族敌人。①

罗斯福还特别指出：

> 最符合我们利益的做法是，在满洲问题上，不要让日本出于任何缘由感到美国对他们抱有敌意或威胁到他们的利益。②

因此，美国需要用特定的方式处理与日本的关系。

> 我们的政策一方面要表现出绝对的善意、礼貌和公正，另一方面又要让海军保持良好的状态，使日本不敢冒险与我们交战。③

我们很容易看出鲁特的做法效仿了谁——这正是标准的罗斯福式外交手法，即通过军事准备（这里更确切地是指海军备战）来支持外交。

罗斯福后来将日美关系的改善归功于这种"大棒"政策。他指出，到1908年底，美国与日本的关系"好多了"，认为两国能友善相处是因为"我们希望以合理和礼貌的方式行事，而同时我们也手持大棒"。④ 但是，一个更重要的原因却没被提及，即美国并没有威胁日本在"满洲"的地位。

还有一个原因让美国在处理对日事务时选择了更温和的外交风格，那就是罗斯福越来越担心欧洲的形势，尤其是英德之间的对

---

① Roosevelt to Hale, October 27, 1906, *Roosevelt Letters*, vol. 5, p. 474.
② Roosevelt to Taft, December 22, 1910, Ibid., vol. 7, pp. 190 – 91.
③ Roosevelt to Hale, October 27, 1906, Ibid., vol. 5, p. 474.
④ Roosevelt to Brooks, December 28, 1908, Ibid., vol. 6, p. 1445, italicized by Morison.

抗。他认为，德国是世界和平的最大威胁，其危险性超过了亚洲的任何冲突以及美日之间的摩擦。在他看来，欧洲仍然是国际外交的支点。任何对国际和平的真正威胁都来自那里，而不是远东。①

有趣的是，罗斯福在第二任期末时有机会让美国与德中两国结盟对抗日本。德皇威廉二世极度反日，并且日益担心日本与英法俄之前签署的协议。为了让德国在亚洲不被孤立，德皇试图与美国和中国结盟。但这个计划失败了，部分原因在于罗斯福不信任德国，也不想触怒日本。而慈禧太后同样也不相信德皇，这使得三个国家结盟几乎是不可能的事。②

在1910年写给塔夫脱的信中，罗斯福还指出了结盟计划的另一个问题："鉴于中国在军事上的绝对无能，与中国结盟绝对不会增强我们的实力，只会让我们承担额外的义务。"③另一个问题是，即使罗斯福认真考虑与德中结盟，他也必须克服美国传统的孤立主义态度。由于美国在远东地区的势力有限，这几乎是不可能完成的任务。自然，不结盟的最大原因，还是在于这很可能会引起日本的不满。

总而言之，虽然美国在日俄战争后本可以在"满洲"问题上给

---

① Esthus, *International Rivalries*, pp. 149-50.
② See Luella J. Hall, "The Abortive German-American-Chinese Entente of 1907-1908," *Journal of American History* (June 1929): 219-35; Oscar King Davis, *Released for Publication: Some Inside Political History of Theodore Roosevelt and His Times* (Boston: Houghton Mifflin Company, 1925), pp. 81-85; Roosevelt to Root, August 8, 1908; Roosevelt to Lee, October 17, 1908; Roosevelt to Theodore Roosevelt Jr., November 20, 1908; Roosevelt to Reid, January 6, 1909, *Roosevelt Letters*, vol. 6, pp. 1163-64, 1292-94, 1370, 1374, 1465-67; Howard to Roosevelt, May 3, 1908; Fuller to State Department, August 24, 1908; Sieberling to Roosevelt, September 23, 1908; Carr to Sieberling, October 1, 1908; Woodall to New York *Evening Post*, 11 September 1908, NF reels 847, 931; 张戎, *Empress Dowager Cixi*, pp. 354-55.
③ Roosevelt to Taft, December 22, 1910, *Roosevelt Letters*, vol. 7, pp. 189-91.

第六章 "默默地坚定维护我们的立场,才是我们真正的政策……"

予中国更大的支持,但这样做似乎既没有必要也没有好处。美国的一些外交官,尤其是司戴德和弗朗西斯·亨廷顿-威尔逊,主张在"满洲"实施更强硬的反日政策,但罗斯福和鲁特驳回了这些声音。他们更愿意对日本采取温和而友好的政策,同时把握好分寸,礼貌地对待中国。鲁特或许坚决地捍卫中国在"满洲"的领土完整,但他对日俄条约的承认就正如罗斯福对日本战略利益的态度一样,让他的行动受到了限制。两人都不愿意与日本敌对,或者让美国冒着战争的风险,来维护一个美国力量本就薄弱的地区的门户开放。因此,他们都没有尽全力。同时,美国在亚洲缺乏实质性的商业利益,安全利益也有限,加之门户开放政策的意义经不起推敲,这些都促使了美国决定限制在中国的政策举措。美国政府不愿意对中国承担具体的政治义务,其中反映出的传统孤立主义也无疑进一步阻碍了美国捍卫中国主权。所有这些因素加在一起,使得罗斯福政府在日俄战争后,除了在口头上支持中国在"满洲"的领土完整和主权以外,不可能做更多的事情。

一旦日本在"满洲"南部站稳脚跟,美国的行动就很受限。这也有意无意地重新定义了门户开放政策。比起美国在"满洲"的利益,罗斯福和鲁特对日本在"满洲"利益更为重视,他们明确表示门户开放更多是代表平等的贸易机会,而不是中国的领土完整。然而,门户开放政策的后半部分并没有被完全舍弃。相反,那部分内容只是被放到一边,以期列强在中国的竞争有助于中国保持领土完整。尽管如此,只要能阻止俄国在"满洲"占据上风,罗斯福和鲁特似乎已经准备好就中国在"满洲"的主权问题向日本作出一些让步。日俄战争前,美国十分积极地反对俄国侵占"满洲"领土,相比之下,日俄战争后美国的态度确实有所转变。实际上,罗斯福似乎把日本看作替代美国的门户开放捍卫者。他也相信,就算中国领土完整会因此受到一些损害,日本也会奉行商业机会均等的原则。

因此,在罗斯福执政晚期,美国重点关注的是门户开放政策的经济层面。同时,为了促使日本和俄国在"满洲"的势力平衡,美国尽管没有完全忽视中国在领土或其他方面的完整性,但也确实没那么重视这一点了。在罗斯福第二任期最后的几个月里,美日两国将进一步定义中国的完整性,哪怕这种定义还是模糊不清。

第七章　门户关闭？
——《桂太郎—塔夫脱备忘录》和《鲁特—高平协定》

日俄战争即将结束。在日本移民危机的余波中，罗斯福政府与日本展开了对话和磋商，这将进一步定义美国的门户开放政策以及中美之间的关系。美国将进一步支持日本在"满洲"的行动——一开始只是非正式地支持，后来则正式签署了协议。这让日本得以在"满洲"与俄国抗衡，或多或少为维持远东的均势打下了基础。在此过程完成之际，门户开放政策已经发生了改变，其关注点已经变成保证美国在"满洲"的投资贸易权利（无论这种权利多么有限），而不是维护中国尤其是"满洲"地区的领土完整。以1908年签署《鲁特—高平协定》为首的一系列举动打破了中国人的希望。他们本指望建立中美伙伴关系，维护中国独立并遏制日本在"满洲"的野心，但《鲁特—高平协定》似乎表明，维护美日友好关系比维护中国领土完整更重要。开放的门户似乎正在关闭。

这一切要从1905年夏天说起。当时，日俄和会即将召开，美国陆军部长威廉·霍华德·塔夫脱正准备乘船前往远东。塔夫脱此行的主要任务是陪同一群国会议员前往菲律宾实地考察。但罗斯福让他在经过日本的时候停一下，去向日本人表示问候。① 罗斯福总统在如此敏感的时期派遣塔夫脱访问日本，表明了他的亲日情绪。罗斯福知道，塔夫脱的访问很可能会引起俄国公众和政府的不满，毕竟他们不太可能理解这次访问的性质。② 但他还是没有取消计划，只是吩咐美国驻日公使劳埃德·格里斯科姆奉劝日本天皇，由于俄国对此事很敏感，"塔夫脱部长的访问应当越不正式越好"。然而，塔夫脱还是获准接受了天皇的邀请，住进日本皇宫。③

日本人对塔夫脱来访的重视程度，很可能超出了罗斯福总统和塔夫脱本人的预期。日本人知道，由于同年早些时候罗斯福离开了华盛顿，塔夫脱除了要承担自身职责以外，还需要处理很多国务院的事务。海约翰的健康问题以及随后的离世都让罗斯福本人承担了大量国务卿的工作，而当他不在华盛顿的时候，就会把这些工作交给塔夫脱。罗斯福总统在四月踏上狩猎之旅，让忠诚可靠、身形硕大④的塔夫脱"坐在锅盖上"⑤，成为代理国务卿。⑥ 日本人有充分的理由相信，这个如此受总统信任的美国官员可能会

---

① Donald F. Anderson, *William Howard Taft: A Conservative's Conception of the Presidency*(Ithaca: Cornell University Press, 1968), p. 22; Henry F. Pringle, *The Life and Times of William Howard Taft*, 2 volumes(New York: Farrar and Rinehart, Inc., 1939), vol. 1, p. 297; Raymond A. Esthus, "The Taft-Katsura Agreement—Reality or Myth?" *Journal of Modern History*,(March, 1959): 46-47.
② O'Laughlin to Roosevelt, April 23, 1905, *Roosevelt Mss*.
③ Pierce to Griscom, July 8, 1905, July 12, 1905, U. S. Department of State, *Diplomatic Instructions of the Department of State: Japan*(Washington, D. C.: National Archives), hereafter cited as *Instructions: Japan*.
④ 译者注：历史上，塔夫脱是最肥胖的世界领导人之一，身高183厘米，约159公斤。
⑤ 译者注：总统罗斯福出发狩猎后，有记者问他离开期间的紧急事务怎么处理。总统幽默地回答："一切都没问题，我已经让塔夫脱坐在锅盖上了"，比喻塔夫脱可以压得住像锅中沸腾的水一样的各种问题。
⑥ Henry F. Pringle, *Theodore Roosevelt: A Biography* (New York: Harcourt, Brace & World, Inc., 1931), p. 268; Pringle, Taft, p. 297; Anderson, *Taft: A Conservative's Conception*, p. 22.

被授权参加正式谈判,讨论与俄国最终的和约条款、菲律宾问题、移民问题和中国问题。7月下旬,日本人热情接待了到访的塔夫脱,并迅速让他参与外交对话。对话期间,塔夫脱试图阐明美国的政策。①

双方最重要的一次晤谈是1905年7月27日日本首相兼外相桂太郎会见塔夫脱。此次商议由桂太郎发起。虽然塔夫脱因为没有得到授权而不情愿参加,但继续参加对话似乎比拒绝来得容易。② 这场漫长的会晤主要围绕三个话题。首先,塔夫脱提到了菲律宾问题。他表示,日本应该把菲律宾交给一个譬如美国这样强大而友好的国家来治理,而不是交给某个敌对国家或者让菲律宾在没有准备好的情况下自治,这样才符合日本在菲律宾群岛的真正利益。桂太郎则向塔夫脱保证,日本对菲律宾没有侵略意图。接着,桂太郎提出:"维持远东的和平是日本国际政策的基本原则。"他认为维持和平的最佳方式是日英美三国"相互充分理解",或建立"名义上或原则上的"同盟关系。塔夫脱回应,美国不可能在未获参议院批准的情况下参与结盟。按照操作流程来说,塔夫脱的应对没有问题,但这样的回答显然说明,对于美国一直以来的不结盟原则,他要么是忘了,要么就是忽略了。塔夫脱继续说到,美国与英国和日本的利益十分一致,"就算没有签订任何协议",美国也一定会在维护远东和平方面给予两国支持。第三个话题是朝鲜问题,由桂太郎提出,他表示日本希望采取一些措施,避免因朝鲜问题卷入战争。虽然这可能反映出日本担心1895年三国干涉还辽事件的重演,但桂太郎的说法并不是那么

---

① Anderson, *Taft: A Conservative's Conception*, pp. 22 - 23.
② Tyler Dennett, "President Roosevelt's Secret Pact with Japan," *Current History* (October 1929): 19.

准确,因为很明显,日俄战争不只是为了争夺"满洲",同时也是为了争夺朝鲜。即使塔夫脱注意到这一点,他也没怎么当一回事,而只是表达了"他的个人意见",认为美国不会反对日本对朝鲜的宗主权,但他无法给出正式的保证,因为总统没有"授权"他这么做。①

讨论结束后,双方草拟了一份备忘录,各执副本,并承认文件内容,但双方都没有签字,也没有证据表明此次谈话促成双方达成了正式的协议。备忘录只是提到,双方在讨论过程中交换了某些意见。②

塔夫脱对自己是否应该参加谈话的犹豫,以及对自己的行为可能越界的忧虑,在他向新任国务卿伊莱休·鲁特的汇报中显露无遗。塔夫脱在电报中说道:"如果我说的话太随意、太不准确或者太鲁莽,我知道您可以纠正,您也会去纠正。我本来不想插手的,但在那种情况下,我很难不说话,所以就表达了我所认为的事实。"③塔夫脱还是对自己的行为感到担心,于是又给总统发了电报。他对自己行为是否正确的犹豫再次显现了出来。

> 我给鲁特先生……发了一封长电报,内容是关于我与桂太郎伯爵之间的谈话。对方急切地希望我寄这封电报,我不知道是否要寄,但这可能对您与小村寿太郎(**参加朴次茅斯会谈的日本代表**)的会议有所帮助。是他们要求会谈的,我并不想参加,因为我不愿"插手"国务院的事务。但他们可能认为这样的会谈很重要,因为我与国务院的事务有一些

---

① Taft to Root, July 29, 1905, *Roosevelt Mss*.
② Esthus, "The Taft-Katsura Agreement," p. 48.
③ Taft to Root, July 29, 1905, *Roosevelt Mss*.

关系。①

罗斯福当即回复了塔夫脱,说他做得很好,无需忧虑。"你与桂太郎伯爵的谈话,在各方面都是绝对正确的,"罗斯福在电报中说道,"你可以告知桂太郎,我已经确认收到了你所说的每一个字。"②在之后发给塔夫脱的另一封信函中,罗斯福讲道:"我们的立场已经表述得非常准确了。"③

塔夫脱与日本人的谈话中提及菲律宾群岛的问题,这一点儿也不奇怪。塔夫脱曾任菲律宾总督,在谈话当时他是陆军部长,菲律宾群岛也在他的管辖范围之内。关于菲律宾,罗斯福和塔夫脱两人都有某种合理的顾虑,因为美国国内的亲俄派断言,日本战胜俄国只是其侵略菲律宾的前奏。④ 而桂太郎否认了日本的侵略意图,无疑是再次释放了日本的善意,这让罗斯福和塔夫脱感到安心。桂太郎的友好态度或许也对三周后罗斯福在朴次茅斯的行为产生了一些影响。在朴次茅斯,罗斯福打破了俄日谈判各方之间的僵局,促成了和约的签署。有研究指出,如果罗斯福没有收到桂太郎对日本不觊觎美国在远东权益的保证,他或许会采取不同的做法。⑤ 然而这无法被证实。

《朴次茅斯和约》签署后,俄国承认了日本在朝鲜的利益,日本则迅速采取行动巩固其在朝鲜的地位。⑥ 11月,美国国务院收到报告,得悉日本正派遣侯爵伊藤博文前往朝鲜"调查情况并制定日本的对朝政策"。报告进一步指出,伊藤"极可能"筹划"在东

---

① Taft to Roosevelt, July 31, 1905, *Roosevelt Mss*.
② Roosevelt to Taft, July 31, 1905, *Roosevelt Letters*, vol. 4, p. 1923.
③ Roosevelt to Taft, October 7, 1905, Ibid., vol. 5, p. 49.
④ Ibid., Esthus, *Roosevelt and Japan*, p. 102.
⑤ Dennett, "Roosevelt's Secret Pact," p. 19.
⑥ Esthus, *Roosevelt and Japan*, p. 107.

京开展未来朝鲜的外交事务"。① 伊藤之行促成了1905年11月17日缔结的《日韩保护协约》,规定朝鲜将其外交权割让给日本。②

正如塔夫脱推测的那样,罗斯福政府迅速默许了日本的行为。11月24日,美国同意撤走在汉城的公使馆,以此承认朝鲜受日本的统治。③ 美国决定撤馆可能是因为两周前柔克义的一封电报。在电报中,柔克义报告了他与一位日本官员的谈话。这位日本官员称,日本不会要求各国从朝鲜首都撤走公使馆,但又补充到,若罗斯福认为撤走美国公使馆合适,"日本人会将此举视为伟大友谊的见证"。④

美国政府的迅速反应让日本十分喜悦。美国是第一个从朝鲜撤走外交基地的国家,日本人视之为"非常有风度且友好的行为"。一份日本报纸称,这是"美国向我国展现友谊和善意的又一例证"。⑤ 罗斯福兑现了塔夫脱之前勉强作出的声明,但这么做也间接威胁到了中国的门户开放。既然美国愿意承认日本在朝鲜的势力范围,承认朝鲜至少相当于日本的保护国,日本就完全有权认为罗斯福政府不会反对日本在"满洲"的地位高于其他利益相关国。

《桂太郎—塔夫脱备忘录》被解读为美国同意日本对朝鲜宗

---

① Griscom to Root, November 6, 1905, November 10, 1905, *Despatches: Japan*.
② Wilson to Root, December 1, 1905, Ibid.
③ Root to Takahira, November 24, 1905, *Foreign Relations*, 1905, p. 613.
④ Rockhill to Root, November 11, 1905, *Despatches: China*.
⑤ Wilson to Root, November 30, 1905, *Foreign Relations*, 1905, pp. 614 – 15; Wilson to Root, November 30, 1905,电报中包含《时事新报》一篇文章的翻译(*Despatches: Japan*).

主权的一纸协议,目的是换取日本对菲律宾没有侵略意图的保证。① 鉴于美国更倾向于确保中国的门户开放,这种解读似乎合情合理。沃尔特·拉菲伯(Walter Lafeber)也强调了协约的秘密性,特别是这份文件在近二十年后才被发现这一事实。在此基础上,他进一步将这份密约描述为一份行政协定,是最早"由总统自行缔结"的协定之一。其好处在于,协定不用经过参议院表决是否通过,也就可以避免那些令人尴尬的辩论。莫里斯(Edmund Morris)支持这一观点,认为行政特权使得这一协定无需经过日本或美国的立法者批准,甚至无需让他们知晓。② 另一种观点则认为,罗斯福是在未与参议院商议的情况下,通过认同日本对朝鲜的控制,来换取日本对美国在菲利益的承认。这么做也显现出罗斯福在处理外交事务时的帝式总统风格。③ 这个说法不一定准确,因为既然朝鲜已经被日本占有,美国不太可能采取措施逼迫日本交出已经到手的利益。此外,日本在1895年的三国干涉还辽事件中遭到了俄国、法国和德国的羞辱,这几乎可以肯定日本会选择继续战斗而非放弃朝鲜。美国对日本征服朝鲜的态度似乎无关紧要,反正日本在任何情况下都不会放弃朝鲜,罗斯福知道这一点。

其他的解读则认为备忘录根本不是密约,但不同人对这份文

---

① Lawrence Battistini, *Japan and America* (Westport: Greenwood University Press, 1953), p. 58; A. Whitney Griswold, *The Far Eastern Policy of the United States* (New Haven: Yale Univeristy Press, 1938), pp. 125 – 26.
② LaFeber, The Clash, p. 86, Morris, *Theodore Rex*, p. 399.
③ Dalton, *A Strenuous Life*, p. 332. James Bradley 在《帝国巡游》(*The Imperial Cruise*)中提出了一种修正观点,认为塔夫脱和桂太郎的会面引发了一系列事件,导致日本攻击美国,将美国拖进第二次世界大战。JamesBradley, *The Imperial Cruise: A Secret History of Empire and War* (New York: Back BayBooks, 2009).

件的真正含义持不同观点。① 根据文献,双方当事人似乎并不认为这次谈话促成了两国签署协议,但我们很难确切解读在塔夫脱和桂太郎谈话后产生的这份文件的真正含义。因为这份备忘录从未被公开,且其中关于菲律宾和朝鲜的条款显然有交换条件的痕迹,所以这份文件看起来像某种协议。然而,没有证据表明,罗斯福将陆军部长塔夫脱的话解读为跟日本讨价还价。

朴次茅斯会谈结束几周后,格里斯科姆从东京发回报告称,日本现在传言满天飞,大概是说和美国达成了一项协议。根据格里斯科姆所说,传言的始作俑者似乎是一份叫《国民新闻》(Kokumin Shimbun)的报纸。格里斯科姆指出,这份报纸是日本的政府机关报,这意味着消息可能是有心泄露的。报纸声称尽管美国不受任何条约义务的约束,但"日英美同盟"已经形成。格里斯科姆还报告了关于两国进行交易的传言,即日本否认对菲律宾有所图谋,以作为对美国承认日本为朝鲜保护国的回报。②

罗斯福对这所谓的"交易"持不同意见。他让塔夫脱无需回

---

① Esthus in the "Taft-Katsura Agreement," pp. 50 – 51 and in *Roosevelt and Japan*, p. 106 认为备忘录仅仅是"真诚的意见交换"。Treat 肯定备忘录"决不是秘密协定",但没有详细阐述。Payson J. Treat, *Diplomatic Relations between the United States and Japan* (Stanford: Stanford University Press, 1938), pp. 253 – 54. Minger 认为很难说清楚美国从对话中获得了什么。Ralph E. Minger, "Taft's Missions to Japan: A Study in Personal Diplomacy," *Pacific Historical Review* (August 1961): 283. Chay 提出,备忘录"并不算是一份协定,但又不仅是交换意见"。Jongsuk Chay, "The Taft-Katsura Memorandum Reconsidered," *Pacific Historical Review* (August 1968): 326. Edmund Morris 指出,在朴次茅斯和谈之前几周达成协议这一时机很重要。罗斯福确保了菲律宾和夏威夷的安全,而日本更容易接受美国对俄国的宽宏大量。Morris, *Theodore Rex*, pp. 399 – 400. 还可见 Doris Kearns Goodwin, The Bully Pulpit: *Theodore Roosevelt, William Howard Taft and the Golden Age of Journalism* (New York: Simon and Schuster, 2013), pp. 432 – 33.

② Griscom to Root, October 9, 1905, *Despatches: Japan*; Esthus, *Roosevelt and Japan*, p. 104.

复格里斯科姆的报告。但如果非要回复的话,只需要答复:"我们从不向任何人索取或给予任何恩惠来作为不干涉美国领土的回报。我们完全有能力阻止他国干涉美国领土,并且不需要任何国家的支援来维护我们的领土完整。"①两天后,罗斯福进一步阐明了他的说法:

> 关于菲律宾的声明只是想澄清日本的态度。日本的态度已经被亲俄派故意歪曲,并且确实和你(塔夫脱)所说的——也就是我们所说的——大相径庭,包括关于朝鲜问题的说法以及关于我们在维护东方和平方面与日本和英国有共同利益的说法。②

罗斯福随后向日本驻美公使高平男爵投诉。几天后,桂太郎发来电报,否认《国民新闻》的文章信息来源于政府。此外,桂太郎还告诉罗斯福,日本政府感激美国的友好态度,也明白美国的态度并不是两国交易的结果。实际上,桂太郎也支持罗斯福的观点。③

上述传言完全有可能是日本政府泄露消息导致的。日本未能在朴次茅斯和谈中向俄国索取赔偿,这激怒了大部分日本民众,政府也受到了猛烈攻击。日本领导人有可能向媒体泄露了《桂太郎—塔夫脱备忘录》,希望民众会将其理解成一份正式协议,并视其为一种外交成就来抵消政府在和谈方面的"失败"。日本内阁甚至可能将这份文件视作应该公之于众的事实性协议。不管是哪种情况,传言流出都可能源自内阁试图转移公众对其未

---

① Roosevelt to Taft, October 5, 1905, *Roosevelt Letters*, vol. 5, p. 46.
② Roosevelt to Taft, October 7, 1905, Ibid., p. 49.
③ Esthus, *Roosevelt and Japan*, p. 105.

能在和约中获得赔款的批评。如果确实如此,那么在罗斯福对此表示抗议以及桂太郎同意美方观点的时候,这种做法的弊端就迅速显现了出来。不过,罗斯福也并没有取得完全的胜利。桂太郎确实认同美方观点,但只是在私底下同意。尽管他不承认日本政府向媒体提供信息,但日本政府却没有对传言进行任何官方的否认。①

塔夫脱给鲁特和罗斯福的报告表明,他访问日本时并未收到指示与日本签订任何协议,他与桂太郎的谈话也不意味着促成协议的签署。塔夫脱提到,日本人想要会谈,而他虽不情愿,但没法拒绝。塔夫脱明显不确定自己做得对不对,也不确定自己是否正确阐述了美国的政策。他希望国务院能纠正他的任何错误。塔夫脱没有收到任何书面指示,告诉他在日本官员敦促自己阐述美国的远东政策时应该怎么说,也没有口头指示的相关记载。虽然缺乏证据表明罗斯福把自己对亚洲的看法告诉了塔夫脱,但塔夫脱担任代理国务卿已经有一段时间,就算真的不知道,他也肯定对总统在这个问题上的感受和看法很熟悉了。塔夫脱无疑让日本认为,在他与桂太郎的谈话中,他只是根据自己所知完全坦诚地陈述了美国的远东政策。塔夫脱并不认为他让两国之间达成了任何协议。②

塔夫脱关于朝鲜的陈述也完全没有反映出美国的对朝政策有任何重大转变。他只是重申了能准确表达罗斯福想法的观点——总统的这些想法已经持续一段时间了。罗斯福长期以来

---

① Esthus, *Roosevelt and Japan*; Braisted, *The United States Navy*, p. 182; Treat, *Diplomatic Relations*, p. 254.
② Esthus, "The Taft-Katsura Agreement," p. 48; Minger, "Taft's Missions," p. 279; Pringle, *Taft*, pp. 297-98.

一直认为朝鲜没有能力自治，最好是让日本接管，高效治理，维护法律和秩序。① 同时，罗斯福有志于维持远东权力关系的平衡。日本的崛起意味着它会抗衡俄国在亚洲的势力。拒绝承认日本对朝鲜的宗主权会严重损害本来友好的日美关系，也可能破坏双方对彼此的真诚。更让人担心的是，一旦日美关系受损，日本可能会与俄国走得更近。罗斯福非常害怕这种情况发生。② 鉴于罗斯福对朝鲜有如此看法，他也希望日本能抗衡俄国在亚洲的势力，所以美国默许日本成为朝鲜的保护国并不让人意外。而且，就算罗斯福有其他看法，他也做不了什么。二十五年后，鲁特说道："（如果真的要阻止日本掌管朝鲜）我们当时只能向日本发起战争。但国会不会对日本宣战，因为如果宣战，美国人民就会推翻国会。我们可以做的或许只有威胁，并且是不可能付诸行动的威胁。"③不过，鲁特对美国政策的这种辩解也许是错误的。1916年，这位前国务卿发表评论称："对于无法自治的朝鲜人民来说，比起继续在荒唐滑稽的老皇帝手下充当傀儡，并入自由进步的大日本帝国是更好的选择。"④

美国或许真的没有能力采取行动维护朝鲜的独立，但这也无关紧要了，毕竟罗斯福政府显然也并不愿意做些什么。"我们不可能为了朝鲜人与日本对立，"罗斯福在 1905 年 1 月下旬给海约翰的信中写道，"他们也没有能力保卫自己。"⑤在几天后写给海约翰的另一封信中，他又补充："日本应该成为朝鲜的宗主国（朝

---

① Beale, *Roosevelt and the Rise of America*, pp. 321 - 22.
② Ibid.; Dennett, "Roosevelt's Secret Pact," p. 21; Esthus, "The Taft-Katsura Agreement," p. 50; Harbaugh, *Theodore Roosevelt*, pp. 263 - 66.
③ Quoted in Ibid., pp. 265 - 66.
④ Quoted in Jessup, *Root*, vol. 2, p. 7.
⑤ Roosevelt to Hay, January 28, 1905, *Roosevelt Letters*, vol. 4, p. 1112.

塔夫脱离开横滨
来源:美国国会图书馆印刷与照片部,华盛顿,1905年

鲜完全没有能力独立)。"① 正当日本准备行使对朝鲜的宗主权时,朝鲜皇帝暗地里给罗斯福写了一封长信,恳求他利用对日本的影响力,阻止日本接管朝鲜的外交事务。② 罗斯福告诉鲁特,因为这封信是秘密寄送的,朝鲜驻美国的代表们对此完全不知情,因此该文件不可能作为正式照会。此外,美国获悉,朝鲜已经安排好让日本掌管其外交决策权了。罗斯福的结论是:"综合考虑,我认为这封信并不能让我们采取任何实际行动。"③ 塔夫脱似乎与罗斯福和鲁特持相同的观点。他在1905年3月就提到,日本在日俄战争结束后,将会为占据朝鲜的事务忙得不可开交。④

---

① Roosevelt to Hay, February 6, 1905, *Roosevelt Letters*, vol. 4, p. 1116.
② Korean Emperor to Roosevelt, November 1905, *Roosevelt Mss*.
③ Roosevelt to Root, November 25, 1905, *Roosevelt Letters*, vol. 5, p. 96.
④ Pringle, *Taft*, p. 296.

朝鲜的命运很可能在塔夫脱和桂太郎对话之时就已成定局。

塔夫脱和桂太郎之间的对话内容跟 1904 年 6 月罗斯福、高平小五郎男爵（日本驻美公使）以及金子坚太郎男爵（罗斯福在哈佛的同学）之间的午餐会谈要点有些相似。在那次谈话中，这两名日本人告诉罗斯福，日本对菲律宾所谓的图谋都是"胡说八道"。罗斯福表示，他希望日本能帮助中国沿着日本当前的道路去发展，虽然他觉得日本人要掌握中国人的特性会面临许多困难。对此，高平和金子只是微笑着回答说，他们非常清楚仅仅在朝鲜的事务上他们就面临着多少困难，那些就已经够忙活的了。① 罗斯福对日本人的态度没有意见。1905 年 4 月，罗斯福告诉高平，他不反对日本在接管朝鲜的同时吞并旅顺港、大连（俄国占领时称"达里尼市"）和哈尔滨—旅顺铁路。②

塔夫脱和桂太郎的谈话只是重申了美国对朝鲜的立场。同时，桂太郎也重复了罗斯福一年前就听过的话：日本对菲律宾没有图谋。双方没有签署交换协议，只是重复了之前就表达过的立场。桂太郎提出的结盟建议也跟罗斯福个人的想法一致，但罗斯福十分清楚，美国参议院不会批准，哪怕只是因为传统的孤立主义对结盟的反对。③ 不过，塔夫脱称美国会帮助英国和日本维护东方和平，这正符合罗斯福保持友好姿态、维持亚洲势力平衡并防止日本与俄国和解的政策。如果罗斯福无法跟英日正式结盟，他至少可以努力达成非正式联合，按照他的想法来维持亚洲的势力平衡。因此，罗斯福总统欣然同意了塔夫脱在此问题上的看法，同

---

① Roosevelt to Spring-Rice, June 13, 1904, *Roosevelt Letters*, vol. 4, p. 831.
② Roosevelt to Hay, April 2, 1905, Ibid., p. 1158; Esthus, "The Taft-Katsura Agreement," pp. 50 – 51.
③ Roosevelt to Kennan, May 6, 1905, *Roosevelt Letters*, vol. 5, p. 116.

时也毫不犹豫地赞同这场谈话中关于朝鲜和菲律宾的言论。

因此,所谓的《桂太郎—塔夫脱备忘录》并非正式协议,只是交换了双方之前已经陈述过的立场。罗斯福和塔夫脱都没有把这次谈话解读为协议,日本人也接受这一看法,至少在公开场合如此。此外,双方都没有作出任何声明,让自身承担义务或赋予对方特定的权利。因此,根据国际法,双方并没有达成正式协议。这些内容最多只具有道德约束力,但不会被强制执行。①

就算没有达成正式协议,这场讨论或许也已经为双方之间达成默契奠定了基础。美国确实默许了日本接管朝鲜的外交事务。日本也知道这一点,并且迅速行动,在签署《朴次茅斯和约》后马上确立朝鲜为其保护国。日本之所以认为可以放心快速地采取行动,很可能是由于塔夫脱向桂太郎发表的言论以及罗斯福对此表示赞同。作为回报,日本向罗斯福保证,他不需要担心日本会向菲律宾和夏威夷群岛发起进攻。此外,双方也达成共识,认为两国都有志于维护远东和平,可以在这方面进行合作,至少可以以非正式的方式。然而,双方没有明确任何义务,所以两国都可以以各自认为合适的方式自由解读这场谈话,或者在必要的时候改变政策。莫里斯认为,由于双方"同意而非签订"了备忘录,且备忘录只有道德约束力,所以这"只是一份关于日本在东亚以及美国在东太平洋的安全问题的非正式声明"。② 这可能是对桂太郎—塔夫脱"协议"最好的解释。然而,需要牢记的是,这次会谈的话题在一年前的一次非正式场合中就已经讨论过。在和谈即将到来之际,桂太郎很可能是想找机会跟塔夫脱会面,确认美国

---

① Chay, "Taft-Katsura," pp. 323–24; Morris, *Theodore Rex*, p. 399.
② Ibid.

对日本在亚洲角色的看法在过去一年中没有改变,以打消自己的疑虑。如果是这样的话,那么结果没有让桂太郎失望。

无论这份协议有多么地不正式,它还是威胁到了中国门户开放的理念。罗斯福曾向日本人暗示,他赞成日本在促进中国发展并指导其进入20世纪的过程中扮演强有力的角色,他也确实是这么预期的。罗斯福认为日本应该控制"满洲"的某些地区,也应该控制朝鲜。这些想法都损害了中国领土完整的原则。为了加强对朝鲜的控制,日本必须守住在日俄战争后获取的那部分"满洲"领土,并且在那里保持相对稳固的地位。罗斯福曾透露,美国不会竭力反对这件事情。在日俄战争以及和约签署之后,美国抗议日本在"满洲"的行为就只针对其受条约保护的贸易权。尽管日本确实把"满洲"的管辖权归还给中国,但是日本与俄国、英国和法国签署的协议都进一步让各国承认了日本在中国的特殊地位,而美国也并未对此表示反对。罗斯福政府也没有支持任何可能巩固中国在"满洲"地位的计划,至少没有投入资金。在日本人看来,只要美国现有的贸易利益不受到严重损害,罗斯福就愿意承认日本在"满洲"的势力范围。罗斯福政府还是没能看清,门户开放的理想和默许中国领土上的"势力范围"是相互冲突的。美国为了保护其在东方的贸易只得损害中国的领土主权。

在塔夫脱和桂太郎会话之时,日美关系还很友好。然而,暴风雨即将来临。两国关系在接下来的两三年变得十分紧张,甚至在欧洲以及两国的极端爱国主义者中都有人猜测两国可能要开战了。对战争的恐慌当然与"满洲"问题有关,但最严重的问题还是聚焦在种族和劳工上,因为日本工人移民美国西岸引发了一场危机。问题最终在1907至1908年的《君子协定》中得到解决,关于战争的传言也很快平息。①

1908年上半年,随着战争的流言慢慢减少,两国政府开始采取措施,恢复过去两年间变得紧张的友好关系。第一项措施是在5月5日签署仲裁条约。条约规定,两国之间具有法律性质的争议或与条约解读相关的争议须提交海牙常设仲裁法院(Permanent Court of Arbitration)进行仲裁。② 仲裁条约签署后,两份关于两国在朝鲜和中国的商标保护协议也在5月19日签署。③ 三天后,美国国会通过了一项决议。美国政府和人民将接受日本的邀请,参加计划于1912年在东京举办的国家博览会。在决议中,国会声明美国此次参会的目的是"搭建合适的建筑,适当展示艺术成果、产业成果、工业制成品、土壤制品和矿物制品"以及总统可能要求展示的其他物品。国会共为官方展品拨款一百五十万美元。④

双方关系好转的另一个信号出现在秋天。当时,正在环球航行的美国战舰编队访问了日本。移民危机即将得到最终解决,舰队也于1907年12月启航。这次航行表面上是一次善意之旅,但其实罗斯福希望通过此行证明,若亚太地区出现敌对行动,美国战舰可以轻易地从大西洋前往太平洋。他也希望通过此次航行展示美国的实力,震慑那些因移民问题而愤怒以及说要与美国开战的日本人。然而,这却印证了早前的一份报告:美国在太平洋的港口不足以在战时满足舰队的需要。美国海军在亚洲独立行

---

① 关于美日之间的移民危机及其造成的战争恐慌,见 Esthus, *Roosevelt and Japan*, and Charles E. Neu, *An Uncertain Friendship: Theodore Roosevelt and Japan*, 1906-1909(Cambridge: Harvard University Press, 1967).
② *Foreign Relations*, 1908, pp. 503-4.
③ Ibid., pp. 518-23.
④ Ibid., pp. 515-17.

动的能力让人怀疑,更别说保护菲律宾了。最终,罗斯福不得不把美国的防御边界拉回到夏威夷。①

美国舰队启航几个月后,日本政府就邀请舰队停靠日本港口。罗斯福接受了邀请,舰队在 10 月 18 日到达横滨,并受到热烈欢迎。日本人的热情款待不仅得到当时在场的航海员和官员的高度赞赏,也受到了远在国内的美国人的赞扬。罗斯福随后将此次日本人对舰队的招待称作"本次巡航最值得关注的事件"。②一个多月后,美国国务卿和日本驻美公使互换照会,重申了日美双方的一贯友谊。这份照会也被称为《鲁特—高平协定》,于 1908 年 11 月 30 日正式生效。③

《鲁特—高平协定》实际上是基于一年多以前时任日本驻美公使青木周藏子爵(Viscount Aoki Shuzo)的提议制定的。当时,青木察觉到四处都有关于战争的流言,于是决定采取某些措施来遏止。他擅自与罗斯福单独接洽,提出双方可以基于三个要点达成某种协议。第一,他提倡把太平洋作为国际贸易通道,以平息那些对日本或美国可能意图控制太平洋的担忧。第二,要求双方尊重对方的领土权,并维持太平洋地区的现有秩序。最后,青木提倡维护中国的门户开放及领土完整。罗斯福对青木的提议非

---

① John B. Judis, *The Folly of Empire: What George W. Bush Could Learn from Theodore Roosevelt and Woodrow Wilson* (New York: Oxford University Press, 2004), p.66.
② Theodore Roosevelt, *Theodore Roosevelt: An Autobiography* (New York: Charles Scribner's Sons, 1913), p.568; Thomas A. Bailey, *Theodore Roosevelt and the Japanese-American Crises* (Stanford: Stanford University Press, 1934), pp.285-90; Pringle, *Theodore Roosevelt*, p.289.
③ Robert Hart 认为协定是日本热情款待美国舰队的直接结束。他还表示,日本的款待可能并不真诚。Robert Hart, *The Great White Fleet* (Boston: Little, Brown & Company, 1965), pp.204-36; see also, Harbaugh, Roosevelt, pp.287-88.

常感兴趣,并暗示第二点能具体提及夏威夷、菲律宾及中国台湾,但青木不愿意说得这么具体。①

在罗斯福的敦促下,青木向东京外务省发电报汇报了自己的行为。遗憾的是,日本政府并不像青木和罗斯福那样对这项提议如此感兴趣。几天后,外务大臣林董(Hayashi Tadasu)回电报拒绝了这项提议。尽管林董承认,日本的观点跟青木是完全一致的,但门户开放的原则已经在日本与俄法两国签署的协议中反复确认过了。此外,林董提醒青木,日本已经多次向美国保证自己对菲律宾没有任何企图。他还说,订立协议是没有必要的,一是因为日本相信美国爱好和平,二是因为日本本就不存在侵略意图,如果通过协议去加以否认,反而让那些耸人听闻的流言显得更加可信,并且让人觉得他们在掩盖某种危机。签署这样一份协议非但不能缓和公众情绪,反而可能加剧那些情绪。

然而,事情的关键其实在于移民问题。移民问题仍未得到令人满意的解决,完全忽视它又会被认为是敷衍了事。这样非但不能消除公众的疑虑,反而会让人失望,甚至让人觉得可疑。虽说两国政府都应该尽其所能地让人相信双方之间并不存在猜忌,但时间总会改善这种局面。大失所望的青木向东京发回了三封长电报,试图改变林董的想法,却还是徒劳无功。大约五周之后,青木被召回。1908年1月,高平回到华盛顿出任新一任日本驻美公使。②

---

① Thomas A. Bailey, "The Root-Takahira Agreement of 1908," *Pacific Historical Review* (March 1940), p. 19; Esthus, *Roosevelt and Japan*, p. 206, Neu, Uncertain Friendship, pp. 155 – 56.

② Bailey, "The Root-Takahira Agreement," pp. 19 – 20; Esthus, *Roosevelt and Japan*, pp. 206 – 9; Neu, *Uncertain Friendship*, pp. 155 – 56.

第七章 门户关闭？

随着1908年秋天的到来，情况发生了改变。对战争的恐慌已经平息，移民问题暂时得到解决，美国舰队受邀访问日本，双方达成并签署了三份条约，美国也真诚地接受了日本的邀请，参加1912年的博览会。此外，首相西园寺主导的日本内阁（包括林董在内）已于夏天下台。现在，在桂太郎的领导下，新一届内阁正竭力让美日关系恢复平稳。

10月14日，在东京博览会担任美国委员会秘书的记者约翰·卡兰·奥劳克林向罗斯福发出电报，称日本外务大臣小村寿太郎有意重启青木的提议。① 在三天前的一封信中，奥劳克林解释称日本改变心意是由于"青木真诚恳切的陈述"。此外，桂太郎急切地希望对两国之间的"友好关系作一些特别的表示"。②

桂太郎和小村寿太郎肯定已经意识到，奥劳克林不只是总统的朋友这么简单，所以他们才接受了博览会以外的采访，希望他们的观点能传回白宫。他们的期盼实现了。奥劳克林在10月20日给罗斯福写信，提到他跟桂太郎之间有一场两小时的谈话。"在我看来，毫无疑问，"奥劳克林写道，"桂太郎侯爵和小村寿太郎大臣都希望做点什么……实实在在地展示两国之间真正的友谊，并且消除关于日本觊觎美国领土的一切疑虑。"桂太郎还告诉奥劳克林，维护日本的利益既需要维持中国的领土完整和门户开放，也需要保证美国的利益，以抗衡欧洲在中国的势力。日本希望美国能把菲律宾牢牢地握在手里，以保证其在远东的长久权益。不过，如果美国决定放弃，日本不会允许其他任何国家占据菲律宾。桂太郎接着说道，如果美国能立法允许日本人归化入

---

① O'Laughlin to Roosevelt, October 14, 1908, *Roosevelt Mss*.
② O'Laughlin to Roosevelt, October 11, 1908, Ibid.

243

高平小五郎男爵
来源:路易斯安那交易展览会(1904年,密苏里州圣路易斯),
圣路易斯公共图书馆

籍,那么日本将同意美国管治日本移民。他说,日本希望国民能移民到"满洲"地区和朝鲜,而如果美国允许日本人入籍的话,日本人移民到美国也没问题。最后,桂太郎向奥劳克林保证,日本绝无计划和美国开战。①

---

① O'Laughlin to Roosevelt, October 20, 1908, *Roosevelt Mss*.

奥劳克林还发回了10月21日与小村寿太郎谈话的备忘录。这次谈话的要点包括日本对中国领土的觊觎问题。小村寿太郎说,日本对蒙古没什么兴趣,但确实把"满洲"南部看作其外部防线。此外,日本也担心,将来俄国政府可能会跟他们开战。日本称"满洲"南部为其"利益范围"而非势力范围,而且尽管它并不把"满洲"视作中国的一部分,它也会拥护门户开放政策。小村寿太郎还说,日本希望自己的国民留在亚洲,但也决不允许其他任何国家限制日本移民,侮辱日本的尊严。日本会限制其国民移民出境,证明它有这样的能力,而如果日本可以控制住流向美国的人口,那么美国就不需要再考虑限制日本移民了。小村寿太郎最后说,日美两国协力定能控制太平洋地区。① 奥劳克林总结说,日本确实会成为美国在亚洲的难题,但日本现在希望跟美国建立友好关系。他建议罗斯福继续保持舰队的强大,好让美国继续在远东真正发挥影响力。②

10月26日,美国舰队从日本离开的第二天,高平就在东京的指示下展开磋商,向罗斯福递交了一份协议草案,其中包含了青木的提议。罗斯福赞同双方应达成协议,但他回复高平称,任何决定都必须等到外出的鲁特回到华盛顿才能确认。两周后,鲁特回到了华盛顿,高平立即安排双方的会谈。鲁特首先关注的是协议的形式。他倾向于签署无需经过参议院同意的非正式协议,高平也默许了这一想法。③

接着,鲁特聊到协议本身的问题。日方协议草案的第一点称

---

① O'Laughlin to Roosevelt, October 20, 1908, *Roosevelt Mss.*
② Ibid.
③ Esthus, *Roosevelt and Japan*, p. 273; Neu, *Uncertain Friendship*, p. 275; Bailey, "The Root-Takahira Agreement," p. 21.

两国都坚决维护各自的领土完整。鲁特在给高平的一封照会中阐述了他的异议：

> 在协议中宣称我们会坚决维护各自占有领土的完整，可能会被认为是在暗示这其中存在某些根本不存在的问题，我们希望避免可能引起的误解。我们的许多国民都希望，在未来的某个时候，菲律宾可以基本获得完整的自治权。而宣称我们会坚决维护菲律宾这片领土的完整，会被当成是在否定他们获得自治权的可能性。我认为这条声明的价值不足以抵消可能出现误解的代价。①

鲁特提议用"双方决心审慎地尊重对方拥有的领土"这一表达作为替代。高平接受了这一措辞，只是把"审慎地"换成了"相互"。②

下一个考虑的要点是关于中国的领土完整和行政主体。高平起草的方案和青木的不同点在于，高平的草案中没有包含关于中国领土完整的内容。司戴德指出了这一内容的缺失。司戴德从"满洲"回国后就出任国务院远东司代理司长。他指出，日本与英法俄签署的三份条约都提到了中国的领土完整。签署一份没有确认美方支持门户开放原则的协议"将严重打击美国在东方的威望"，对省去该内容的默许将被解读为美方软弱的表现。无论如何，司戴德都反对美国跟日本签署任何协议。这并不让人意外，毕竟他十分憎恶这个国家。他认为，与日本达成协议会进一步把中国和德国置于远东相关的协议、公约和协约网络之外。因此，美国的行为将被视作一种冒犯。如果有任何协议把美国和日

---

① 转引自 Jessup, Root, vol. 2, p. 36.
② Ibid.

本置于同一阵营,则会特别引起中国的猜疑。① 鲁特没有接受司戴德的反对意见,只是提议双方在协议中表明,他们会"根据双方多次申明的政策,施加影响力以维护中国的领土完整和行政独立"。②

鲁特在11月11日提出这项建议。三天后,高平转告日本政府的反应。日本愿意保证中国的领土完整,但无法保证其行政主体独立存在,因为这与日本在"满洲"以及南满铁路沿线的租借权相冲突。日本也倾向于避开"领土完整"的字眼,因为这可能会冒犯到中国人,但如果美国坚持要使用,日本也可以接受。如果要使用该措辞,日本倾向于将这句话修改成类似于日本在早前的协议中使用过的表述——"并且施加影响力以维护中国的独立和领土完整"。最终,两国就措辞达成一致意见。协议规定两国"使用一切可能的和平方式,维持中国的独立和完整,并支持各国在中国拥有平等的工商机会,以维护各国在中国的共同利益"。③

美国国务院曾考虑在谈判中讨论哈尔滨纠纷,这差点让协议的情况变得复杂。不过,他们很快发现,试图在草拟的协议框架内解决这个问题会让谈判破裂,而与日本面对面解决"满洲"问题的尝试也将被搁置。协议草案又经过了好几次修订,最终的定稿在1908年11月30日双方互换照会后实施。④

最终的协议内容如下:

    1. 两国政府希望促进两国贸易在太平洋地区的自由与

---

① Jessup, *Root*, vol. 2, pp. 36 - 37; Bailey, "The Root-Takahira Agreement," p. 23; Esthus, *Roosevelt and Japan*, p. 274; Neu, *Uncertain Friendship*, p. 276.
② 转引自 Jessup, *Root*, vol. 2, p. 37.
③ Ibid.; *Foreign Relations*, 1908, p. 511; Esthus, *Roosevelt and Japan*, pp. 276 - 77; Neu, *Uncertain Friendship*, pp. 276 - 77.
④ Neu, *Uncertain Friendship*, p. 277; Esthus, *Roosevelt and Japan*, pp. 277 - 79.

和平发展。

2. 两国政府的政策不受任何侵略意图影响,旨在维持上述地区现状,并维护在中国贸易机会均等的原则。

3. 双方同等坚决地相互尊重所述地区内属于对方的领土权益。

4. 双方亦决心使用一切可能的和平方式,维持中国的独立和完整,并支持各国在中国拥有平等的工商机会,以维护各国在中国的共同利益。

5. 若发生任何事件威胁到上述地区现状或如上定义的平等权利,两国政府应相互沟通,就采取何种措施达成共识。①

照会的定稿在11月21日的时候已经完成。那天,鲁特通过电报给柔克义发送了协议终稿,并称"很快"美日双方将互换照会。柔克义受指示"立即"将协议之事告知中国政府。鲁特随后概述了订立协议的理由:"中国朝廷会理解,美国此次行为是其一贯以来屡次申明的友好政策的结果。我们一向关注和关心中华帝国的福祉。同时,我们这么做是希望再一次清楚详细地确保双方遵守政策,以此重申这一政策。"美国国务院认为这一声明会"让此时的朝廷特别满意"。② 柔克义于12月3日得知美日互换照会一事。"唐绍仪收到了协议副本,国务卿向其解释了协议的意义。"中国公使馆也同时被告知此事。③

鲁特本以为中国会赞赏美国的行为,但事实证明他想错了。

---

① *Foreign Relations*,1908,pp. 510 – 12.
② Root to Rockhill, November 22, 1908, *Despatches: China*.
③ Adee to Amlegation, December 3, 1908, *Instructions: China*.

中国确实接受了协议,但它在接受前首先表达了失望和恼怒。柔克义给袁世凯看了协议的样本,袁世凯变得沮丧和焦虑,还问如果中国反对,互换照会的计划是否会照常进行。柔克义显然被袁世凯的态度吓到了,他没有意识到中国可能会对协议持怀疑态度。他惊讶地发现,中国对这份协议有意见。不过,他还是告诉袁世凯,无论如何,互换照会应该都会照常进行。美国没等唐绍仪到达华盛顿就跟日本达成了协议,这也让袁世凯感到十分恼火。但是,经过了一晚上对局势的考量,袁世凯第二天告知柔克义,他们认为协议是对中国有利的。① 别无选择的中国似乎忍下了对日美行为的不满,默许了一切。然而,不只一家中国报纸表达了愤慨。北京一家报纸说,它想知道如果是中国和其他国家达成协议,要保护日本独立和完整的话,日本会有多愤怒。它还说:"当一个国家迅速毁灭的时候,人们很容易被调动起来,群情激愤;但当一个国家慢慢衰退时,人们就会习惯这种状况,没有任何察觉。许多大国目前都在联合压制我们的国家,所以表面上一片和谐,但他们绝对不会签署了三四份条约就善罢甘休。"②

其他地方对这份协议的反应普遍良好。美国媒体热情回应了协议签署的消息,认为互换照会是对好战者的致命打击,也是舰队此次航行的必然结果。有一些报纸对协议的签署感到忧虑,大多数是担心互换照会会让美国卷入与日本纠缠不清的同盟关系中。日本人同样很欢迎双方互换照会,虽然也有人对于照会没有提及移民问题表达了不满。托马斯·萨蒙斯在给美国国务院

---

① Bailey, "The Root-Takahira Agreement," pp. 26 - 33; Esthus, *Roosevelt and Japan*, pp. 282 - 83; Neu, *Uncertain Friendship*, pp. 285 - 87; Jessup, *Root*, vol. 2, pp. 38 - 43.

② Ibid., p. 43; Rockhill to Root, December 16, 1908, *Despatches: China*.

的电报中写到,伊藤博文认为这份"关于门户开放"的协议"在'这个特殊时刻'是极为重要的"。林董发表的一份声明称,《鲁特—高平协定》并没有什么新内容,只是正式确定了双方之前的共识。前首相伊藤反对林董的这种说法,并强调了协议的重要性以及双方签署协议的强烈愿望。①

协议的签署在欧洲也受到了欢迎,就算在反日情绪高涨的德国也同样如此。德国曾希望与美中两国达成友好协约,以抵消英法俄结盟的力量。对德皇和德国外交部来说,《鲁特—高平协定》让他们的这个梦想最终破灭。尽管如此,德国很好地隐藏了失望的情绪。德国外交部称这一协议完全符合德国的远东政策。而英国、法国和俄国,正如所预料的那样,都十分满意。②

然而,华盛顿却出现了反对的声音。司戴德和时任第三助理国务卿的威尔逊依旧反对签署协议。司戴德把协议总结为是"一个应由西奥多·罗斯福负责的严重外交失误"。③ 而在威尔逊看来,"这是口惠而实不至的老一套,日方依旧言不由衷"。④ 此外,两人都认为这是日本先发制人,防止中美之间签署协议的手段。值得注意的是,司戴德当时正认真筹划为满洲银行的项目寻求贷款。他认为日本意在像接管朝鲜那样接管"满洲"。为了阻止日本,司戴德设法促进美国在"满洲"的商业发展。同样瞧不起日本人的威尔逊也十分支持司戴德。因此,两人自然是把《鲁特—高平协定》看作日本人阻挠他们的诡计。威尔逊后来回忆:

---

① Sammons to State Department, December 10, 1908, *NF*, Reel 328.
② Bailey, "The Root-Takahira Agreement," pp. 26 - 33; Esthus, *Roosevelt and Japan*, pp. 282 - 83; Neu, *Uncertain Friendship*, pp. 285 - 87; Jessup, Root, vol. 2, pp. 38 - 43.
③ Croly, *Willard Straight*, p. 272.
④ Huntington-Wilson, *Memoirs*, p. 169.

> 在协议中狡猾地提到的现状,特别是满洲的现状,其实已经让中国非常痛苦。日本政府的目的自然是想个法子告诉中国,日本和美国达成了友好协议,所以美国对中国的友谊毫无意义。协议签署的时机很完美,效果也正如日本所料。几天后到达华盛顿的唐绍仪深感沮丧。①

但是,由于光绪皇帝和慈禧太后相继去世,唐绍仪当时已经处于弱势地位,这一点应该注意。两人的去世削弱了唐绍仪在国内的主要支持者袁世凯的政治地位,加剧了唐绍仪的沮丧情绪,这是使其灰心丧气更主要的原因。日本人肯定已经明白唐绍仪这次出使的性质,②但他们不太可能仅仅为了阻止唐绍仪而订立协议,尽管这可能确实稍微增强了他们达成协议的意愿。

鲁特当然不同意司戴德和威尔逊的看法:

> 我签署的协议……否定了日本在中国的特殊利益。我的想法是,美国和日本在中国都有权益。虽然日本更加关注这些权益,并且有更多行使权利的机会,但他们的权利与我们相同,只不过这些权利对他们而言比对我们而言重要得多。③

鲁特还认为,该协议是他一贯以友好礼貌的态度对待日本人的最终结果。"促成该协议缔结的友好态度并不是体现在任何单一事件中,而是体现在一段时间以来的一系列行为上。"④

罗斯福在协议签署三周后写的一封信中表达了对这次外交

---

① Huntington-Wilson, *Memoirs*, p. 169; Croly, *Willard Straight*, p. 272.
② Bailey, "The Root-Takahira Agreement," p. 29.
③ 转引自 Jessup, *Root*, vol. 2. pp. 41 – 42.
④ Jessup, *Root*, vol. 2, p. 42.

结果的看法。这封信是他写给英国朋友亚瑟·李(Arthur Lee)的回信。亚瑟·李称该协议"对大西洋两岸挑拨离间的人来说是一次沉重的打击。"①罗斯福回应：

> 确实，与日本达成协议是一件值得全世界钦佩的事。正如您所说，这对大西洋两岸挑拨离间的人来说是一次沉重的打击——我想再补充一下，对太平洋两岸挑拨离间的人来说也同样如此……**我对日本一贯友好礼貌的政策，以及向世界各地派遣舰队，都取得了良好的效果。**②

罗斯福的书信和私人文件中都没有提及《鲁特—高平协定》的谈判，因此无法确定他除了支持关于协议的最初想法外，在协议达成的过程中发挥了多大作用。毫无疑问，鲁特会随时向总统报告谈判的进展，但不知道罗斯福是否为协议的措辞提过建议。不过，有一件事情是很清楚的。通过鲁特和罗斯福几乎相同的措辞可以看出，两人都深信，友好礼貌的对日政策是日美两国保持和睦关系的原因。罗斯福真心认为，舰队巡航对这一过程至关重要。这一想法或许也是正确的。

有人表示，有些学者研究《鲁特—高平协定》的条款仔细得"像研究圣经一样"。③ 确实，对相关文件的学术研究催生了关于此次换文真正含义和意义的各种观点。有人认为该协议是"一个明智的举动，因为它表明美国支持日本在中国的侵略行为"④；有

---

① Lee to Roosevelt, December 1, 1908, *Roosevelt Mss.*
② Roosevelt to Lee, December 20, 1908, *Roosevelt Letters*, vol. 6, p. 1432. Italicized in Morison.
③ Leopold, *Root and the Conservative Tradition*, p. 62.
④ John H. Latane, "Our Relations with Japan," *American Political Science Review* (November 1914): 593.

人说两国政府此次"主要是希望通过公开声明来表示日美已恢复友好关系,以抚平过去两年的摩擦,平息战争的谣言"①;还有人认为美国只是"坦然接受了在远东地区无法改变的事实"。② 到底哪种解读才是正确的呢?这些不同的观点主要集中在"满洲"问题上。一些学者认为《鲁特—高平协定》是一项交易,即日本人承诺尊重菲律宾,换取自己在"满洲"的自由支配权。持这种看法的人认为,日本通过同意限制移民,并在《鲁特—高平协定》的条款中承诺尊重彼此在太平洋的活动范围(对美国而言就是指菲律宾和夏威夷),向美国作出了重要让步。因此,自然可以认为美国也会以向日本让步作为回报。他们指出协议中提到中国完整性的那一节缺少限定词"领土",并且认为第二部分中"现状"一词指的是日本在"满洲"的权利。所以,他们得出结论:美国所作的让步是给予日本在"满洲"的自由支配权,代价是损害"维护中国领土完整"的门户开放原则。③ 另一种解读则认为,该协议表明,美国对中方提出的任何挑战日本在"满洲"利益的计划都不感兴趣。④

协议条款本身就含糊不清,因此人们可以对其确切含义(尤其是日本在"满洲"的地位)进行各种不同的解读。协议第二条指出,两国政府都旨在维持太平洋地区的"现状"。但是,文中既没有对"现状"一词进行定义,也没有指出所述地区的具体边界或其

---

① Esthus, *Roosevelt and Japan*, p. 285.
② Foster Rhea Dulles, *America's Rise to World Power, 1898 - 1954* (New York: Harperand Row, 1954), p. 71.
③ Griswold, *Far Eastern Policies*, p. 129; Battistini, *Japan and America*, pp. 62 - 63; Harbaugh, *Theodore Roosevelt*, p. 288.
④ Sutter, *U. S. -Chinese Relations*, p. 30. 王栋指出,1917 年《兰辛—石井协定》的订立进一步模糊了"太平洋地区现状的不确定性"。Wang, *The United States and China*, p. 147.

中包含了哪些具体领土。有人透露说,在这一条中提到中国,似乎将其适用范围限制在中国领土,同时也暗示出美国默许了当时"满洲"的现状。① 该条款还特别指出,两国政策都旨在"维护在中国贸易机会均等的原则"。如果美国同意接受"满洲"的"现状",那么这种状况也包括门户开放原则,这也是日本承诺捍卫的。而假如"满洲"也被包含在协议范围内,这一条就不能解读为美国对日本在"满洲"拥有自由支配权的正式承认。协议的第四节也指出,两国决心"使用一切和平方式"维护中国的"独立和完整"以及各国在中国开展贸易的平等权利。

协议没有在"完整"之前加上"领土"这一限定词,可能会被理解为是接受了日本控制"满洲"的意图,并同意了日本认为"满洲"不属于中国的观点。而反过来说,省略该词也可以理解成对中国更加有利。② 其实日本已经同意在照会中使用"领土"一词,但如果到了美国认为必须要维护中国领土完整的时候,就算照会没有包含"领土"这个词也绝对阻止不了美国的行为。确实,单单使用"完整"这个词就意味着美国可以根据自己的意愿来定义这个词,并且自由选择要沿着哪条路线来维护中国的完整。同时,由于协议完全没有提到中国的"领土完整",只要其他商人可以在"满洲"自由贸易,日本人就可以按照自己的意愿在"满洲"行事。实际上,两国通过照会含糊不清的措辞,给自己在"满洲"问题上留下了选择的余地。由于协议中并未具体提及中国的领土范围,双方都可以以自己认为合适的方式解释中国的完整性问题。因此,日本可以认为该协议认可了其在"满洲"的政策,而美国则可以自由

---

① Thomas F. Millard, *America and the Far Eastern Question* (New York: Moffat, Yardand Company, 1909), pp. 365 – 66.
② Jessup, *Root*, vol. 2, p. 37.

地表示同意或者不同意。这完全取决于两国如何看待"满洲"和中国在他们太平洋地区的位置。

罗斯福政府努力防止"满洲"完全落入俄国人或日本人手中,这体现出美国对门户开放的重视,也表明美国不愿意(至少在书面上如此)让日本在"满洲"拥有完全自由的支配权。美国对俄日两国施加的外交压力是在提醒他们,在中国内地和"满洲"地区都有美国的利益存在,哪怕这部分利益可能很少。罗斯福想维持"满洲"门户开放的表象,但他也愿意让日本来决定开放的程度。日本与英国、法国和俄国达成的条约和协议实际上只是让门微微开着,而罗斯福总统为了避免与日本敌对,也不愿强行让门户打开更多。鲁特和罗斯福都考虑到日本在"满洲"的利益更大,所以国务卿鲁特对"门户开放"问题也不会有太大的异议。两人制定美国政策时都希望日本不会——用罗斯福的话来说——"自以为了不起"而在"满洲"奉行残酷激进的政策。

或许,罗斯福寄给他朋友——英国外交官塞西尔·斯普林·赖斯的一封长信就极其准确地表达了他的看法。此信写于1904年6月,也就是塔夫脱和桂太郎对话的一年多以前,信上标有"私人信件——请注意别让任何人有机会看到"。这封信花了大量篇幅讨论远东的局势以及其他事项。在信件的一开头,罗斯福就表达了他对"东方战争"的浓厚兴趣,指出"我从来没有想到日本会像今天这样崛起……"总统接着向斯普林讲述了他与高平小五郎和金子坚太郎的午餐会(本章已述及)。①

罗斯福说,他已经警告过这两个日本人,"自以为了不起"地

---

① 在早前给金子的一封信中,罗斯福请男爵"下次来华盛顿时要告诉我。我希望与你及高平先生详谈这些事情"。Brands,*Selected Letters*,p. 360.

开展"傲慢的侵略事业"会面临什么样的危险——这么做可能会让其他国家难受,但"最终更难受的是日本"。他接着说,他希望日本能在大国的行列中占据一席之地。他讲道:"黄海周边地区关系着日本的最高利益,正如加勒比海周边地区关乎美国的最高利益一样。"罗斯福随后指出,两名日本人都同意他的看法,并接着讨论了日本自身对"黄祸"的恐惧,提到了13世纪后期蒙古人试图入侵日本一事。两人向罗斯福保证,日本渴望"加入人类文明圈"。然后,他们便开始讨论菲律宾和中国的话题。

> 当然,他们认真地向我保证,关于菲律宾的一切言论都是胡说八道。我告诉他们,我十分相信他们说的是真的,但我确实应该尽一切努力避免让日本或其他任何国家有侵略的借口;我相信,如果侵略真的来临,我们也完全有能力保卫自己。然后我说,就我而言,我希望看到中国完完整整,同时也很欢迎日本在中国发挥作用,带领中国沿着日本走过的路去发展,因为我认为世界各地都发展繁荣并且治安良好符合全世界的利益。我还补充说,除非大家对中国人的特质有什么误解,否则我认为他们将会为掌握这些而忙得不可开交。听到我这样说时,他们笑了,说他们很清楚日本在朝鲜会遇到多少困难,那些就已经够忙活了。

日本人表达了对俄国人的不信任,罗斯福也有同感。随后,讨论又回到了中国特别是"满洲"问题上。

> 从日本公使的话可以明显看出,他们希望把俄国人彻底赶出满洲,并将满洲交还给中国人,但他不确定中国人是否有足够的能力自治。我说,如果我们能找到一个中国总督,他在各大国的担保下有绝对的能力维持满洲的秩序,那当然

塞西尔·斯普林·赖斯
来源：美国国会图书馆印刷与照片部，华盛顿

最好不过了。但是我不知道这能不能做到，甚至不知道各个大国是否会对这个做法予以考虑。日本公使显然急切希望各国能普遍达成一致，保证中国在满洲的自治。①

---

① Roosevelt to Spring-Rice, June 13, 1904, Brands, *Selected Letters*, pp. 364–65.

这次对话进行时,日俄战争爆发才仅仅几个月,但是罗斯福关于日本、中国及其"满洲"地区的主要思想已经非常清楚。尤其值得注意的是,他评论了日本在远东地区的利益以及美国在加勒比地区的利益。他明确指出了在西半球存在着美国的利益范围,也暗示了美国可以接受日本在远东的利益范围。金子坚太郎说,日本的目标是将俄国彻底赶出"满洲",然后将"满洲"交还给中国。罗斯福对这句话很可能持保留态度。当俄国与法德两国在下关市举行的和谈中筹划"三国干涉还辽"事件时,日本就失去了"满洲"南部的控制权。因此,日本想夺回1895年失去的权益似乎非常合理,而罗斯福或许也记住了这一点。

1906年,罗斯福告诉他的朋友——前任指挥官、时任菲律宾摩洛省总督的伦纳德·伍德将军:"我完全同意你的看法。只要我们拥有比任何对手都强大的一流海军,我们就能保住菲律宾。"罗斯福认为日本人暂时不会对菲律宾动什么心思,因为他们会把当前的重点放在朝鲜和"满洲"南部。

> 如果日本攻击我们不成,它将会失去在日俄战争中获得的一切;如果获胜,它便把美国变成了永远对其深恶痛绝的敌人。除此之外,它也绝对会迅速失去与英国的同盟关系,并看到俄美,甚至加上德法都联合起来在远东摧毁它。

菲律宾"在未来的十到二十年,或者直到当前的国际政治形势发生变化以前"都是安全的。①

当然,罗斯福曾是美西战争后吞并菲律宾的主要游说者之一。在他的世界观里,美国应该把势力扩张到太平洋地区,阻止

---

① Roosevelt to Wood, January 22, 1906, Brands, *Selected Letters*, pp. 408-9.

德国或日本控制菲律宾或夏威夷。他必定也认为,美国应该控制加勒比海和太平洋区域那些最靠近美国海岸的岛屿。在捍卫美国应向太平洋扩张的立场时,罗斯福称这只是一种扩张主义倾向的延续,之前也是因为这种倾向促使美国人横跨了北美大陆。此外,美国可以负责将文明和民主带到这些土地,让他们到时候有能力自治。这些言论再加上罗斯福最喜欢提的男子气概和民族荣誉感,成功地在进入20世纪时激发了重新定义这个新兴国家命运的全国性政治复苏。①

罗斯福成为总统后,面对日本的崛起,他终于开始重新审视对菲律宾的吞并计划,毕竟这可能并不是什么好主意,因为占领菲律宾群岛导致了流血暴动和政治丑闻。上文引用的罗斯福给斯普林·赖斯的信中指出,他没有想到日本会像现在这样迅速地在国际上崛起。日本海军的表现,尤其是在日俄战争期间的表现,无疑让罗斯福进一步认识到夏威夷和菲律宾群岛的战略重要性,同时也让他意识到需要一支强大的海军来保护这两个地区。显然,他打算将后者落到实处。罗斯福已经向高平小五郎和金子坚太郎明确表示,美国完全有能力保卫自己的领地,但真正有能力做到这一点才是至关重要的。

一年后,也就是1905年6月,罗斯福总结了他的对日政策:

> 尽管我完全不知道我是否可以让国家根据我的政策行事,但我个人的观点非常简单。我希望美国本着礼貌、慷慨和公正的态度对待日本人。同时,我希望我们的海军不断壮

---

① Judis, *The Folly of Empire*, pp. 60 - 62; Aida D. Donald, *Lion in the White House: A Life of Theodore Roosevelt* (New York: Basic Books, 2007), pp. 80 - 81; Morris, *Theodore Rex*, p. 24.

大,每艘船作为战斗单位都保持着尽可能高的效率。如果遵循这种方针,我们跟日本人或其他任何人都不会有纠纷。但如果我们咄咄逼人,对其他国家态度恶劣,又或者将日本人视为劣等异族并试图像对待中国人一样对待他们,而我们又未能让海军保持尽可能高的效率和尽可能大的规模,我们将招致祸患。①

日本的移民危机以及由此产生的战争谣言只是加深了罗斯福对于如何最好地与日本打交道的看法。罗斯福向高平承认,这场危机"让我产生了比你所能想象到的更多的担忧"。② 到1907年夏天,尽管问题已经基本解决,但罗斯福还在细想与日本人开战的可能性,他的态度也显示出美国正在重新考虑其在太平洋地区的战略地位。罗斯福坦言:"我对日本这种局势的担忧超过了对其他事情的担忧,谢天谢地我们的海军状况良好。"派遣舰队进行全球航行"可以用一种和平的方式表明我们有能力将舰队派往全球各地"。③ 他甚至开始打听如何能在战时快速建造战舰。④

罗斯福在8月份给塔夫脱的信中称菲律宾为美国的"致命弱点"⑤。他还进一步对日本的崛起及其对美国在太平洋领地的潜在威胁表达了忧虑。让罗斯福感到沮丧的是,他无法让公众充分了解国家的安全需要,同时他也在思索是否应该让菲律宾早日独立。但由于日本施加的压力,美国在任何情况下都不能放弃这一

---

① Roosevelt to Spring Rice, June 16, 1905, Brands, *Selected Letters*, p. 387.
② Roosevelt to Takahira, April 28, 1907, Ibid., p. 455.
③ Roosevelt to Root, July 13, 1907, Ibid., p. 458.
④ Roosevelt to Brownson, July 26, 1907, Ibid., p. 460.
⑤ 译者注:原文为"heel of Achilles",阿喀琉斯之踵。原指阿喀琉斯的脚后跟,因是其身体唯一没有浸泡到冥河水的地方,成为他唯一的弱点。阿喀琉斯后来在特洛伊战争中被毒箭射中脚踝而丧命。现引申为致命的弱点,要害。

领地。美国"誓死"保卫菲律宾群岛,总比"被迫"把它们交给另一个国家要好。罗斯福的烦恼是可以理解的,因为到目前为止,美国在国际舞台上的经历可能还没有让美国人民准备好扮演总统为他们设想的角色。① 1904年日俄战争开始后不久,罗斯福在给斯普林·赖斯的一封信中提到了这一点:"我不认为美国会预见或者担忧未来爆发战争的巨大可能性。我想民主国家总是短视的,没办法预见那些还没挑明的事情。"②移民危机让罗斯福重新思考美国与日本发生冲突的可能性以及日本对菲律宾构成的潜在威胁。不可否认,日本已经进入世界大国的行列。罗斯福仍然认为,他对待美日关系的基本方式,即与对待其他大国一样,礼貌公正地对待日本,同时确保美国的实力足以遏制对其太平洋领地的潜在威胁是最好的选择。在他执政的最后几年中,他也继续奉行这一原则。他竭尽所能地确保美国不会因为"突然意识到"国际关系的现状而措手不及。

罗斯福也在考虑权力平衡的问题。支持日本在"满洲"的利益能让日本忙碌一阵子,转移其对太平洋事务的注意力,同时抗衡俄国在"满洲"的利益。日本可以帮助维护亚洲的稳定,推进中国的现代化,让中国人"沿着日本的道路去发展"。与日本保持良好关系不仅可以保护菲律宾群岛,还可以维持门户开放的表象,并且激励日本去促进东亚的繁荣与稳定。

因此,罗斯福和鲁特的政策是让美国对中国的兴趣保持在有限的范围内,以防日本将美国视为潜在敌人。美国已经接受了日

---

① H. W. Brands, T. R.: *The Last Romantic* (New York: Basic Books, 1997), p. 615-16; Henry Kissinger, *Diplomacy* (New York: Simon and Schuster, 1995), p. 38.
② Roosevelt to Spring Rice, March 19, 1904, Brands, *Selected Letters*, p. 358.

本的势力或利益范围会在某种程度上侵犯中国的领土完整这一事实,毕竟这符合罗斯福的战略,即利用他喜欢并尊敬的日本在亚洲抗衡他不喜欢的俄国。罗斯福认为,让日本人在"满洲"有一点自由空间,比冒着破坏两国和谐关系的风险去积极反对他们的政策要更加重要,毕竟两国的友好对于他利用日本来平衡亚洲局势的策略非常关键。然而,人们在日俄战争和哈尔滨争端后对门户开放的担忧表明,他们不能再容忍日本有更多的自由空间和侵犯行为了。① 尽管如此,美国并不准备诉诸战争来捍卫门户开放或中国完整,无论是领土完整还是其他方面的完整性。罗斯福知道,如果日本选择在"满洲"奉行美国反对的行动方针,只有战争能阻止它。他在卸任后谈到门户开放时说:

> 中国的"门户开放"政策是件好事,我也希望它未来依旧是一件好事,只要它能在普遍的外交共识下得以维持。但是,纵观满洲在俄国和日本统治之下的历史,事实证明一旦一个强大的国家决定无视"门户开放"政策,这一政策就会彻底不复存在……我们在满洲的利益确实不太重要,并不足以让美国人民为了这点利益冒险与别国发生冲突。

罗斯福警告说,美国不得在"满洲"采取任何会让日本觉得自身利益受到威胁的行动。② 因此,门户开放——至少在"满洲"的门户开放——只不过是说说而已。只要美国商人可以在"满洲"开展业务,罗斯福就很满意了,而日本人则口头上答应维护中国某种形式的完整,好让门户开放原则看起来正在实施。

此外,日本似乎不太需要与美国达成协议,让美国认可其在

---

① Neu, *Uncertain Friendship*, pp. 281 - 84; Esthus, *Roosevelt and Japan*, p. 285.
② Roosevelt to Taft, December 22, 1910, *Roosevelt Letters*, vol. 7, pp. 189 - 92.

"满洲"的地位。首先,日本在"满洲"的地位并没有受到罗斯福政府的挑战。其次,日本人非常了解罗斯福总统对中国内地和"满洲"地区的态度,因为罗斯福已经向高平小五郎和金子坚太郎表达过他的观点,而且这些观点也没有改变的迹象。移民问题并没有让罗斯福对在"满"日本人的态度强硬到想要迫使他们做出让步。如果说移民危机真的让罗斯福的态度有所改变的话,也只是让他在就"满洲"问题发出诘难时更加谨慎。日本人或许也认为,当时的候任总统、罗斯福的密友塔夫脱将继续奉行罗斯福的政策。最后,如果美日双方都打算就"满洲"问题达成共识,那么哈尔滨争端似乎很有可能在鲁特与高平的谈判中提及。

两国政府都希望向全世界表明,他们打算在友好的基础上发展两国关系,且过去两年的分歧并没有破坏这种基本的友好关系,这应该是达成《鲁特—高平协定》的主要原因。奥劳克林致罗斯福的信中表明,新上台的日本政府希望达成一项协议,公开展示这两个新兴大国的友谊。由于罗斯福和鲁特的政策都建立在与日本保持良好关系的基础上,他们愿意签署这样的协议就毫不意外了。但是对日本来说,希望维持两国友好关系可能还有另一个原因。

美国是日本的主要出口市场。1905 年 1 月《时事新报》发表的一篇文章指出,美国占日本对外贸易额的 21%。此外,日本对美出口额约等于日本与英国、法国和德国的贸易额总和。《时事新报》进一步指出,美国是生丝、丝绸产品、茶叶和"精美席子"的主要购买国,购买量约占这些产品总出口额的 30%。① 到 1908

---

① Translation of article in the *Jiji Shimpo*, dated January 18, 1905, enclosed in Griscom to Hay, January 24, 1905, *Despatches: Japan*.

年,日本对美出口额已经增至日本总出口额的近32%。①

美国不仅是日本出口商品的主要购买国,而且对日本的贸易也保持着逆差。例如,1900年,美国对日出口商品总价值为2910万美元,进口商品总价值为3270万美元,逆差360万美元。1903年,这一逆差增加了2320万美元。1905年,逆差降到只剩10.2万美元,而后在1906年又涨到了1410万美元。1907年和1908年,日本对美贸易顺差分别是3010万美元和2610万美元。② 出于实际考虑的商业理念让日本意识到,有必要与美国恢复友好关系,并在高平与鲁特的换文中显示出这种友好态度。

《鲁特—高平协定》的真正价值在于确认了日美之间移民问题的解决方式。另外,两国开战的传闻得以遏止,看到两个大国一心想要保持友好关系,世界各国也打消了疑虑。这是换文的主要作用,可能也是达成协议的主要原因。文件本身含糊不清的条款内容表明,它不过是一份公共关系声明。双方都只是重申了彼此以前就表达过的看法,特别是关于门户开放以及彼此在亚洲及太平洋地区领地的看法。不过这一次,他们选择了公开声明,让全世界看到两国之间没有敌意。这份协议没有提到(很可能是故意没有提到)导致两国关系紧张的两个关键:移民危机和"满洲"问题。1908年2月两国换文达成的《君子协定》似乎暂时解决了移民问题,但哈尔滨争端仍未解决。这些重要事项略去不提进一步表明,该协议只是为了消除两国的隔阂。鲁特称该协议旨在消除"关于美日不和的荒谬流言",这或许已经很好地总结了两国的意图。③

---

① *Statistical Abstract*, 1909, p. 770.
② *Statistical Abstract*, 1905, p. 221; Statistical Abstract, 1909, p. 373.
③ Quoted in Esthus, *Roosevelt and Japan*, p. 285.

  毫无疑问,双方都认为自己从这份协议中获得了某些好处。让日本感到满意的是,协议将美国纳入了日本与法国、俄国和英国达成的条约和共识网络中,切断了美国与中国达成协议的可能性。此外,协议削弱了唐绍仪在国内的政治支持,破坏了唐绍仪的任务,虽然这其实与慈禧太后的逝世关系更大。① 当然,协议也保证了持续的和平,并保障了日本在亚洲的领地不受侵犯。同样,对于美国而言,保证和平以及平息战争流言是签署协议的重要收获。美国也获得了日本的正式承诺,保证不侵犯其在太平洋地区的领土,尤其是夏威夷和菲律宾。此外,达成外交协议是罗斯福和鲁特维护门户开放政策的唯一可行方式,他们的确成功地让日本宣布会遵守门户开放原则。最后,罗斯福和鲁特都认为该协议证明了他们对待日本人的方式是正确的。

  总之,《鲁特—高平协定》旨在消除残存的美日战争谣言,公开重申两国的友谊。美国没有用菲律宾来交换"满洲",但是美国未能在中国完整性的条款中加上"领土"一词,导致了协议条款含糊不清,双方都可以按照自己的意愿来解读日本在"满洲"的地位。虽然日本没有获得在"满洲"的自由支配权,但美国似乎还是在事关中国领土完整的门户开放原则上作出了让步。双方自然都觉得自己从协议中受益,对罗斯福而言,《鲁特—高平协定》是他用礼貌公正的态度对待日本,同时让海军做好准备应对一切后果的政策结果。就这一点来说,罗斯福和鲁特的政策或许是成功的,但这种成功取决于日本和美国一样也想保持两国的和平友好关系。如果日本选择采取更强硬的路线,或者奉行更激进的政

---

① Croly, *Willard Straight*, p. 276; Jessie A. Miller, *China in American Policy and Opinion*(PhD dissertation, Clark University, 1940), pp. 321 – 22; Hunt, *Frontier Defense*, pp. 175 – 76.

策,美国可能真的会面临战争的风险。到那个时候,罗斯福要么可能被迫彻底放弃门户开放政策,给予日本人在亚洲完全的自由支配权,以弥补太平洋沿岸的反日骚动对日本的冒犯,要么被迫为了菲律宾发动一场美国人民不想打同时也没有准备好的战争。因此,双方都为保持和平和维护友谊作出了贡献。

然而,日美和睦对中国并没有多大好处。日本继续在"满洲"保持着强大的势力,现在还可以说美国同意了其日益扩大的霸权地位。对于那些了解《鲁特—高平协定》的中国人来说,开放的门户肯定已经迅速关闭了,至少在北方是如此。协议条款的含糊不清无疑让中国对脱离日本的魔掌不抱什么希望了。大多数了解协议的中国人可能都会觉得,协议背离了维护中国领土完整的门户开放原则。

在中国人眼中,这份协议也有一定的傲慢性质。两国承诺捍卫中国的"独立和完整"无疑激怒了许多中国人。他们一定很厌恶这其中的暗示,即只有其他国家能捍卫中国的独立,哪怕事实确实如此。对中国而言,《鲁特—高平协定》必定是一种冒犯。不管美国人和日本人有多么满意,这份协议都不可能让中国高兴。显然在亚洲,罗斯福和美国政府更关心日本而非中国的感受,特别是在"满洲"的门户开放方面。

结　语

西奥多·罗斯福就任美国总统时,中国大地正处于动乱与变迁之中。19世纪的中国苦难深重:鸦片贸易带来冲击,白银大量外流,两次鸦片战争均遭惨败;内乱频起,造成巨大破坏;东北部分领土被俄国吞并;两次国内改革宣告失败;甲午中日战争遭受重大失败,随后日本等列强掀起瓜分中国狂潮,在华划分势力范围,等等。20世纪初,打着"扶清灭洋"口号的义和团运动兴起,最终被八国联军镇压。随后签订的《辛丑条约》正是列强为义和团运动期间产生的生命和财产损失而对中国实行的惩罚。从鸦片战争爆发到《辛丑条约》实施,整整六十年的内忧外患使清王朝国力衰微,摇摇欲坠。义和团运动之后,中国现代化的改革措施集中在军事、教育与经济方面,但清政府并未对政治改革给予足够的关注。与此同时,由于清王朝无法取得改革成功的事实已经显而易见,革命的种子也已然播下。美国没有加入瓜分中国的队伍当中,而是号召各国尊重大清帝国的领土完整,并呼吁在华贸易机会均等。

1909年3月,西奥多·罗斯福搬出白宫。他完全有理由为自己的整体政绩感到自豪,但在中美关系方面,他并未取得太大的成就。从某种程度上说,他可以认为自己的对华政策是成功的。美国成功避免了与在亚洲地区互相竞争的列强发生冲突,俄国对"满洲"的野心也得到了遏制,虽然说这种遏制更多是日本的功劳而非美国。中国对"满洲"的掌控微乎其微,而且在罗斯福总统任期的这段时间里也并没有变得更强。唯一的区别在于,"满洲"地区不再只受到一个国家的威胁,而是有两个国家相互较劲。但从罗斯福的角度看,这其实无妨,因为他相信日本能够好好挫一挫俄国在远东地区的勃勃野心。

但对中国人来说,情况与日俄战争前相比不但没有好转,可能还变得更糟了。罗斯福获得了诺贝尔和平奖,日俄瓜分了"满洲",英法德三国在中国其他地区保留了势力范围;中国却只得到几句承诺,说中国的完整会得到保护,而且"完整"一词还可以有不同的解释。日本与俄国在"满洲"建立特殊的利益范围,这对中国造成了毁灭性的影响。"满洲"是清朝统治阶级的故乡,是中华帝国不可缺少的组成部分。中国对"满洲"地区的掌控先是遭到俄国的侵袭而削弱,现在更是进一步减弱。门户开放依然有效,但美国显然对第一份门户开放照会中规定的贸易机会均等更感兴趣,而对第二份照会对维护中国领土完整的号召不甚上心。很明显,罗斯福在中国领土(至少是在中国边境地区)的完整性问题上做出了退让。至此,"满洲"的未来落到了日本人和俄国人的手中。

中美之间的直接关系并无多少值得注目之处。罗斯福政府与中国打交道时,视角颇具局限性,而且带有刻板印象,这阻碍了罗斯福政府采取更支持中国的政策。中国国内局势动荡,国民情感激荡,美国对此却并不真正理解,因此也没有做出任何实质行动以减轻或消除中国人逐渐产生的反美情绪,如在抵制美货运动中表现出来的敌意。罗斯福政府往往选择欺压清政府,而不是与之合作或试图为中国的问题寻找解决方案。美国期望中国能顺着自己的意思,而不会与美国对着干,就连庚子赔款的减免也是按照美国的条件来实行的。

上述态度表明,美国认为自己的价值观和实力均优于中国,所以美国付出了大量的努力使中国人通过美国的视角看待自身。其中,美国传教士尤为坚信,中国人想要变得像美国人那样;鉴于这些传教士花费了大量时间来拉近中美文化的距离,他们产生这种看法也是可以理解的。可即便如此,19世纪时期形成的刻板形象还是延续到了20世纪初,这也影响了美国处理对华关系的方式。同时,美国一直有种想要做好事的利他主义冲动,这个贯穿美国外交关系的主题也发挥了作用,中国成了美国行善的对象。因此,美国教育家、传教士、外交官和商人们都在努力给中国带来民主制度、资本主义思想、科学知识和基督教精神,不是为了别的什么,只因为这是正确的事。① 这些态度很清楚地体现在罗斯福政府的对华政策中。

西奥多·罗斯福与大多数美国人不一样,他对那个名叫中国的神秘东方国度还是有些了解的。罗斯福很幸运,因为他在政府内外都认识了解中国或对处理中国事务颇有经验的人。总的来说,关于中国,罗斯福与他的顾问和朋友们有相似的观点和立场。他们对中国的印象并不好,这反映了美国对中国的总体看法。中国被认为是一个卑微、弱小而腐败的国度,它完全呈现了一个国家失去那些使其强大的品质后会落得什么下场。美国的对华政策本质上是基于对中国的刻板印象,即认为中国是一个缺乏西方价值观念的弱国,且须通过学习西方的标准和原则才能得到"拯

---

① Terry Lautz, "U. S. Views of China: History, Values and Power," in *The United Statesand China: Mutual Public Misperceptions*, Douglas G. Spellman, editor, pp. 8 - 16.

救",进入现代社会。虽然这种天真的想法没有妨碍有效决策的形成和实施,但的确使得美国没能采取更加开放和宽容的态度对待中国。罗斯福和他身边的人对中国发生的事并非一无所知,但他们缺乏真正的理解,因此限制了政策的形成以及对事件的响应能力。不仅是美国,其余列强也常常把中国人当作不服管教的孩子来对待。

中国面临的主要问题在于,各国以中国为舞台相互较量;尤其是在"满洲",俄国与日本野心勃勃,危及那里的门户开放。罗斯福虽想捍卫海约翰在门户开放照会中提出的原则,但由于在亚洲没有很强的切身利益,美国在亚洲的存在感有限,也就处在了相对弱势的地位。俄国于1902至1903年间破坏门户开放,美国对此的回应却仅限于向俄国施加外交压力,以维护美国在"满洲"的权利。然而事实证明,日本1904年对俄开战这一决定才是遏制俄国对"满洲"野心的唯一有效措施。日本决定开战,部分是因为美国明显不愿意多作为,只想依靠外交手段来遏制俄国在"满洲"的行动,而这些行动威胁到了日本对朝鲜及"满洲"南部的野心。考虑到美国在中国的存在感与利益均有限,罗斯福的举动是明智的。如果日本人期待美国做更多,他们注定要失望了。"满洲"对日俄而言比对美国来说重要得多;因此,如果说哪个国家要通过战争来阻挡俄国在"满洲"的势力扩张,那一定会是日本而非美国。

日俄战争只不过是让日俄两国得以瓜分"满洲"而已;它也表明了世界各国对中国的野心可能引发的种种危险。罗斯福本可以尝试发起一场关于中国问题的国际性会议来巩固门户开放政策,会上也许能够对门户开放做出更清晰的定义,达成更有力的承诺。不过,几乎可以肯定的是,其他国家会拒绝参加此类会议,因为它们主要的兴趣点还是在于维护各自在中国的利益范围。另一方面,日本却单方面订立了一系列协议,这些协议里都承诺会遵守海约翰的外交照会,包括尊重中国的领土完整。这就给罗斯福政府带来了一个问题:面对两个正在瓜分"满洲"的国家,该如何维护这样一个连定义都含糊不清的门户开放政策。

罗斯福选择把日本作为制约俄国的缓冲。日本在"满洲"的势力同样危及门户开放,但罗斯福确信,日本人起码暂时能够维持"满洲"地区的门户开放。日本违背门户开放时,美国表示了抗议,但并没有施加足够的压力。这其中的原因包括:比起俄国,罗斯福更信任日本;他需要日本的友谊来维持自己的政策,即制衡在"满洲"地区互相较量的几个国家;况且,美国在日本移民问题上产生的骚动已经激怒了日本,罗斯福不希望进一步得罪日本。当然,他也意识到了美国在亚洲所处的弱势地位。

围绕"满洲"而起的众多争端中,美国最关心的始终是门户开放一事。而门户开放政策推行过程中遇到的种种困难也表明了该政策的矛盾之处。第一份门户开放照会呼吁各国应在中国享有平等的贸易机会,但同时又接受了甲午中日战争后列强瓜分中国的行动。第二份门户开放照会声明美国主张维护中国的领土完整。虽然没有明言,但这份照会隐含的意思或许是,超出现存势力范围的进一步破坏中国领土完整的任何行为都是不可接受的。如果眼看着外国对中国部分地区加强控制却袖手不管,长远来看将威胁到中国主权。然而,罗斯福政府明白,美国对此无能为力。只要美国在中国的贸易机会能得到保障,罗斯福和国务院就心满意足了。维护门户开放意味着坚持第一项原则,而在第二项原则上做出让步,甚至将其取消。从实际情况来看,罗斯福政府也没有什么别的选择了。美国在远东地区的势力不强,对中国有刻板印象,公众也普遍对亚洲缺乏兴趣,这些因素都导致美国难以对此类问题做出积极应对。即使罗斯福想要为捍卫门户开放而战,战争也不是可行选项,更何况他显然没有这个打算。罗斯福总统认为,他所能尽到的最大努力就是通过外交方式呼吁列强遵守门户开放照会中提出的几项原则。

此外,美国对中国抱有轻蔑心态,或者说是一种家长式专制,这让美国很容易倾向于选择第一份门户开放照会中对各势力范围的认可和对势力范围内平等贸易机会的呼吁,而摒弃或轻视维护中国领土完整的承诺。虽然美国仍然公开主张维护中国领土完整,但美国关注的重点则是中国的市场。事实上,只有在列强间形成某种联盟,反对任何国家将现有的势力范围变为自身领土,中国的领土完整才有可能得以实现。美国没有能力仅靠自己的力量来维护中国的领土完整;并且,美国认为中国必须学会自立,也必须向西方学习,这就意味着美国只会笼统地请求各国保证中国的领土完整,除此之外不可能再为中国做得更多了。

虽然第二份门户开放照会坚持承诺维护中国领土完整,但这份承诺是相对次要的。美国最关心的是中国市场的准入问题,尤其是在那些受其他列强控制的"利益领域"内。罗斯福等人很清楚,中国解体将在国际上带来严重后果,但他们的选择又十分有限。提及中国时,美国公众往往更关心中国市场的潜力或是美国传教士们的在华活动;公众既希望阻止中国劳工同美国工人争夺工作岗位,又要确保美国的商人、商品与传教士等能在中国得到他们应得的机会。当然,要想这么做,首先必须确保中国的领土完整,但美国关于维护中国完整的政策建立在以下基础之上——美国不仅希望进入中国市场,还希望在将来主宰中国市场。

埃略特·A.科恩(Eliot A. Cohen)提到了大英帝国低调行事的艺术。① 他指出,大英帝国19世纪政策的其中一项做法,就是尽力避免其余列强联合起来与英国对抗。在某种程度上,罗斯福也奉行了相似的政策。尽管有时容易咄咄逼人,但罗斯福的对华外交还是比较务实的。美国默认中国的领土完整早已遭到破坏,但不愿见到中国进一步分崩离析——美国对门户开放政策的维护也是基于这种观点。罗斯福能够很好地理解他那个时代的国际关系,他决心维持权力体系的平衡,这种平衡是当时全球政治的基石。罗斯福不得不依靠由那些在中国有利益关系的国家组成的非正式联盟来维护美国的门户开放政策。然而,为了保住这个非正式联盟,他必须接受一些针对门户开放的限制条件,这就意味着要在某种程度上淡化第二份门户开放照会,而更重视第一份照会及其对贸易机会均等的呼声——反正美国也确实更关心后者。所以,罗斯福从未为了中国、更从未为了"满洲"而向任何国家发出过威胁,美国也从未让其余列强觉得美国实行反对"特殊利益"(或是任何用来描述列强在华利益范围的委婉语)的政策,以防某些国家联合起来反对门户开放并阻拦美国进入中国市场。与此同时,美国国务院一面温和地诱导和提醒那些可能破坏门户开放的国家不应违背承诺,一面依靠那些在亚洲有更大利益关系并参与更多(经济或战略)相关事务的国家来支持美国,从而维护中国的完整。必要时,美国也会朝中国挥舞大棒,因为当时的主流观点是,中国是个顽拗的国家,在走向现代化的道路上

---

① Eliot A. Cohen, "History and the Hyperpower," *Foreign Affairs* 83, no. 4 (July/August 2004): 59.

时常需要一些管教。但美国从来没有为了日本或欧洲列强的在华利益而变得强硬,这或许反映了罗斯福早些年在美国蒙大拿州当牛仔的时候学到的一个基本准则——"没打算开枪就别拔枪"(never draw unless you mean to shoot)。有趣的是,罗斯福政府愿意接受俄国关于门户开放的空口承诺,却选择与日本签订协议,规定美日两国均应在中国捍卫门户开放政策。美国与这两个国家之间的问题是相同的,那为什么美国不和俄国也签订一份协议呢?答案很简单:罗斯福不喜欢也不相信俄国,但他欣赏日本也信任日本,所以更愿意和日本人达成协议。更重要的是,从地缘政治的角度来看,比起俄国,日本对美国在太平洋地区的殖民地构成了更大的潜在威胁,这一点在日俄战争后变得格外明显。

话虽如此,但考虑到俄国的虚伪已经引发了诸多怨言,如果只是单纯地依靠俄国人的保证,就算是最好的情况也会有风险。对罗斯福和海约翰来说,更明智的举动应该是设法就"满洲"地区的门户开放与俄国达成某种协议。然而,也许他们非常肯定日本会及时出面与俄国对峙,并且预料胜利会属于日本,所以觉得没有必要与俄国签署协议。当然,这种推论的前提是美国真的有想过就"满洲"地区的门户开放去跟俄国谈判。

此外,美国与日本签订协议的背后还有更迫切的原因。二者曾经有段时间关系紧张,甚至有传言说可能会开战。《鲁特—高平协定》正是为了表明两国已恢复友好关系而签订的。罗斯福想要实行维持日俄均势的政策,就必须与日本保持和睦,所以他更愿意与日本人签订协议。这份协议不但标志着美日和解,还使日本承诺至少会遵从门户开放的第一项原则。日本同样也有充分的理由(尤其是经济方面的理由)去申明两国之间的友谊。

"满洲"问题引发的角逐之激烈,仿佛中国本身一点都不重

结 语

要。美国确实向中国提供了一些帮助,特别是在对抗俄国方面,但支持的力度微乎其微。这种帮助和支持往往反映的是美国驻当地外交官的关注,而非美国国务院的关注。美国极少独立行动,而是倾向于与其他关心本国在华利益的国家一同行动。英国通常提供最多帮助,其余列强则偶尔加入。除此之外,美国好像更关心自己的在华特权而不是中国的权利。举个例子,对罗斯福政府而言,"满洲"争端的核心问题是保护美国的利益;中国的利益似乎是次要的。而且,美国给争夺"满洲"的几个国家施加了多少压力,就会给中国施加同等的压力,甚至更多。中国始终处于这些争端的中心,既面临着被入侵的危机,又被要求保护自己几乎无力保护的东西。最终,中国迫于无奈,只能依靠列强之间的斗争来维系局势的平衡,并祈祷自己最后不会失去太多。

在美国与中国直接打交道的过程中,主要的问题集中在移民、美国贸易与投资以及与中国国内日渐高涨的民族主义的关系上。中国劳工移民美国遭到无理限制,再加上美国对所有中国人的偏见,导致中国掀起了一场抵制美货运动。

就这点而言,罗斯福政府犯了文化种族主义的错误。他们认为中国不像日本那样有适应西方文化的能力。或者按照陈国维(John Kuo Wei Tchen)的说法,中国人"坏",日本人"好"。这些观点也反映了美国对"黄祸"的恐惧是由具体情境引发的,而且是选择性的;同时,反对中国移民(以及后来的日本移民)还有经济上的原因。二者结合在一起,催生了一场将华人劳工拒于美国之外的运动。①

---

① Tchen, "Notes for a History of Paranoia," *Psychoanalytic Review* 97, no. 2 (2010): 270.

由于美华合兴公司没有严格履行合同且违反了合同的部分条款，中国向该公司收回了粤汉铁路路权。罗斯福虽然把抵制美货运动镇压了下来，却未能阻止铁路合同被取消，也没能争取到折衷方案，让中方向美华合兴公司支付巨额赔偿。在处理这两件事情时，罗斯福总统无视中国人的民族尊严，也放任中国国内逐渐觉醒的民族情感，而太过热衷于挽回美国的声誉。美国对这些事件的应对显得既傲慢自大又粗鲁无礼，既没有试图用外交方式解决问题，也不曾努力从根源上解除中国人的痛苦。罗斯福眼中的中国是一个落后的国家，他的这种看法导致他在寻求解决方案的过程中没有更多地考虑中国人民的感受。罗斯福政府虽然设法解决了问题，但没能根除事件的起因，并为此付出了高昂的代价——中国人对美国使用的霸道手段感到不满和憎恶。

罗斯福政府恃强凌弱，坚持要求清政府做一些根本做不到的事情，这只会凸显北京方面与日俱增的软弱无能。清政府内乱频起，且无力应对列强，事实一次又一次地证明，大清帝国已是摇摇欲坠，濒临瓦解。中国尽其所能地利用列强间的竞争来保全自己，但中国的挑拨离间很可能还不如列强之间的互相猜忌有用。另一种可能是，大多数列强断定，已有的势力范围已经足够，没有必要进一步瓜分中国。因此，这些国家选择继续向清政府索取特权。清政府一次次屈从于列强的要求，而且无力收回已经给出的特权，这更加表露了清政府山河日下的本质。美国不是唯一对中国颐指气使的国家，但美国与其余列强的态度和行动都促使了清王朝的衰败和覆灭。罗斯福离任后仅仅过了三年，清王朝就灭亡了。

美国对中国国内逐渐兴起的民族主义运动缺乏敏感度，或许因此发展出了后来的态度和观念。美国冷漠而傲慢地认为中国的传统生活方式落后陈腐,同时又过分简单地(或者说天真地)假定,只要西方"引导"中国进入现代社会,中国的各种问题就会迎刃而解。这导致美国忽视了中国国内一场正在酝酿的骚乱。罗斯福等人的观点可以说是代表了他们所处的那个时代:他们对中国有着居高临下的优越感,认为中国只有在西方世界的帮助下沿着西方的路线迈入现代化后,才能成为国际社会的一部分并发挥作用,同时为世界提供一个更优质的中国市场。然而,此观点没有考虑到的是,中国在列强六十多年的侵袭和欺压下,无论是政治、经济、文化还是社会方面都已经遭受了巨大创伤,中国人也因此被迫从各个层面重新审视本国的传统文化。外人并不能完全理解,西方化(美国人眼中还包括了民主化)就算有可能实现,也并不是轻易能够达成的。尽管各怀心思的列强为中国指明了现代化道路,中国也必须靠自己进入20世纪,并且必须自主决定该怎样把现代社会与中国的传统生活方式融合起来,抑或是干脆将传统全盘抛弃。1978年以来,中国在经济、军事与社会等方面已经进行了非凡的改革,但直至今日,中国也仍在为同样的问题而苦恼。许多人认为,单纯依靠当代的(比如西方或美国的)政治、经济、文化和社会价值体系就能够实现和平与繁荣。但这一假定依旧无视传统社会内部面临的首要难题:如何在现代规范与传统生活方式之间找到平衡。中国的变革绝非一帆风顺,今天世界上其他传统社会想要做出改变也并非易事。在罗斯福的那个年代,中国正在为变革而挣扎,罗斯福和许多与他同时代的人都不能真正理解中国愈演愈烈的动荡局面。美国没能意识到,中国国内的某些内部因素牵制了清王朝的统治能力和有效实施外交政策的能力。因此,美国采用了和其余列强相同的方式来与中国打交道。罗斯福不希望中国解体,但他更关心如何确保美国在中国市场占据一席之地。比起这个,中国的命运就不那么重要了——这是一个挣扎求存的国家,它的独立自主受到各大国的帝国主义野心的威胁。人们有时会用"特殊"这个词来形容中美关系,可即便如此,这也只意味着美国对中国的侵扰、剥削和霸凌均不及其余列强的程度之深。然而,美国处理中美关系的方式还是成了中国"百年国耻"的一部分。该表述是当代中国对中西方关系的解读,也是对鸦片战争至1949年中国共产党取得胜利之前的中国百年屈辱历史的看法。

这无疑是罗斯福政府处理中美关系过程中真正的失败。美国明显没有认识到清王朝已然变得如此软弱无力,也不清楚中国民族主义情绪正不断高涨。这说明,美国将中国人民爱国情怀的表现(以抵制美货运动为例)错误地解读为一个落后民族的不良行为,因而必须将其镇压。这类情况下,美国采取的基本政策是支持清政府并确保美国利益不受损害。但"确保美国利益不受损害"通常意味着强迫中国保护美国利益,这只会更加凸显清王朝的积弱无能,还会鼓动中国人民的民族主义情绪,进而激起中国改良派和革命者的斗志。所以,尽管美国和其余列强都努力维系清王朝的生命,但他们的政策加快了清王朝的覆灭。西方列强及日本很可能并没有充分认识到这些政策会带来什么样的后果。至少美国就未曾真正把中国国内的这种新思潮当回事(或者说没有努力去了解),这表明罗斯福政府忽视了一个重要因素。倒不是说罗斯福应该在政策上支持孙中山等正在积蓄力量推翻清廷的革命者们,但如果美国能够充分理解中国人民的民族主义情感和他们对满人统治者的敌意,美国也许就能在掌握更多信息的基础上更好地处理中美关系。

查尔斯·诺伊(Charles Neu)称罗斯福为"美国的第一位战

略思想家",并且认为能与之匹敌的唯有约翰·昆西·亚当斯(John Quincy Adams)①和理查德·尼克松(Richard Nixon)。诺伊指出,罗斯福"对国际关系的战略架构投入了很大精力,思考非常深入",虽然他对战略思考的注重有时会让他"忽略了那些能够让他的政策更好地延续下去的细微之处"。② 乔治·赫林(George Herring)认为罗斯福采取了"史无前例的举措",并论证罗斯福能够胜任世界领袖之位。"罗斯福承认美国在中国和朝鲜的利益有限,也意识到了菲律宾乃至夏威夷的脆弱之处。他拒绝作出那些他不能坚守的承诺,在东亚问题上可谓是一位高明的实用主义者。"③

美国著名外交家亨利·基辛格(Henry Kissinger)认为,罗斯福"在美国对国际关系的处理上占有独特的历史地位"。罗斯福肯定美国在世界范围内扮演的行善者角色,但在行动上会以美国自己的外交利益为基础。这反映了罗斯福对自己国家的理解:美国和其他列强一样,首先是一个大国,"而不只是美德的伟大化身"。罗斯福完全根据国家利益来定义美国扮演的角色,而且跟之前的美国总统不同,他"认为国家利益完全等同于势力均衡"。在基辛格看来,罗斯福的务实观点、对国际秩序的看法以及他对全球权力均衡的追求很有欧洲风格,会让人联想到英国首相迪斯

---

① 译者注:美国第六任总统(1825—1829)。
② William N. Tilchin and Charles Neu, *Artists of Power: Theodore Roosevelt, Woodrow Wilson and their Enduring Impact on U.S. Foreign Policy* (Westport: Praeger, 2005), pp. 42-43.
③ George Herring, *From Colony to Superpower: U.S. Foreign Relations since 1776* (New York: Oxford University Press, 2008), pp. 376-77.

雷利①(Benjamin Disraeli)和帕尔姆斯顿②(Henry John Temple Palmerston)。③ 罗斯福从地理位置、政治背景和文化背景三方面界定美国在世界上的地位,他相信美国已经做好了在国际事务中发挥"重要作用"的准备。罗斯福希望美国能够继承英国在19世纪曾经扮演的角色;为了实现这一愿望,他采取了美国外交政策史上前所未有的方式,把主要关注点放在了地缘政治因素上。因此,罗斯福外交政策的目标是"维持均势,密切关注欧亚大陆局势,不允许任何国家完全掌控某一战略区域而打破平衡,以此维护和平"。基辛格注意到,这"对一个在此之前都以孤立主义为主要特征且将本国海军部队视为海防工具的国家而言,可谓是惊人的雄心壮志"。他还推测,如果罗斯福在1912年大选中胜利或是由他的追随者继任总统一职,"他很可能会把美国带入威斯特伐利亚式的国际体系(或某种变体)"。④ 但基辛格同时也指出:"罗斯福不是晚生了一百年,就是早生了一百年。1919年罗斯福去世,他处理国际事务的方法也失去了生命力;自那之后,研究美国外交政策的重要学派都不再提到他的名字。"⑤

美国历史学家H. W. 布兰兹(H. W. Brands)指出:"罗斯福还为美国的角色树立了标准,即承担维护国际秩序的责任。这也成了20世纪美国的又一个鲜明特征。"在历任总统中,罗斯福首先认识到美国具有在西半球以外地区发挥影响力的潜力;而且在带领美国称霸世界的过程中,罗斯福"打破惯例和常规",正如他

---

① 译者注:英国著名政治家、小说家,曾任首相。
② 译者注:英国政治家,曾任首相。
③ Kissinger, *Diplomacy*, pp. 38-43.
④ Kissinger, *World Order*, pp. 247-56.
⑤ Kissinger, *Diplomacy*, p. 54.

的对内政策一样。① 不过,罗斯福和后来的美国总统不同的是,他还意识到了美国力量的局限性,知道美国不能单方面决定世界性问题的解决方式。

然而,由于美国在亚洲地区奉行的是被动回应而非主动积极的外交政策,罗斯福政府在与中国打交道时并无真正的创新之举。美国在亚洲的利益基本上被定义为维护中国市场的准入资格和保护美国有限的在华势力,同时确保中国履行条约义务。反映美国在华利益实际情况的均势政治成为维持门户开放的关键所在,美国希望以此确保中国市场对其开放。由于固守其模式化观念,同时认识到影响其对华政策的固有局限性,美国虽然能够应对发生的问题,却不能对问题做出预测或找出解决方案。想要彻底走出这种困境,尤其是因各国在远东地区互相竞争而造成的窘境,大概是不可能的;但针对中美两国的双边关系,原本很有可能找到更好的方式从根源上解决两国之间存在的问题。不过,罗斯福和他的下属们对中国和中国人民持有狭隘的态度与观点,这阻碍了他们找到所谓的更好方式。而司戴德和威尔逊(Woodrow Wilson)等人虽然对深受苦难的中国更为同情,却没有足够的影响力来改变那些刻板观念。罗斯福和他的下属们囿于自身对中国的刻板印象,失去了拉近中美距离与交流两国文化的机遇,或许还失去了使中美两国关系更加友好的良机。

今天的中国已经成长为一个有能力挑战美国世界霸主地位的大国,这意味着美国领导人必须认真思考中美之间的关系。一战结束以来,美国始终致力于建立基于美国价值观的国际秩序。

---

① Brands,*TR*,*The Last Romantic*,p. 813.

"但威尔逊主义不可能成为后冷战时代的唯一基础"。① 如果美国暗示,中美关系的基石是由美国给予且随时可能被美国收回的恩惠,而非两国之间的互惠互利,这只会引发北京方面的不满,还让美国显得无礼冒犯和不可信赖。② 美国必须做出艰难的抉择,而且这种抉择应该以当代现实情况为根据,而不是基于自以为正义的故作姿态。③ 也许美国在处理与中国及其他国家的关系时,是时候重新反思罗斯福的实用主义了。

此外,不能小觑言辞背后的意义及其对中美两国如何看待彼此的潜在影响,这一点也同样重要。攻击中国的政策及其背后的动机不但会导致误解,也令人担心最终会引发敌意。把中国描述为一个正在"崛起"的大国尤其令中国人感到气愤。他们认为,一百多年前西方国家及日本利用了中国的内乱与衰败,对中国实行殖民剥削;而一百多年后的现在,中国的转变不是崛起,而是恢复从前的辉煌。因此,中国希望在东亚地区发挥自己的影响力,这在中国人眼中不过是回归到"正常状态"。听到外国人说中国需要变得更加成熟时,中国人会感到愤懑是再自然不过的事,毕竟他们的祖国有着数千年的历史。④ 中国的许多邻国虽然曾是中国的附属国,却希望美国继续在东亚地区发挥作用,为的是维持该地区的均势而非对抗。因此,美国必须在不与中国对峙的前提下找出办法来解决中美之间不可避免的分歧,否则两国可能会面临最坏的情况,而且这种情况还可能会失控。⑤ 如果确实产生了

---

① Kissinger, *Diplomacy*, p. 811.
② Ibid., p. 830.
③ Ibid., p. 834.
④ Kissinger, *On China*, p. 456.
⑤ Ibid., pp. 457 - 58.

分歧,届时可以结合均势战略和外交伙伴关系来缓解问题。①

希望本世纪美国能与中华人民共和国建立更良好的关系。美国无疑将在可预见的未来里继续在国际事务中发挥主导作用。如果美国在制定外交政策时知道自己能够行使的权力是有限的,那么美国或许能将这种主导作用发挥得更好。此外,美国人认为美国就是美德的化身,这种传统观点很可能会限制外交政策的制定。相反,如能更加关注地缘政治、国际竞争和各国的政治抱负,同时集中精力利用均势政治来建立全球的势力平衡,或许会更有利于现在及未来美国外交政策的实行。哪怕美国人民仍然相信美国的卓越本质,相信他们的使命是把自由和民主散播到世界的每一个角落,但这些也不该是美国实行外交政策的唯一基准。正如兹比格涅夫·布热津斯基(Zbigniew Brzezinski)所言:"全球化时代来临之时,一个主要大国……别无选择,只能奉行本质上、内容上和范围上都真正属于全球主义的外交政策。对美国以及对世界来说,最坏的可能性就是人们对美国政策普遍抱有这样的看法:身处后帝国主义时代却仍旧带有傲慢自大的帝国主义气息;在后殖民主义时代却仍固守殖民主义复辟的白日梦;在全球各国前所未有地相互依存之时却自私冷漠;处于这个宗教多元化的世界却在文化方面表现得自以为是。"②

此外,当今相互矛盾的意识形态和世界观越来越多,因此若想有效地应对本世纪国际舞台上已经存在或即将出现的种种挑战,关键在于如何理解文化方面的影响、偏见和刻板印象。把文化差异过分简单化或是对其进行笼统概括都可能会招致错误的

---

① Kissinger, *World Order*, p. 233.
② Zbigniew Brzezinski, *Second Chance: Three American Presidents and the Crisis of American Superpower* (New York: Basic Books, 2008), pp. 215 - 16.

假设,对政策制定产生负面影响。为了应对挑战,形成全面公正的外交政策,美国公众必须对打造美国在当今世界的地位负起更多的责任。肖恩·凯(Sean Kay)指出,成功的"大众参与需要深重的历史感、对国际关系的理解以及就基于事实的观点进行沟通交流的有效方式"。他提到了公民参与的各种方式,包括参加讲座、参与社区活动、参加地方议会关于国际事务的讨论以及选择与外交国防相关的职业、向那些为美国做出过贡献的人们授予荣誉等等。他总结道:

> 那些与美国未来的世界地位相关的问题同样需要美国公民挑战现有的假设,质疑带有政治色彩的叙述,并坚持要求领导人基于事实制定政策。这也表明,最真实的理想主义愿景正是和平事业本身。为了达成这个基本目标,需要在理想主义与现实主义政策中取得平衡,而美国人民在这一过程中发挥着特殊的作用。①

西奥多·罗斯福政府的对华政策例证了当美国对其他文化的了解存在局限性时,会如何影响美国外交政策的实施。要是不能更好地理解西方世界之外的文化和社会,只会阻碍美国实施适合21世纪形势的政策,就中美关系而言尤为如此。为了找到友好相处的基础,中美两国必须加倍努力地理解对方。理想主义仍应包含在美国外交政策的构想内,但在政策实施过程中必须用现实主义加以调节,实现二者的平衡。如果说罗斯福对华政策的缺陷在于其对中国的刻板印象(其余大国也有这个问题),那么其优点就是罗斯福看到了美国的局限之处。因此,他一方面在外交战

---

① Sean Kay, *America's Search for Security: The Triumph of Idealism and the Return of Realism* (Lanham, MD: Rowman & Littlefield, 2014), pp. 292-93.

略中避免将美国卷入亚洲的冲突,另一方面试图在亚洲建立均势局面。他希望这样做能够避免大清帝国的分崩离析,将潜在敌人的注意力从美国在太平洋地区的殖民地上转移开来,同时也为美国贸易敞开门户。罗斯福在亚洲建立均势的这个实用方法可以为当今美国提供经验。美国的理想主义并不总能适用于外交政策在当今面临的问题与挑战,因此是时候用新的现实主义来平衡较为理想化的威尔逊主义了(后者在上个世纪一直是美国外交政策的重要组成部分)。建立这种现实主义的基础应该是承认并接受以下两个事实:一是美国不能单方面决定如何解决世界的问题,二是美国的某些外交政策目标可能实现不了。懂得妥协,寻找伙伴,谨慎外交,做好战略规划,平衡各方利益,再加上强调理解文化差异的重要性,或许是本世纪外交政策成功的关键所在。

参考文献

一次文献

未出版文献

美国国会图书馆

Elihu Root Papers
John Callan O'Laughlin Papers
John Hay Papers
Leonard Wood Papers
Theodore Roosevelt Papers

哈佛大学图书馆

William W. Rockhill Papers

官方文件

U.S. Department of Commerce. *Statistical Abstract of the United States, 1905*. Washington, D.C.: Government Printing Office, 1905.
———. *Statistical Abstract of the United States, 1909*. Washington, D.C.: Government Printing Office, 1909.
U.S. Department of State. *Despatches from United States Consuls in Amoy*. Washington, D.C.: National Archives.
———. *Despatches from United States Consuls in Canton*. Washington, D.C.: National Archives.
———. *Despatches from United States Consuls in Chefoo*. Washington, D.C.: National Archives.
———. *Despatches from United States Consuls in Chingkiang*. Washington, D.C.: National Archives.
———. *Despatches from United States Consuls in Chungking*. Washington, D.C.: National Archives.
———. *Despatches from United States Consuls in Foochow*. Washington, D.C.: National Archives.

———. *Despatches from United States Consuls in Hangchow.* Washington, D.C.: National Archives.
———. *Despatches from United States Consuls in Hankow.* Washington, D.C.: National Archives.
———. *Despatches from United States Consuls in Hong Kong.* Washington, D.C.: National Archives.
———. *Despatches from United States Consuls in Mukden.* Washington, D.C.: National Archives.
———. *Despatches from United States Consuls in Nanking.* Washington, D.C.: National Archives.
———. *Despatches from United States Consuls in Newchwang.* Washington, D.C.: National Archives.
———. *Despatches from United States Consuls in Shanghai.* Washington, D.C.: National Archives.
———. *Despatches from United States Consuls in Tientsin.* Washington, D.C.: National Archives.
———. *Despatches from United States Ministers to China.* Washington, D.C.: National Archives.
———. *Despatches from United States Ministers to Japan.* Washington, D.C.: National Archives.
———. *Diplomatic Instructions from the Department of State: China.* Washington, D.C.: National Archives.
———. *Diplomatic Instructions from the Department of State: Japan.* Washington, D.C.: National Archives.
———. *Notes from the China Legation in the United States to the Department of State.* Washington, D.C.: National Archives.
———. *Notes to Foreign Legations in the United States from the Department of State.* Washington, D.C.: National Archives.
———. *Numerical Files of the Department of State, 1906–1910.* Washington, D.C.: National Archives.
———. *Papers Relating to the Foreign Relations of the United States, 1901.* Washington, D.C.: Government Printing Office, 1902.
———. *Papers Relating to the Foreign Relations of the United States, 1902.* Washington, D.C.: Government Printing Office, 1903.
———. *Papers Relating to the Foreign Relations of the United States, 1903.* Washington, D.C.: Government Printing Office, 1904.
———. *Papers Relating to the Foreign Relations of the United States, 1904.* Washington, D.C.: Government Printing Office, 1905.
———. *Papers Relating to the Foreign Relations of the United States, 1905.* Washington, D.C.: Government Printing Office, 1906.
———. *Papers Relating to the Foreign Relations of the United States, 1906.* Washington, D.C.: Government Printing Office, 1909.
———. *Papers Relating to the Foreign Relations of the United States, 1907.* Washington, D.C.: Government Printing Office, 1910.
———. *Papers Relating to the Foreign Relations of the United States, 1908.* Washington, D.C.: Government Printing Office, 1912.
———. *Papers Relating to the Foreign Relations of the United States, 1910.* Washington, D.C.: Government Printing Office, 1915.

自传、回忆录及已出版文献

Brands, H. W. *The Selected Letters of Theodore Roosevelt.* New York: Cooper Square Press, 2001.
Conger, Sarah Pike. *Letters from China: With Particular Reference to the Empress Dowager and the Women of China.* Chicago: A.C. McClurg and Company, 1909.

Davis, Oscar King. *Released for Publication: Some Inside Political History of Theodore Roosevelt and His Times*. Boston: Houghton Mifflin Company, 1925.

Gwynn, Stephan, ed. *The Letters and Friendships of Sir Cecil Spring-Rice*. 2 volumes. Boston: Houghton Mifflin Company, 1929.

Huntington-Wilson, F. M. *Memoirs of an Ex-Diplomat*. Boston: Houghton Mifflin Company, 1945.

Kerr, Joan Patterson. *A Bully Father: Theodore Roosevelt's Letters to his Children*. New York: Random House, 1995.

Leary, John J. *Talks with TR: From the Diaries of John J. Leary Jr.* Boston: Houghton Mifflin, 1920.

Lodge, Henry Cabot. *Selections from the Correspondence of Theodore Roosevelt and Henry Cabot Lodge*. 2 volumes. New York: Charles Scribner's Sons, 1925.

Morison, Elting E. *The Letters of Theodore Roosevelt*. 8 volumes. Cambridge: Harvard University Press, 1952.

Roosevelt, Theodore. *Theodore Roosevelt: An Autobiography*. New York: Charles Scribner's Sons, 1913.

二次文献

Alfonso, Oscar M. *Theodore Roosevelt and the Philippines*. New York: Oriole Editions, Inc., 1974.

American Federation of Labor. *Some Reasons for Chinese Exclusion: Meat Vs. Rice; American Manhood versus Asiatic Coolieism, Which Shall Survive?* Washington, D.C.: Government Printing Office, 1902. https://archive.org/stream/somereasonsforc00labogoog#page/n10/mode/2up.

Anderson, Donald F. *William Howard Taft: A Conservative's Conception of the Presidency*. Ithaca: Cornell University Press, 1968.

Andrew, Christopher. *For the President's Eyes Only: Secret Intelligence and the American Presidency from Washington to Bush*. New York: Harper Perennial, 1995.

Bailey, Thomas A. *Theodore Roosevelt and the Japanese-American Crises*. Stanford: Stanford University Press, 1934.

Battistini, Lawrence H. *Japan and America*. Westport: Greenwood Press, 1953.

Beale, Howard K. *Theodore Roosevelt and the Rise of America to World Power*. Baltimore: Johns Hopkins Press, 1956.

Bederman, Gail. *Manliness & Civilization: A Cultural History of Gender and Race in the United States, 1880–1917*. Chicago: The University of Chicago Press, 1995.

Blum, John Morton. *The Republican Roosevelt*. Cambridge: Harvard University Press, 1954.

Bradley, James. *The Imperial Cruise: A Secret History of Empire and War*. New York: Back Bay Books, 2009.

Braisted, William R. *The United States Navy in the Pacific, 1897–1909*. Austin: University of Texas Press, 1958.

Brands, H. W. *T. R.: The Last Romantic*. New York: BasicBooks, 1997.

Burton, David H. *Theodore Roosevelt*. New York: Twayne Publishers, Inc., 1972.

———. *Theodore Roosevelt: Confident Imperialist*. Philadelphia: University of Pennsylvania Press, 1968.

Busch, Noel F. *TR: The Story of Theodore Roosevelt and His Influence on Our Times*. New York: Reynal and Company, 1963.

Cadenhead, I. E. Jr. *Theodore Roosevelt: The Paradox of Progressivism*. Woodbury, N.Y.: Barron's Educational Series, Inc., 1974.

Campbell, Charles S. *Special Business Interests and the Open Door Policy*. New Haven: Yale University Press, 1951.

Chang, Jung. *Empress Dowager Cixi: The Concubine Who Launched Modern China*. New York: Alfred A. Knopf, 2013.

Clubb, O. Edmund. *China and Russia: "The Great Game."* New York: Columbia University Press, 1971.

Clyde, Paul H. *United States Policy toward China*. New York: Russell and Russell, Inc., 1964.
Clymer, Kenton J. *John Hay: The Gentleman as Diplomat*. Ann Arbor: University of Michigan Press, 1975.
Cohen, Warren I. *America's Response to China: An Interpretive History of Sino-American Relations*. New York: John Wiley and Sons, 1971.
Cooper, John Milton. *The Warrior and the Priest: Woodrow Wilson and Theodore Roosevelt*. Cambridge: The Belknap Press, 1983.
Crossley, Pamela Kyle. *The Wobbling Pivot: China since 1800*. Malden" Wiley-Blackwell, 2010.
Dalton, Kathleen. *Theodore Roosevelt: A Strenuous Life*. New York: Alfred A. Knopf. 2002.
Dennett, Tyler. *Americans in Eastern Asia*. New York: Barnes & Noble Inc., 1922.
———. *John Hay: From Poetry to Politics*. New York: Dodd, Mead and Company, 1934.
———. *Roosevelt and the Russo-Japanese War*. Doubleday and Company, 1925.
Dolin, Eric Jay. *When America Met China: An Exotic History of Tea, Drugs and Money in the Age of Sail*. New York: W. W. Norton, 2012.
Donald, Aida D. *Lion in the White House: A Life of Theodore Roosevelt*. New York: Basic Books, 2007.
Duffy, Herbert S. *William Howard Taft*. New York: Minton, Blake and Company, 1930.
Dulles, Foster Rhea. *America's Rise to World Power, 1898–1954*. New York: Harper & Row, 1954.
Dyer, Thomas G. *Theodore Roosevelt and the Idea of Race*. Baton Rouge: Louisiana State University Press. 1980.
Egloff, Franklin R. *Theodore Roosevelt: An American Portrait*. New York: Vantage Press. 1980.
Elleman, Bruce A. and Paine, S.C.M. *Modern China: Continuity and Change, 1644 to the Present*. Upper Saddle River: Prentice-Hall, 2010.
Esthus, Raymond A. *Double Eagle and Rising Sun: The Russian and Japanese at Portsmouth, 1905*. Durham: Duke University Press, 1988.
———. *Theodore Roosevelt and the International Rivalries*. Waltham, MA: Ginn-Blaisdell, 1970.
———. *Theodore Roosevelt and Japan*. Seattle: University of Washington Press, 1966.
Fairbank, John King. *Trade and Diplomacy on the China Coast: The Opening of the Treaty Ports, 1842–1854*. Cambridge: Harvard University Press, 1954.
———. *The United States and China*. Cambridge: Harvard University Press, 1972.
Fairbank, John King and Goldman, Merle. *China: A New History*. 2nd Enlarged Edition. Cambridge: The Belknap Press of Harvard University Press, 2006.
Fay, Peter Ward. *The Opium War, 1840–42*. Chapel Hill: The University of North Carolina Press, 1998.
Fromkin, David. *The King and the Cowboy: Theodore Roosevelt and Edward the Seventh, Secret Partners*. New York: The Penguin Press, 2008.
Goodwin, Doris Kearns. *The Bully Pulpit: Theodore Roosevelt, William Howard Taft and the Golden Age of Journalism*. New York: Simon and Schuster, 2013.
Graebner, Norman A. *An Uncertain Tradition: American Secretaries of State in the Twentieth Century*. New York: McGraw-Hill, 1961.
Griswold, A. Whitney. *The Far Eastern Policy of the United States*. New Haven: Yale University Press, 1938.
Hane, Mikiso and Perez, Louis G. *Modern Japan: A Historical Survey*. 4th Edition. Boulder: Westview Press, 2009.
Hanes, W. Travis and Sanello, Frank. *The Opium Wars: The Addiction of One Empire and the Corruption of Another*. Naperville, Ill.: Sourcebooks, Inc., 2002.
Hannigan, Robert E. *The New World Power: American Foreign Policy, 1898–1917*. Philadelphia: University of Pennsylvania Press, 2002.
Harbaugh, William H. *The Life and Times of Theodore Roosevelt*. Revised edition. New York: Oxford University Press, 1975.
Hart, Robert S. *The Eccentric Tradition: American Diplomacy in the Far East*. New York: Charles Scribner's Sons, 1976.

Holbo, Paul S. *United States Policies toward China.* New York: The Macmillan Company, 1969.
Hunt, Michael H. *Frontier Defense and the Open Door.* New Haven: Yale University Press, 1973.
———. *The Making of a Special Relationship: The United States and China to 1914.* New York: Columbia University Press, 1983.
Iriye, Akira. *Across the Pacific: An Inner History of American-East Asian Relations.* New York: Harcourt, Brace and World, 1967.
———. *Pacific Estrangement: Japanese and American Expansion, 1897–1911.* Cambridge: Harvard University Press, 1972.
Israel, Jerry. *Progressivism and the Open Door: America and China, 1905–1921.* Pittsburgh: University of Pittsburgh Press, 1972.
Jessup, Philip. *Elihu Root.* 2 volumes. New York: Dodd, Mead and Company, 1938.
Jones, Gregg. *Honor in the Dust: Theodore Roosevelt, War in the Philippines and the Rise and Fall of America's Imperial Dream.* New York: New American Library, 2012.
Judis, John B. *The Folly of Empire: What George W. Bush Could Learn from Theodore Roosevelt and Woodrow Wilson.* New York: Oxford University Press, 2006.
Kay, Sean. *America's Search for Security: The Triumph of Idealism and the Return of Realism.* Lanham, MD: Rowman & Littlefield, 2014.
Keene, Donald. *Emperor of Japan: Meiji and His World, 1852–1912.* New York: Columbia University Press, 2002.
Kennan, George. *E.H. Harriman: A Biography.* 2 volumes. Boston: Houghton Mifflin Company, 1922.
Kissinger, Henry. *Diplomacy.* New York: Simon & Schuster, 1995.
———. *On China.* New York: Penguin Press, 2011.
———. *World Order.* New York: Penguin Press, 2014.
LaFeber, Walter. *The Clash: U.S.-Japanese Relations throughout History.* New York: W. W. Norton & Company, 1997.
Lovell, Julia. *The Opium War: Drugs, Dreams and the Making of Modern China.* New York: The Overlook Press, 2011.
Mahan, Alfred Thayer. *The Influence of Sea Power Upon History.* Boston: Little, Brown, and Company, 1895.
———. *The Problem of Asia.* Boston: Little, Brown, and Company, 1900.
Marks, Frederick W. *Velvet on Iron: The Diplomacy of Theodore Roosevelt.* Lincoln: University of Nebraska Press, 1979.
McClain, James L. *A Modern History of Japan.* New York: W. W. Norton and Company, 2002.
McClellan, Robert. *The Heathen Chinee: A Study of American Attitudes toward China, 1890–1905.* Columbus: The Ohio State University Press, 1971.
McCormick, Thomas J. *China Market: America's Quest for Informal Empire, 1893–1901.* Chicago: Quadrangle Books, 1967.
McKee, Delber L. *Chinese Exclusion vs. the Open Door Policy, 1900–1906.* Detroit: Wayne State University Press, 1977.
Michael, Franz. *The Taiping Rebellion.* Seattle: University of Washington Press, 1972.
Millard, Thomas F. *America and the Far Eastern Question.* New York: Moffatt, Yard and Company, 1909.
Miller, Jessie A. *China in American Policy and Opinion.* (Ph.D. dissertation, Clark University, 1940).
Miller, Nathan. *Theodore Roosevelt: A Life.* New York: William Morrow and Company, Inc., 1992.
Morse, Hosea Ballou. *The International Relations of the Chinese Empire.* New York, Paragon Book Gallery, 1900. https://openlibrary.org/books/OL17961316M/TheinternationalrelationsoftheChineseempire.
Mowry, George E. *The Era of Theodore Roosevelt.* New York: Harper and Row, 1958.
Mungello, D. E. *The Great Encounter of China and the West, 1500–1800.* 4th Edition. Lanham, MD: Rowman and Littlefield, 2012.

Neu, Charles E. *An Uncertain Friendship: Theodore Roosevelt and Japan, 1906–1909.* Cambridge: Harvard University Press, 1967.

Okomoto, Shumpei. *The Japanese Oligarchy and the Russo-Japanese War.* New York: Columbia University Press, 1970.

Perry, John Curtis. *Facing West: Americans and the Opening of the Pacific.* Westport, CT: Praeger. 1994.

Preston, Diana. *The Boxer Rebellion: The Dramatic Story of China's War on Foreigners That Shook the World in the Summer of 1900.* New York: Berkley Books, 1999.

Pringle, Henry F. *The Life and Times of William Howard Taft.* 2 volumes. New York: Farrar and Rinehart, Inc., 1939.

———. *Theodore Roosevelt: A Biography.* New York: Harcourt, Brace, and World, Inc., 1931.

Prisco, Salvatore. *John Barrett, Progressive Era Diplomat.* Tuscaloosa: University of Alabama Press, 1973.

Rea, Kenneth W., ed. *Early Sino-American Relations, 1841–1912: The Collected Articles of Earl Swisher.* Boulder: Westview Press, Inc. 1977.

Remer, C.F. *A Study of Chinese Boycotts.* Baltimore: Johns Hopkins Press, 1933.

Rosenberg, Emily S. *Spreading the American Dream: American Economic and Cultural Expansion, 1890–1945.* New York: Hill & Wang, 1982.

Schoppa, R. Keith. *Revolution and Its Past: Identities and Change in Modern Chinese History.* Upper Saddle River, N.J.: Prentice-Hall, 2002.

Scott, David. *China and the International System, 1840–1949: Power, Presence and Perceptions in a Century of Humiliation.* Albany: State University of New York Press, 2008.

Silbey, David J. *The Boxer Rebellion and the Great Game in China.* New York: Hill and Wang. 2012.

Sinkler, George. *The Racial Attitudes of American Presidents from Abraham Lincoln to Theodore Roosevelt.* Garden City: Doubleday. 1971.

Spellman, Douglas G., editor. *The United States and China: Mutual Public Misperceptions,* (Washington, D.C.: Woodrow Wilson International Center for Scholars, 2011) http://www.wilsoncenter.org/program/kissinger-institute-china-and-the-united-states.

Spence, Jonathan. *God's Chinese Son: The Taiping Heavenly Kingdom of Hong Xiuquan.* New York: W. W. Norton, 1996.

———. *The Search for Modern China.* 2nd Edition. New York: W. W. Norton, 1999.

———. *To Change China: Western Advisers in China, 1620–1960.* New York: Little, Brown and Company, 1969.

Sutter, Robert G. *U.S.-Chinese Relations: Perilous Past, Pragmatic Present.* Lanham, MD: Rowman and Littlefield, 2010.

Thomas, Evan. *The War Lovers: Roosevelt, Lodge, Hearst and the Rush to Empire, 1898.* New York: Little, Brown and Company, 2010.

Tilchin, William N. and Neu, Charles. *Artists of Power: Theodore Roosevelt, Woodrow Wilson and Their Enduring Impact on U.S. Foreign Policy.* Westport: Praeger, 2005.

Tomimas, Shutaro. *The Open Door Policy and the Territorial Integrity of China.* New York: A.G. Seiler, 1919.

Treat, Payson J. *Diplomatic Relations between the United States and Japan.* Stanford: Stanford University Press, 1938.

Turk, Richard W. *The Ambiguous Relationship: Theodore Roosevelt and Alfred Thayer Mahan.* Westport, Ct.: Greenwood Press. 1987.

Van Alstyne, Richard W. *The United States and East Asia.* New York: W. W. Norton and Company, 1973.

Varg, Paul A. *The Making of Myth: The United States and China, 1897–1912.* East Lansing: Michigan State University Press, 1968.

———. *Missionaries, Chinese and Diplomats.* Princeton: Princeton University Press, 1958.

———. *Open Door Diplomat: The Life of W. W. Rockhill.* Urbana: University of Illinois Press, 1952.

Vevier, Charles. *The United States and China, 1906–1913.* New Brunswick: Rutgers University Press, 1955.

Vohra, Ranbir. *China's Path to Modernization: A Historical Review from 1800 to the Present.* 2nd Edition. Englewood Cliffs: Prentice-Hall, 1992.

Waginknecht, Edward. *The Seven Worlds of Theodore Roosevelt.* New York: Longmans, Green & Company. 1958.

Wakeman, Frederick. *The Fall of Imperial China.* New York: The Free Press, 1975.

Wang, Dong. *The United States and China: A History from the Eighteenth Century to the Present.* Lanham, MD: Rowman and Littlefield, 2013.

Wang, Guanhua. *In Search of Justice: The 1905–1906 Chinese Anti-American Boycott.* Cambridge: Harvard University Press, 2001.

Wimmel, Kenneth. *Theodore Roosevelt and the Great White Fleet: American Sea Power Comes of Age.* Washington, D.C.: Brassey's Inc. 1998.

Young, C. Walter. *Japan's Special Position in Manchuria.* Baltimore: Johns Hopkins Press, 1931.

Young, Marilyn B. *The Rhetoric of Empire: American China Policy, 1895–1901.* Cambridge: Harvard University Press, 1968.

Zabriskie, Edward H. *American-Russian Rivalry in the Far East.* Philadelphia: University of Pennsylvania Press, 1946.

文章

Adams, Brooks. "Russia's Interests in China." *Atlantic Monthly* (September 1900): 309–17.

Ahmad, Diana L. "Opium Smoking, Anti--Chinese Attitudes, and the American Medical Community, 1850–1890." *American Nineteenth Century History* 1, no. 2 (Summer 2000): 53. *Academic Search Complete*, EBSCO*host* (accessed December 20, 2014).

Angell, James B. "The Crisis in China." *Atlantic Monthly* (October 1900): 433–37.

Asakawa, K. "Japan in Manchuria." Part 1, *Yale Review* (August 1908): 185–204.

———. "Japan in Manchuria." Part 2, *Yale Review* (November 1908): 268–302.

Bailey, Thomas A. "The Root-Takahira Agreement of 1908." *Pacific Historical Review* (March 1940): 19–35.

Barrett, John. "America's Duty in China." *North American Review* (August 1900): 145–58.

Beveridge, Albert. "The White Invasion of China." *Saturday Evening Post* (November 23, 1901): 23.

Blake, Nelson M. "Ambassadors at the Court of Theodore Roosevelt." *Mississippi Historical Review* (September 1959): 179–206.

Braisted, William R. "The United States and the American China Development Company." *Far Eastern Quarterly* (February 1952): 147–65

———."The United States Navy's Dilemma in the Pacific, 1906–1909." *Pacific Historical Review* (August 1957): 235–44.

Boulger, Demetrius C. "America's Share in a Partition of China." *North American Review* (March 1899): 171–81.

Burton, David H. "Theodore Roosevelt: Confident Imperialist." *Review of Politics* (July 1961): 356–77.

Chay, Jongsuk. "The Taft-Katsura Memorandum Reconsidered." *Pacific Historical Review* (August 1968): 321–26.

Cheung, Floyd. "Anxious and Ambivalent Representations: Nineteenth-Century Images of Chinese American Men." *Journal of American Culture* 30, no. 3 (2007): 293–309. *Humanities International Complete*, EBSCO*host* (accessed December 20, 2014).

Denby, Charles. "America's Opportunity in Asia." *North American Review* (January 1898): 32–39.

Dennett, Tyler. "President Roosevelt's Secret Pact with Japan." *Current History* (October 1924): 15–21.

Dilke, Sir Charles W. "The American Policy in China." *North American Review* (May 1900): 642–50.

Dorsey, Leroy G. "Sailing into the "Wondrous Now": The Myth of the American Navy's World Cruise." *Quarterly Journal Of Speech* 83, no. 4 (1997): 447. *Humanities International Complete*, EBSCO*host* (accessed December 20, 2014).

Downs, Jacques. M. "American Merchants and the Chinese Opium Trade." *The Business History Review* 42, no. 4 (Winter 1968): 418–42.

Dunne, Michael. "U.S. Foreign Relations in the Twentieth Century: From World Power to Global Hegemony." *International Affairs* (January 2000): 25–40.

Esthus, Raymond A. "The Changing Concept of the Open Door, 1899-1910." *Mississippi Valley Historical Review* (December 1959): 435–54.

———. "The Taft-Katsura Agreement—Reality or Myth?" *Journal of Modern History* (March 1959): 46–51.

Foord, John. "The Root of the Chinese Trouble." *North American Review* (September 1900): 401–11.

Foster, John W. "The Chinese Boycott." *Atlantic Monthly*. (January 1906): 118–27.

Gerstle, Gary. "Theodore Roosevelt and the Divided Character of American Nationalism." *Journal of American History* 86, no. 3 (1999): 1280–307. *Humanities International Complete*, EBSCO*host* (accessed December 20, 2014).

Hall, Luella J. "The Abortive German-American-Chinese Entente of 1907–1908." *Journal of Modern History* (June 1959): 219–35.

Hunt, Michael H. "Americans in the China Market." *Business History Review* (Autumn 1977): 277–307

———. "The American Remission of the Boxer Indemnity: A Reappraisal." *Journal of Asian Studies* (May 1972): 539–59.

Israel, Jerry. "'For God, For China and For Yale'—The Open Door in Action." *American Historical Review* (February 1970): 796–807.

Karsten, Peter. "The Nature of 'Influence': Roosevelt, Mahan and the Concept of Sea Power." *American Quarterly* (October 1971): 585–600.

Kaufmann, Alison A. "'The Century of Humiliation,'" Then and Now: Chinese Perceptions of the International Order." *Pacific Focus* 25, no. 1 (2010): 1–33.

Kawai, Yuko. "Stereotyping Asian Americans: The Dialectic of the Model Minority and the Yellow Peril." *Howard Journal of Communications* 16, no. 2 (April 2005): 109–30. *Academic Search Complete*, EBSCO*host* (accessed December 20, 2014).

Keely, Karen A. "Sexual Slavery in San Francisco's Chinatown: 'Yellow Peril' and 'White Slavery' in Frank Norris's Early Fiction." *Studies in American Naturalism* 2, no. 2 (Winter 2007): 129–49. *Academic Search Complete*, EBSCO*host* (accessed December 20, 2014).

King, Frank H. H. "The Boxer Indemnity—'Nothing but Bad.'" *Modern Asian Studies*, V 40, no. 3 (July 2006): 663–89.

Lazich, Michael C. "American Missionaries and the Opium Trade in Nineteenth-Century China." *Journal of World History* 17, no. 2 (Winter 2006): 197–223.

Lee, Erika. "The Chinese Exclusion Example: Race, Immigration, and American Gatekeeping, 1882–1924." *Journal of American Ethnic History* 21, no. 3 (2002): 36. *Humanities International Complete*, EBSCO*host* (accessed December 20, 2014)

Livermore, Seward. "The American Navy as a Factor in World Politics." *American Historical Review* (July 1958): 863–79.

Lyman, Stanford M. "The "Yellow Peril" Mystique: Origins and Vicissitudes of a Racist Discourse." *International Journal of Politics, Culture & Society* 13, no. 4 (June 2000): 683. *Academic Search Complete*, EBSCO*host* (accessed December 20, 2014).

Marks, Frederick W. "Morality as a Drive Wheel in the Diplomacy of Theodore Roosevelt." *Diplomatic History* (January 1978): 43–62.

McKeown, Adam. "Ritualization of Regulation: The Enforcement of Chinese Exclusion in the United States and China." *American Historical Review* (April 2003): 377–404.

Meyer, Karl E. "Close Encounters of an American kind." *World Policy Journal* 15, no. 4 (1998): 73. *Historical Abstracts*, EBSCO*host* (accessed December 20, 2014).

Miller, Henry. "Russian Development of Manchuria," "Notes on Manchuria." *National Geographic* 15 (March 1904): 113–27, 261–62.

Minger, Ralph E. "Taft's Missions to Japan: A Study in Personal Diplomacy." *Pacific Historical Review* (August 1961): 279–94.

Neu, Charles E. "Theodore Roosevelt and America's Involvement in the Far East." *Pacific Historical Review* (November 1966): 433–49.

293

Ninkovich, Frank. "Theodore Roosevelt: Civilization as Ideology." *Diplomatic History* (July 1986): 221–45.

Olney, Richard. "Growth of Our Foreign Policy." *Atlantic Monthly* (March 1900): 289–301.

Prisco, Salvatore. "Progressive Era Diplomat: Lloyd C. Griscom and Trade Expansion." *Diplomacy & Statecraft* 18, no. 3 (September 2007): 539–49. *Historical Abstracts*, EBSCO*host* (accessed December 20, 2014).

Reid, Gilbert. "The Powers and the Partition of China." *North American Review* (May 1900): 634–42.

Roosevelt, Theodore. "The Awakening of China." *The Outlook* (December 28, 1908): 665–67.

Russell, Greg. "Theodore Roosevelt's Diplomacy and the Quest for Great Power Equilibrium in Asia." *Presidential Studies Quarterly* 38, no. 3 (2008): 433–55. *Historical Abstracts*, EBSCO*host* (accessed December 20, 2014).

Sheffield, D.Z. "The Future of the Chinese People." *Atlantic Monthly* (January 1900): 76–84.

Skidmore, Max J. "Theodore Roosevelt on Race and Gender." *Journal of American Culture* (Summer 1998): 35–44.

Tchen, John Kuo Wei. "Notes for a History of Paranoia: 'Yellow Peril' and the Long Twentieth Century." *Psychoanalytic Review* 97, no. 2 (2010): 263–83. *Academic Search Complete*, EBSCO*host* (accessed December 20, 2014).

Varg, Paul A. "The Myth of the China Market, 1890–1914." *American Historical Review* (February 1968): 742–58.

Wilson, General James H. "America's Interests in China." *North American Review* (February 1898): 129–41.

Young, John R. "American Influence in China." *North American Review* (August 1890): 192–201.

———. "The Chinese Question Again." *North American Review* (May 1892): 596–603.

索 引

Adams, Brooks, 34, 35, 37
Adams, John Quincy, 13, 208
Adee, Alvey A., 42, 65, 89, 93–97, 132
American Asiatic Association, 64, 126, 127
American battleship fleet, 179; world tour of, 148, 182, 184
American China Development Company, 111, 122, 127, 133, 134, 146, 206; Chinese railroad contract violations, 128–129, 133; sale of railroad concession to China, 130–133; violence against, 128; voiding of contract, 129
American-Chinese Treaty of 1894, xi
American Federation of Labor, 113
American Trading Company, 65
Amur River, 55–56
Anderson, George, 121
Angell Treaties, 20, 112
Anglo-German Convention of 1900, 100
Anglo-Japanese Alliance of 1902, 62, 78, 83, 148, 156
anti-American boycott. *See* Sino-American Relations
Aoki, Shuzo, 176, 177, 179, 180
Asiatic Squadron (Asiatic Fleet), 11
Askold, 93, 94, 96, 98
Ariel, 13

Barrett, John, 44, 119
Battle of Mukden, 102
Battle of Tsushima, 103
Beijing Conference, 54
Bell, J. Franklin, 126
Beveridge, Albert J., 23
Bowring, Sir John, 15
Bridgman, E.C., 12, 13, 14
Britain. *See* Great Britain
British American Tobacco Company, 123, 142
British East India Company, 1, 2, 5
Bonaparte, Charles J., 125
Boxer Uprising (Rebellion), 1, 22, 24, 26, 38, 43, 45, 46, 53, 54, 83, 111, 119, 124, 127, 134, 135, 156, 199; Boxer Protocol, 26, 45, 199; Indemnity, xii, 26, 54, 65, 199; Indemnity Remission, xiv, 43, 146–147, 148, 150, 151, 157, 200
Burlingame Treaty, 16, 112

Cassini, Arthur Paul Nicholas. *See* Count Cassini
Chiantung (Chentung) Liang Cheng, Sir,, 42, 76, 129
China, xi, xii–xvi; balance of trade, 9, 58; balance of power in, 165; "century of humiliation", xv, 207; dismemberment, 17, 19, 24, 44–45, 80, 107, 142, 155; educational reform, 37, 111; economic reform, 58, 111, 148, 199; great power rivalry in, xii, 44–45, 54, 68, 154, 155,

295

158, 159, 199, 201–202, 205, 206, 209–210; Hundred Days' Reform, 19; internal weakness, 17, 24, 39–41, 81, 98, 199, 206–207; Ministry of Foreign Relations, 111; political reform, 111, 141, 148, 199; protection of American missionaries, xii, 21; "scramble for concessions", xi, 24, 25, 99, 199; self-strengthening movement, 18; social reform, 18, 111, 199; Tongzhi Restoration, 18; Zhongguo, 2

China-United States relations. *See* Sino-American relations

Chinese: attitude about trade, 9–10; attitude toward Westerners, 2, 4, 5, 21, 124; definition of barbarians, 3; effort to offset Russian and Japanese interests in Manchuria, 148–151; law, 6–8; managing barbarians, 2, 3–5, 7, 10; nationalism, xv, 44, 123, 205, 208; worldview, 3

Chinese Eastern Railway, 64, 76, 92, 150

Chinese Exclusion Act of 1882, 20, 115

Chinese Exclusion Act of 1902, 20, 113, 115

Chinese Exclusion Act of 1904, 113, 115–116

Chinese Foreign Office. *See* Ministry of Foreign Affairs

Cixi (Dowager Empress), 19, 22, 42, 111–112, 148, 151, 160, 183, 193

Cohong, 6

Conger, Edwin H., 22, 41, 53, 57–58, 59, 60, 64, 65, 66, 68, 69, 71, 73, 74, 76, 78, 87, 88, 92, 93, 97, 102, 103, 128, 129

Conger, Sarah Pike, 22, 48

Coolidge, John Gardner, 129

Count Cassini, 62, 70, 71, 72, 73, 74

Cushing, Caleb, 14

Dalian (Dalny), 65, 103, 141, 143

Dandong (Mukden), 78

Darling, Charles H., 94

Delano, Amasa, 1

Delano II, Warren, 12

Dent, Lancelot, 12

Denby, Charles, 24, 34–35

dollar diplomacy, 134

Dutch, 2, 5; Dutch East India Company, 2

Dyer, Thomas G., 38

Educational Association of China, 114

Emily incident, 7, 10

Empress Dowager. *See* Cixi

England. *See* Great Britain

Ever-Victorious Army, 17

extraterritoriality, 14, 96

Fisher, Fred D., 145–146

First Anglo-Chinese War. *See* Opium War

Forbes, Paul S., 13

Foster, John Watson, 24, 114, 130

France, 24, 25, 54, 62, 78, 79, 88, 90, 99, 103, 154, 160, 169, 174, 176, 180, 182, 192, 193

Franco-Japanese Treaty of 1907, 144, 147

Friedlander, T. C., 125

Fuzhou (Foochow), 41, 113, 119

Geary Act, 112

Gentleman's Agreement of 1907, 159, 175, 193

Germany, 24, 25, 37, 54, 62, 78, 79, 88, 90, 98, 99, 100, 154, 160, 169, 182, 192; as threat to world peace, 160

Goodnow, John, 93, 97

Gordon, Charles G., 17

Great Britain, 6, 8–9, 12, 14, 17, 24, 25, 26, 37, 60, 62, 69, 71, 74, 78, 82, 103, 143, 148, 159, 160, 167, 174, 180, 182, 192, 193

Gracey, Samuel L, 41, 113

Gracey, Wilbur T., 119

Griscom, Lloyd C., 103, 166, 169, 170

Guangzhou (Canton), 2, 5, 119, 121, 122, 123, 126, 127, 128; Western trade limited to, 2

Guangxu emperor, 19, 104, 151, 183

Hamlin, Charles S., 113

Han Dynasty, 8

Hankou (Hankow), 119; Hankou-Guangzhou railway concession. *See* American China Development Company

Harbin, 145, 180, 191, 192, 193; Russian sovereignty over, 145–146, 157

Harriman, Edward H., 118, 127, 148; world transportation line, 150
Hawaii, 37, 154, 174, 176, 184, 189, 193; vulnerability of, 208
Hay, John, xiv, 24, 26, 37, 38, 42, 53, 57–58, 60, 61, 62, 65, 66, 67–68, 69, 71, 72, 73, 74, 76, 77, 79, 80, 87, 89, 90, 92, 93, 94, 96, 97–98, 100–101, 106, 128, 129, 131, 156, 172, 204; death of, 104; failing health, 94, 96, 98, 166; Roosevelt's criticisms of, 104–106
Hayashi, Tadasu, 176, 177, 182
Heaven-Earth Society Uprising, 18
Hippisley, Alfred E., 37
Holcombe, Chester, 22–23
Hong Kong, 14
Hong Xiuquan, 17
Hoppo, 6
Hundred Days' Reform, 19
Huntington-Wilson, Francis, 142, 143, 209; opposition to TR's China policy, 160; opposition to Root-Takahira Agreement, 182–183

Immigration Bureau, 117, 119, 127; reform efforts, 126
Imperial household, 5
Ingraham, G. W., 130
Italy, 90
Ito, Hirobumi, 168, 182

Jackson Administration, 10
James, Edwin, 147
Japan, xi, xiv, 2, 3, 15, 24, 26, 45, 46, 54, 60, 62, 69, 70, 71, 74, 77–78, 79, 82, 87, 89, 96, 97, 98, 99, 100–102, 103, 104, 121, 135, 156, 160, 165, 184; American-Japanese amity, 165, 192, 205; as civilizing agent in China, 186, 190; as threat to American interests, 48, 141–143, 144, 188–191, 204; counter to Russia, 45, 59, 154, 200, 202; foreign trade with U.S., 192; immigration crisis, 159, 166, 175, 177, 190, 191, 192–193, 206; influence of military class, 142; Japanese-Anglo-American alliance, 69, 170; threat to Chinese interests in South Manchuria, 142, 144; visit of American battleship fleet, 175–176, 179, 182. *See also* Open Door Policy
Japan-Korea Convention of 1905, 168
Japanese. *See* Japan
Jardine, William, 12
Jiji Shimpo, 143, 192

Kaiser Wilhelm II, 88, 89, 90, 98, 99, 100, 101, 106, 160, 182
Kaneko, Kentaro, 102, 173, 186, 188, 189, 191
Kang Youwei, 19
Kato Takaaki, 143
Katsura, Taro, 166, 168, 170, 173, 177
Kearny, Lawrence, 13
Kennan, George, 88
King Leopold II, 128, 129, 131, 134
Kokumin Shimbun, 170
Komura, Jutaro, 150, 177, 179
Korea, 45, 62, 77, 90, 93, 97, 150, 156, 167, 168, 177–178, 186, 188, 208; as Japanese protectorate, 168–169, 170, 171–173, 174; withdrawal of American legation from, 168

Landsdowne, 90
Lay, Julius G., 119–121, 122
Lee, Arthur, 183
Lessar, Pavel, 72, 73
Lianzhou, 134; attack on American mission, 111, 124
Liaodong Peninsula, 141
Liaoning (Fengtien) Province, 152
Liao River, 58, 71
Li Hongzhang, 23, 42
Lin Zexu, 12
Loomis, Francis B., 132
Lushun (Port Arthur), 65, 79, 87, 88, 92, 103, 141
Lodge, Henry Cabot, 37, 104, 106, 131

Macau, 2
Macartney, Lord George, 6; mission to China, 9, 10
Mahan, Alfred Thayer, 20, 34, 37
Manchu, 19; Manchu conquest, 4
Manchuria, xi, xiv, 25, 54, 69, 80, 90, 92, 111, 167, 177, 184, 192, 193–194; battleground in Russo-Japanese War,

297

87; in Russo-Japanese war, 90, 97, 99, 100, 102, 104, 106, 107; Japanese acquisitions in, 141–142; Japanese administration of, 142, 143–144; Japanese sphere of influence in, 169; threat to Chinese sovereignty in, 157, 200, 205; lack of American concern, 144, 191; Russian acquisitions in, 56; Russian demands for concessions in, 57, 58, 60; Russian evacuation of, 57, 60, 65, 68, 74, 76; Russian settlements in, 56; Russian trade discrimination in, 65; Russian threat to Chinese sovereignty in, 145–146, 157, 199; Sino-Russian negotiations over, 60, 62; Sino-Japanese treaty of 1905, 141

Manchuria Daily Report, 142
Matheson, James, 12
McCaslin, James, 64
McCormick, Robert, 69, 70, 73
McKinley, William, 25, 27, 45, 53; McKinley Doctrine, 44
Metcalf, Victor H., 118
Miller, Henry B., 41, 58–59, 60, 62, 64, 65
Ming Dynasty, 3–4
Ministry of Foreign Affairs, 4, 56, 111, 119, 122, 124, 129, 132
Ministry of Rituals, 5
Monroe Doctrine, 45
Morgan, J. P., 127, 129, 131, 132, 133
Mukden, 56, 78, 142, 148; Mukden-Antung Railway, 144

Nian Rebellion, 18
Nixon, Richard M., 208
Niuzhuang (Newchwang), 41, 56, 58–59, 62, 65, 76, 121, 142, 152; Chinese Eastern Railway telegraph office, 64; Violence in, 62

Office of Border Affairs (*Lifan Yuan*), 4
O'Laughlin, John Callan, 114, 177, 178, 179
Open Door Notes. *See* Open Door Policy
Open Door Policy, xi, xii, xiii, xiv, xvi, 1, 14, 16, 24, 25, 27, 41, 44, 45, 54, 58, 61, 73, 99, 100–101, 102, 103, 104, 106, 107, 112, 113, 115, 146, 151, 158, 169, 174, 177, 179, 180, 184, 193, 202–205; American willingness for war over, 57, 70, 191; balance of interests, 186; British support for, 70, 74, 148; Chinese application of, 14, 127; contradictions and ambiguities in, xiv, 67–68, 80–83, 175, 202; impact of limited American commerce, 151–153, 161; international rivalries and, 107, 161; Japanese support for, 77–78, 142, 143, 179, 193, 202; Japanese threat to, 71, 142–143, 144, 148, 174, 191; link to Monroe Doctrine, 45; meaning of, 27, 80–81; moral aspect of, 57, 155; threat of Russian concessions to, 58, 60, 61, 65–66, 70, 71, 72, 77, 78; redefinition of, 155, 160–161, 165, 174–175, 191, 193, 200; retreat from, 67, 194, 200
opium: Chinese addiction to, 8
opium trade, 8, 199; American involvement in, 11–13, 16; ban on, 10; effect on balance of trade, 9, 199
Opium War: First, xv, 15, 199; Second, 16, 199
Osborne, Henry Fairfield, 38
The Outlook, 136

Panic of 1873, 112
Parker, Peter, 13, 14–15
Perkins and Company, 11
Perkins, George C., 123
Philippine Islands, 11, 25, 41, 113, 126, 154, 166, 176, 177, 179, 184, 186, 188, 193; reconsideration of annexation, 189; vulnerability of, 154, 166, 168, 169, 173, 190, 208
Pierce, Franklin, 15
Pierce, Herbert H. D., 64
Portuguese, 2, 5
Powderly, Terence V., 112–113
Price, Charles, 35
Price, Eva Jane, 35
Prince Qing, 71, 72, 74, 78, 103, 119

Qianlong Emperor, 9
Qing Dynasty, 4, 6, 9, 17, 18, 26, 27, 87, 111, 141, 199, 200, 206, 207–208

Ragsdale, James W., 92
Reid, Gilbert, 44

Reid, Whitlaw, 133
Reynolds, James B., 126
Roberts, Edmund, 10
Roberts, I. J., 17
Rockefeller, John D., 118
Rockhill, W. W., 37, 39, 42, 43, 45, 53–55, 57, 61, 66, 70, 74, 77, 79, 89, 90, 103, 104, 119, 122, 123, 124, 127, 128, 131, 132, 142, 146, 151, 168, 181, 182; pro-Japanese attitude, 88
Rodgers, James L., 121, 122
Root, Elihu, 37, 42, 43, 90, 130, 131, 143, 144, 146, 167, 179, 180, 181, 193, 194; as Secretary of War, 156; attitude toward China trade, 152–153, 156–157; attitude regarding China policy, 155–156; Korea as Japanese possession, 171–172; legalist viewpoint, 157–158; limited protests in defense of the Open Door, 186
Root-Takahira Agreement, xiv, 147, 157, 165, 176, 183; ambiguity of, 185, 193; Chinese reaction to, 181–182; effect on the Open Door, 186, 193–194; guarantee of American possessions, 193; impact on China, 194; international reaction to, 182; interpretations of, 184–185; isolation of China, 151; maintenance of Open Door, 176, 193; negotiations, 176–181; rationale, 181; significance of, 192–194, 205
Roosevelt, Alice, 123–124
Roosevelt, Theodore, xi, xiii–xiv, xv, 1, 27, 33, 35–37, 53, 58, 66, 70, 71, 76, 88, 89, 90, 93, 94, 96, 98, 99, 100–101, 102, 103, 104, 106, 112, 113, 114, 115–117, 118, 119, 146, 148, 153, 167, 168, 169, 176, 194, 199; and American China Development Company, 129–134, 206; attitude toward China, xiv, 37–41, 43, 46–48, 116, 118, 123, 134, 135, 136–137, 155, 200–201, 205–206; attitude toward Japan, 46, 153–154, 159–160, 166, 186–191, 202, 204; attitude toward Russia, 79–80, 158, 202, 204; awakening of China, 136; cultural racism, 205; failures of China policy, 207–208, 209–210; imperial presidency, 169; importance of navy, 159–160, 179, 188, 189–190, 194; international cooperation in China, 46, 47, 135; Korea as Japanese possession, 172–173; Japan as civilizing force in China, 186–188; Japan as counter to Russia in East Asia, 45, 47, 59, 154, 158, 161, 171, 191, 205; Japanese threat to the Philippines, 186, 188–191; lessening of regard for the Open Door, 158, 186; pragmatism, xiii, xv, 1, 46, 81, 135, 203–204, 208–209, 210; recognition of national interest, 208; reconsideration of Philippines annexation, 189, 190; reaction to anti-American boycott, 124–127, 134–135; reaction to Root-Takahira Agreement, 183–184; reaction to Taft-Katsura "agreement", 167–168, 170; role in negotiations of the Root-Takahira Agreement, 184; strategic thinker, 208–209; support for annexation of the Philippines, 189
Ross, Edward Alsworth, 38
Russia, xiv, 4, 9, 24, 25, 54, 58, 76–78, 79, 80, 89, 92, 96, 98, 99, 100–102, 103, 104, 156, 157, 165, 166, 169, 174, 176, 180, 182, 188, 193; threat in Asia, 42, 45, 56, 57, 58–59, 60, 65, 201–202. *See also* Manchuria
Russians. *See* Russia
Russo-Chinese Bank, 60, 62, 68, 76
Russo-Japanese Agreement of 1907, 144, 147
Russo-Japanese War, xi, xiv, 42, 79, 87, 90, 135, 137, 141, 148, 152, 158, 159, 161, 174, 188, 191, 200, 201–202, 204; American neutrality, 88, 90, 94; Chinese neutrality, 87, 89, 90, 92, 93, 96–97, 98, 101, 106, 107; Chinese participation in peace conference, 103; mediation, 88, 102, 103; peace conference, 102, 103, 104

Saionji, Kinmochi, 143, 177
Sammons, Thomas, 121, 142, 182
San Francisco Merchant's Exchange, 125
Scott Act, 112
Shandong Province, 26, 142

299

Shaw, Albert, 80
Sheffield, D. Z., 36–37
Shanghai, 24, 53, 93, 94, 96, 121, 122, 135, 152; violence in, 126
Shenyang (Antung), 78
Sinkler, George, 47
Sino-American relations, xii–xiii, xv, 11, 16, 17, 23, 24, 58, 71, 78, 111, 137, 147, 156, 191, 199; alliance with Germany and China, 160, 182; alliance with Japan and Great Britain, 70; American attitudes toward, xii, xvi, 19, 33–37, 41–45, 48, 154, 200, 205, 206–207; American exceptionalism as an inhibiting factor, 210–211; American investments in, xii, 127; American military weakness in, 1, 57, 67, 70, 78, 83, 151, 154; American missionaries in, 10–11, 12, 13, 14, 16, 19, 21–23, 33, 37, 136, 154, 200; American commerce with, xii, xiv, 1, 10, 11, 15–16, 23, 24, 33, 38, 46, 58, 59, 61, 65, 70, 79, 80, 102, 113, 114, 115, 135, 148, 151–153, 155, 156, 157, 161, 165, 205; American-Chinese partnership, 148–151; anti-American boycott, 39, 43, 111, 115, 119–127, 134–135, 146, 200; challenges in present-day Sino-American relations, 210–211; balance of power, 45, 47, 104, 137, 161, 165, 171, 173, 190, 205, 208; discrimination against Chinese, xiv–xv, 19–20, 124; immigration and exclusion, xi, xii–xiii, xiv, 11, 20, 23, 38, 39, 41–42, 111, 112, 113, 114–115, 117, 118, 119, 121, 146, 159, 205, 206; importance of understanding different cultures, 211; international cooperation, 46, 135, 167, 205; lack of public support for, xii, 1, 57, 69, 106, 151, 171; limited American security interests, 137, 153, 154, 161; limited response to threats to China, 65, 151–154, 155, 202, 203; limits to American power, 209, 210; maintenance of Chinese independence, 155; pragmatism, 66, 107, 135, 210; Sino-American Commercial Treaty of 1903, 77, 78; Sino-American partnership, 165; Sino-American Treaty of 1894, 115; weakness of American position, 56, 202
Sino-French Treaty of 1858, 61
Sino-Japanese War, xi, 24, 199
Small Knife Society uprising, 18
Smith, Arthur, 147
Some Reasons for Chinese Exclusion, 113
South Manchurian Railway, 141
Spanish-American War, 23, 25, 34
sphere of influence (interest), xiv, 24–25, 45, 66, 67, 68, 80–81, 82, 141–142, 155, 167, 169, 175, 179, 186, 188, 191, 199, 200, 204, 206
Spring-Rice, Sir Cecil, 37, 38, 79, 186, 189
Standard Oil Company, 93, 121, 123
South Manchurian Railroad, 102, 103, 180
Straight, Willard, 148, 180, 209; and Harriman, 150; loan to China, 150, 151, 157; opposition to TR's China policy, 150, 160; opposition to Root-Takahira Agreement, 182–183
Sternburg, Hermann Speck von, 37, 38, 45, 89, 98, 99, 133
Stirling, Admiral Yates, 94, 96
Sun Yat-sen (Sun Zhongshan), 111, 208

Taft, William Howard, 37, 43, 123–124, 126, 148, 160, 170, 191–192; as acting Secretary of State, 166, 171; Far Eastern tour, 165–167
Taft-Katsura Memorandum, 167, 175, 186; as executive agreement, 169; as exchange of viewpoints, 173–174; as formal agreement, 169, 171; as secret agreement, 169; as threat to the Open Door, 174; interpretations of, 169; Japanese leaks of, 170
Takahira, Kogoro, 76, 97, 146, 159, 170, 173, 177, 179, 180, 186, 189, 191
Taiping Rebellion, 17, 56, 112
Tang Dynasty, 8
Tang Shaoyi, 148, 157, 181, 182, 183, 193; Manchurian bank scheme, 150, 151, 157
Tianjin, 16, 56, 92
Tianxia, 2
Tianzi, 3
Tongzhi Restoration, 18

Townley, Walter, 74
Treaty of Aigun, 56
Treaty of Beijing (1860), 56
Treaty of Nerchinsk, 56
Treaty of Portsmouth, 103, 107, 141, 142, 146, 155, 158, 168
Treaty of Shimonoseki, 24, 61
Treaty of Tarbagatai, 56
Treaty of Tianjin, 16, 122
Treaty of Wangxia, 14
Train, Charles J., 125
tributary system, 3–4, 9–10
"triple intervention", 25, 61, 79, 167, 169, 188
Tshingua College (University), 147

U.S.S. *Boston*, 13
U.S.S. *Callao*, 125, 128
U.S.S. *Constitution*, 13
U.S.S. *Monadnock*, 94, 125
U.S.S. *Oregon*, 94
U.S.S. *Wisconsin*, 94
U.S.S. *Vicksburg*, 59, 62–64
Ussuri River, 56

Van Buren, Martin, 13
Viceroy of Guangzhou, 124, 132

Ward, Frederick T., 17
Ward, John, 16
White, Henry, 37
Whittier, Charles A, 128
Williams, S. Wells, 12, 13
Wilson. *See* Huntington-Wilson
Wood, Leonard, 37, 41, 126, 188
Wu Tingfang, 42, 114, 115, 118, 136, 146

Xiamen (Amoy), 5, 97, 119

Yamen, 18, 111
"yellow peril", xii, xvi, 20, 38, 87, 136, 186
Yentai (Chefoo), 124
Yuan Shikai, 87, 119, 148, 151, 181–182

Zhang Zhidong (Chang Chih-tung), 42, 119
Zhoushan, 5

译后记

得知《1901—1909年的门户开放政策：西奥多·罗斯福与中国》即将出版，我的内心十分欣喜。中美关系是历史上重要的双边关系，也吸引了众多研究者的目光。本书系统地叙述了1901—1909年美国对华实施门户开放政策的背景及过程，探讨了西奥多·罗斯福等人当时的观点和态度。放眼百年后的今天，中美关系经历了各种高低起伏，迎来了全新的复杂局面。此时回溯历史，或许可以从前人的经验中找到方向。我一直相信，每一次翻译都是一趟学习的旅程。这次的旅程同样不乏大量的资料查阅，也让我对国与国之间的外交关系有了一些新的思考。或许，正如书中结语所说：懂得妥协，寻找伙伴，谨慎外交，做好战略规划，平衡各方利益，理解文化差异，才是当今外交政策成功的关键所在。

我撰写此文的初衷，是想专门感谢在翻译过程中帮助、支持过我的人们。首先要感谢我的学生——中山大学国际翻译学院的徐慧芬、张嘉敏、何平三位硕士研究生，他们为本书的初稿翻译提供了很大的帮助，现在三位同学均已毕业，祝他们前程似锦。感谢我院的美籍外教Garrett Thompson，拥有政治学背景的他帮助我对原著的表达理解得更加透彻。还要感谢老朋友李兆旭老师的引荐，让我结识了江苏人民出版社的康海源编辑。在整个翻译过程中,康编辑一直积极地与我沟通,也就书中的史实部分提供了宝贵建议。此书得以顺利出版,离不开他和出版社认真、细致的工作。

最后,我还想把此书献给我的父母,感谢他们对我的启蒙和照料。我爱他们。

希望诸位阅读愉快。如果您在阅读此书时对门户开放政策和中美关系多了一些兴趣和认识,我想,我的工作就有了价值和意义。

感恩。

赵嘉玉

写于2021年8月

"海外中国研究丛书"书目

1. 中国的现代化 [美]吉尔伯特·罗兹曼 主编 国家社会科学基金"比较现代化"课题组 译 沈宗美 校
2. 寻求富强:严复与西方 [美]本杰明·史华兹 著 叶凤美 译
3. 中国现代思想中的唯科学主义(1900—1950) [美]郭颖颐 著 雷颐 译
4. 台湾:走向工业化社会 [美]吴元黎 著
5. 中国思想传统的现代诠释 余英时 著
6. 胡适与中国的文艺复兴:中国革命中的自由主义,1917—1937 [美]格里德 著 鲁奇 译
7. 德国思想家论中国 [德]夏瑞春 编 陈爱政 等译
8. 摆脱困境:新儒学与中国政治文化的演进 [美]墨子刻 著 颜世安 高华 黄东兰 译
9. 儒家思想新论:创造性转换的自我 [美]杜维明 著 曹幼华 单丁 译 周文彰 等校
10. 洪业:清朝开国史 [美]魏斐德 著 陈苏镇 薄小莹 包伟民 陈晓燕 牛朴 谭天星 译 阎步克 等校
11. 走向21世纪:中国经济的现状、问题和前景 [美]D.H.帕金斯 著 陈志标 编译
12. 中国:传统与变革 [美]费正清 赖肖尔 主编 陈仲丹 潘兴明 庞朝阳 译 吴世民 张子清 洪邮生 校
13. 中华帝国的法律 [美]D.布朗 C.莫里斯 著 朱勇 译 梁治平 校
14. 梁启超与中国思想的过渡(1890—1907) [美]张灏 著 崔志海 葛夫平 译
15. 儒教与道教 [德]马克斯·韦伯 著 洪天富 译
16. 中国政治 [美]詹姆斯·R.汤森 布兰特利·沃马克 著 顾速 董方 译
17. 文化、权力与国家:1900—1942年的华北农村 [美]杜赞奇 著 王福明 译
18. 义和团运动的起源 [美]周锡瑞 著 张俊义 王栋 译
19. 在传统与现代性之间:王韬与晚清革命 [美]柯文 著 雷颐 罗检秋 译
20. 最后的儒家:梁漱溟与中国现代化的两难 [美]艾恺 著 王宗昱 冀建中 译
21. 蒙元入侵前夜的中国日常生活 [法]谢和耐 著 刘东 译
22. 东亚之锋 [美]小R.霍夫亨兹 K.E.柯德尔 著 黎鸣 译
23. 中国社会史 [法]谢和耐 著 黄建华 黄迅余 译
24. 从理学到朴学:中华帝国晚期思想与社会变化面面观 [美]艾尔曼 著 赵刚 译
25. 孔子哲学思微 [美]郝大维 安乐哲 著 蒋弋为 李志林 译
26. 北美中国古典文学研究名家十年文选 乐黛云 陈珏 编选
27. 东亚文明:五个阶段的对话 [美]狄百瑞 著 何兆武 何冰 译
28. 五四运动:现代中国的思想革命 [美]周策纵 著 周子平 等译
29. 近代中国与新世界:康有为变法与大同思想研究 [美]萧公权 著 汪荣祖 译
30. 功利主义儒家:陈亮对朱熹的挑战 [美]田浩 著 姜长苏 译
31. 莱布尼兹和儒学 [美]孟德卫 著 张学智 译
32. 佛教征服中国:佛教在中国中古早期的传播与适应 [荷兰]许理和 著 李四龙 裴勇 等译
33. 新政革命与日本:中国,1898—1912 [美]任达 著 李仲贤 译
34. 经学、政治和宗族:中华帝国晚期常州今文学派研究 [美]艾尔曼 著 赵刚 译
35. 中国制度史研究 [美]杨联陞 著 彭刚 程钢 译

36. 汉代农业:早期中国农业经济的形成　[美]许倬云 著　程农 张鸣 译　邓正来 校
37. 转变的中国:历史变迁与欧洲经验的局限　[美]王国斌 著　李伯重 连玲玲 译
38. 欧洲中国古典文学研究名家十年文选　乐黛云 陈珏 龚刚 编选
39. 中国农民经济:河北和山东的农民发展,1890—1949　[美]马若孟 著　史建云 译
40. 汉哲学思维的文化探源　[美]郝大维 安乐哲 著　施忠连 译
41. 近代中国之种族观念　[英]冯客 著　杨立华 译
42. 血路:革命中国中的沈定一(玄庐)传奇　[美]萧邦奇 著　周武彪 译
43. 历史三调:作为事件、经历和神话的义和团　[美]柯文 著　杜继东 译
44. 斯文:唐宋思想的转型　[美]包弼德 著　刘宁 译
45. 宋代江南经济史研究　[日]斯波义信 著　方健 何忠礼 译
46. 一个中国村庄:山东台头　杨懋春 著　张雄 沈炜 秦美珠 译
47. 现实主义的限制:革命时代的中国小说　[美]安敏成 著　姜涛 译
48. 上海罢工:中国工人政治研究　[美]裴宜理 著　刘平 译
49. 中国转向内在:两宋之际的文化转向　[美]刘子健 著　赵冬梅 译
50. 孔子:即凡而圣　[美]赫伯特·芬格莱特 著　彭国翔 张华 译
51. 18世纪中国的官僚制度与荒政　[法]魏丕信 著　徐建青 译
52. 他山的石头记:宇文所安自选集　[美]宇文所安 著　田晓菲 编译
53. 危险的愉悦:20世纪上海的娼妓问题与现代性　[美]贺萧 著　韩敏中 盛宁 译
54. 中国食物　[美]尤金·N. 安德森 著　马孆 刘东 译　刘东 审校
55. 大分流:欧洲、中国及现代世界经济的发展　[美]彭慕兰 著　史建云 译
56. 古代中国的思想世界　[美]本杰明·史华兹 著　程钢 译　刘东 校
57. 内闱:宋代的婚姻和妇女生活　[美]伊沛霞 著　胡志宏 译
58. 中国北方村落的社会性别与权力　[加]朱爱岚 著　胡玉坤 译
59. 先贤的民主:杜威、孔子与中国民主之希望　[美]郝大维 安乐哲 著　何刚强 译
60. 向往心灵转化的庄子:内篇分析　[美]爱莲心 著　周炽成 译
61. 中国人的幸福观　[德]鲍吾刚 著　严蓓雯 韩雪临 吴德祖 译
62. 闺塾师:明末清初江南的才女文化　[美]高彦颐 著　李志生 译
63. 缀珍录:十八世纪及其前后的中国妇女　[美]曼素恩 著　定宜庄 颜宜葳 译
64. 革命与历史:中国马克思主义历史学的起源,1919—1937　[美]德里克 著　翁贺凯 译
65. 竞争的话语:明清小说中的正统性、本真性及所生成之意义　[美]艾梅兰 著　罗琳 译
66. 中国妇女与农村发展:云南禄村六十年的变迁　[加]宝森 著　胡玉坤 译
67. 中国近代思维的挫折　[日]岛田虔次 著　甘万萍 译
68. 中国的亚洲内陆边疆　[美]拉铁摩尔 著　唐晓峰 译
69. 为权力祈祷:佛教与晚明中国士绅社会的形成　[加]卜正民 著　张华 译
70. 天潢贵胄:宋代宗室史　[美]贾志扬 著　赵冬梅 译
71. 儒家之道:中国哲学之探讨　[美]倪德卫 著　[美]万白安 编　周炽成 译
72. 都市里的农家女:性别、流动与社会变迁　[澳]杰华 著　吴小英 译
73. 另类的现代性:改革开放时代中国性别化的渴望　[美]罗丽莎 著　黄新 译
74. 近代中国的知识分子与文明　[日]佐藤慎一 著　刘岳兵 译
75. 繁盛之阴:中国医学史中的性(960—1665)　[美]费侠莉 著　甄橙 主译　吴朝霞 主校
76. 中国大众宗教　[美]韦思谛 编　陈仲丹 译
77. 中国诗画语言研究　[法]程抱一 著　涂卫群 译
78. 中国的思维世界　[日]沟口雄三 小岛毅 著　孙歌 等译

79. 德国与中华民国　[美]柯伟林 著　陈谦平 陈红民 武菁 申晓云 译　钱乘旦 校
80. 中国近代经济史研究:清末海关财政与通商口岸市场圈　[日]滨下武志 著　高淑娟 孙彬 译
81. 回应革命与改革:皖北李村的社会变迁与延续　韩敏 著　陆益龙 徐新玉 译
82. 中国现代文学与电影中的城市:空间、时间与性别构形　[美]张英进 著　秦立彦 译
83. 现代的诱惑:书写半殖民地中国的现代主义(1917—1937)　[美]史书美 著　何恬 译
84. 开放的帝国:1600年前的中国历史　[美]芮乐伟·韩森 著　梁侃 邹劲风 译
85. 改良与革命:辛亥革命在两湖　[美]周锡瑞 著　杨慎之 译
86. 章学诚的生平与思想　[美]倪德卫 著　杨立华 译
87. 卫生的现代性:中国通商口岸健康与疾病的意义　[美]罗芙芸 著　向磊 译
88. 道与庶道:宋代以来的道教、民间信仰和神灵模式　[美]韩明士 著　皮庆生 译
89. 间谍王:戴笠与中国特工　[美]魏斐德 著　梁禾 译
90. 中国的女性与性相:1949年以来的性别话语　[英]艾华 著　施施 译
91. 近代中国的犯罪、惩罚与监狱　[荷]冯客 著　徐有威 等译　潘兴明 校
92. 帝国的隐喻:中国民间宗教　[英]王斯福 著　赵旭东 译
93. 王弼《老子注》研究　[德]瓦格纳 著　杨立华 译
94. 寻求正义:1905—1906年的抵制美货运动　[美]王冠华 著　刘甜甜 译
95. 传统中国日常生活中的协商:中古契约研究　[美]韩森 著　鲁西奇 译
96. 从民族国家拯救历史:民族主义话语与中国现代史研究　[美]杜赞奇 著　王宪明 高继美 李海燕 李点 译
97. 欧几里得在中国:汉译《几何原本》的源流与影响　[荷]安国风 著　纪志刚 郑诚 郑方磊 译
98. 十八世纪中国社会　[美]韩书瑞 罗友枝 著　陈仲丹 译
99. 中国与达尔文　[美]浦嘉珉 著　钟永强 译
100. 私人领域的变形:唐宋诗词中的园林与玩好　[美]杨晓山 著　文韬 译
101. 理解农民中国:社会科学哲学的案例研究　[美]李丹 著　张天虹 张洪云 张胜波 译
102. 山东叛乱:1774年的王伦起义　[美]韩书瑞 著　刘平 唐雁超 译
103. 毁灭的种子:战争与革命中的国民党中国(1937—1949)　[美]易劳逸 著　王建朗 王贤知 贾维 译
104. 缠足:"金莲崇拜"盛极而衰的演变　[美]高彦颐 著　苗延威 译
105. 饕餮之欲:当代中国的食与色　[美]冯珠娣 著　郭乙瑶 马磊 江素侠 译
106. 翻译的传说:中国新女性的形成(1898—1918)　胡缨 著　龙瑜宬 彭珊珊 译
107. 中国的经济革命:20世纪的乡村工业　[日]顾琳 著　王玉茹 张玮 李进霞 译
108. 礼物、关系学与国家:中国人际关系与主体性建构　杨美惠 著　赵旭东 孙珉 译　张跃宏 译校
109. 朱熹的思维世界　[美]田浩 著
110. 皇帝和祖宗:华南的国家与宗族　[英]科大卫 著　卜永坚 译
111. 明清时代东亚海域的文化交流　[日]松浦章 著　郑洁西 等译
112. 中国美学问题　[美]苏源熙 著　卞东波 译　张强强 朱霞欢 校
113. 清代内河水运史研究　[日]松浦章 著　董科 译
114. 大萧条时期的中国:市场、国家与世界经济　[日]城山智子 著　孟凡礼 尚国敏 译　唐磊 校
115. 美国的中国形象(1931—1949)　[美]T.克里斯托弗·杰斯普森 著　姜智芹 译
116. 技术与性别:晚期帝制中国的权力经纬　[英]白馥兰 著　江湄 邓京力 译

117. 中国善书研究　[日]酒井忠夫 著　刘岳兵 何英莺 孙雪梅 译
118. 千年末世之乱:1813年八卦教起义　[美]韩书瑞 著　陈仲丹 译
119. 西学东渐与中国事情　[日]增田涉 著　由其民 周启乾 译
120. 六朝精神史研究　[日]吉川忠夫 著　王启发 译
121. 矢志不渝:明清时期的贞女现象　[美]卢苇菁 著　秦立彦 译
122. 明代乡村纠纷与秩序:以徽州文书为中心　[日]中岛乐章 著　郭万平 高飞 译
123. 中华帝国晚期的欲望与小说叙述　[美]黄卫总 著　张蕴爽 译
124. 虎、米、丝、泥:帝制晚期华南的环境与经济　[美]马立博 著　王玉茹 关永强 译
125. 一江黑水:中国未来的环境挑战　[美]易明 著　姜智芹 译
126. 《诗经》原意研究　[日]家井真 著　陆越 译
127. 施剑翘复仇案:民国时期公众同情的兴起与影响　[美]林郁沁 著　陈湘静 译
128. 华北的暴力和恐慌:义和团运动前夕基督教传播和社会冲突　[德]狄德满 著　崔华杰 译
129. 铁泪图:19世纪中国对于饥馑的文化反应　[美]艾志端 著　曹曦 译
130. 饶家驹安全区:战时上海的难民　[美]阮玛霞 著　白华山 译
131. 危险的边疆:游牧帝国与中国　[美]巴菲尔德 著　袁剑 译
132. 工程国家:民国时期(1927—1937)的淮河治理及国家建设　[美]戴维·艾伦·佩兹 著　姜智芹 译
133. 历史宝筏:过去、西方与中国妇女问题　[美]季家珍 著　杨可 译
134. 姐妹们与陌生人:上海棉纱厂女工,1919—1949　[美]韩起澜 著　韩慈 译
135. 银线:19世纪的世界与中国　林满红 著　詹庆华 林满红 译
136. 寻求中国民主　[澳]冯兆基 著　刘悦斌 徐硙 译
137. 墨梅　[美]毕嘉珍 著　陆敏珍 译
138. 清代上海沙船航运业史研究　[日]松浦章 著　杨蕾 王亦铮 董科 译
139. 男性特质论:中国的社会与性别　[澳]雷金庆 著　[澳]刘婷 译
140. 重读中国女性生命故事　游鉴明 胡缨 季家珍 主编
141. 跨太平洋位移:20世纪美国文学中的民族志、翻译和文本间旅行　黄运特 著　陈倩 译
142. 认知诸形式:反思人类精神的统一性与多样性　[英]G.E.R.劳埃德 著　池志培 译
143. 中国乡村的基督教:1860—1900 江西省的冲突与适应　[美]史维东 著　吴薇 译
144. 假想的"满大人":同情、现代性与中国疼痛　[美]韩瑞 著　袁剑 译
145. 中国的捐纳制度与社会　伍跃 著
146. 文书行政的汉帝国　[日]富谷至 著　刘恒武 孔李波 译
147. 城市里的陌生人:中国流动人口的空间、权力与社会网络的重构　[美]张骊 著　袁长庚 译
148. 性别、政治与民主:近代中国的妇女参政　[澳]李木兰 著　方小平 译
149. 近代日本的中国认识　[日]野村浩一 著　张学锋 译
150. 狮龙共舞:一个英国人笔下的威海卫与中国传统文化　[英]庄士敦 著　刘本森 译　威海市博物馆 郭大松 校
151. 人物、角色与心灵:《牡丹亭》与《桃花扇》中的身份认同　[美]吕立亭 著　白华山 译
152. 中国社会中的宗教与仪式　[美]武雅士 著　彭泽安 邵铁峰 译　郭潇威 校
153. 自贡商人:近代早期中国的企业家　[美]曾小萍 著　董建中 译
154. 大象的退却:一部中国环境史　[英]伊懋可 著　梅雪芹 毛利霞 王玉山 译
155. 明代江南土地制度研究　[日]森正夫 著　伍跃 张学锋 等译　范金民 夏维中 审校
156. 儒学与女性　[美]罗莎莉 著　丁佳伟 曹秀娟 译

157. 行善的艺术:晚明中国的慈善事业(新译本) [美]韩德玲 著 曹晔 译
158. 近代中国的渔业战争和环境变化 [美]穆盛博 著 胡文亮 译
159. 权力关系:宋代中国的家族、地位与国家 [美]柏文莉 著 刘云军 译
160. 权力源自地位:北京大学、知识分子与中国政治文化,1898—1929 [美]魏定熙 著 张蒙 译
161. 工开万物:17世纪中国的知识与技术 [德]薛凤 著 吴秀杰 白岚玲 译
162. 忠贞不贰:辽代的越境之举 [英]史怀梅 著 曹流 译
163. 内藤湖南:政治与汉学(1866—1934) [美]傅佛果 著 陶德民 何英莺 译
164. 他者中的华人:中国近现代移民史 [美]孔飞力 著 李明欢 译 黄鸣奋 校
165. 古代中国的动物与灵异 [英]胡司德 著 蓝旭 译
166. 两访中国茶乡 [英]罗伯特·福琼 著 敖雪岗 译
167. 缔造选本:《花间集》的文化语境与诗学实践 [美]田安 著 马强才 译
168. 扬州评话探讨 [丹麦]易德波 著 米锋 易德波 译 李今芸 校译
169. 《左传》的书写与解读 李惠仪 著 文韬 许明德 译
170. 以竹为生:一个四川手工造纸村的20世纪社会史 [德]艾约博 著 韩巍 译 吴秀杰 校
171. 东方之旅:1579—1724耶稣会传教团在中国 [美]柏理安 著 毛瑞方 译
172. "地域社会"视野下的明清史研究:以江南和福建为中心 [日]森正夫 著 于志嘉 马一虹 黄东兰 阿风 等译
173. 技术、性别、历史:重新审视帝制中国的大转型 [英]白馥兰 著 吴秀杰 白岚玲 译
174. 中国小说戏曲史 [日]狩野直喜 著 张真 译
175. 历史上的黑暗一页:英国外交文件与英美海军档案中的南京大屠杀 [美]陆束屏 编著/翻译
176. 罗马与中国:比较视野下的古代世界帝国 [奥]沃尔特·施德尔 主编 李平 译
177. 矛与盾的共存:明清时期江西社会研究 [韩]吴金成 著 崔荣根 译 薛戈 校译
178. 唯一的希望:在中国独生子女政策下成年 [美]冯文 著 常姝 译
179. 国之枭雄:曹操传 [澳]张磊夫 著 方笑天 译
180. 汉帝国的日常生活 [英]鲁惟一 著 刘洁 余霄 译
181. 大分流之外:中国和欧洲经济变迁的政治 [美]王国斌 罗森塔尔 著 周琳 译 王国斌 张萌 审校
182. 中正之笔:颜真卿书法与宋代文人政治 [美]倪雅梅 著 杨简茹 译 祝帅 校译
183. 江南三角洲市镇研究 [日]森正夫 编 丁韵 胡婧 等译 范金民 审校
184. 忍辱负重的使命:美国外交官记载的南京大屠杀与劫后的社会状况 [美]陆束屏 编著/翻译
185. 修仙:古代中国的修行与社会记忆 [美]康儒博 著 顾漩 译
186. 烧钱:中国人生活世界中的物质精神 [美]柏桦 著 袁剑 刘玺鸿 译
187. 话语的长城:文化中国历险记 [美]苏源熙 著 盛珂 译
188. 诸葛武侯 [日]内藤湖南 著 张真 译
189. 盟友背信:一战中的中国 [英]吴芳思 克里斯托弗·阿南德尔 著 张宇扬 译
190. 亚里士多德在中国:语言、范畴和翻译 [英]罗伯特·沃迪 著 韩小强 译
191. 马背上的朝廷:巡幸与清朝统治的建构,1680—1785 [美]张勉治 著 董建中 译
192. 申不害:公元前四世纪中国的政治哲学家 [美]顾立雅 著 马腾 译
193. 晋武帝司马炎 [日]福原启郎 著 陆帅 译
194. 唐人如何吟诗:带你走进汉语音韵学 [日]大岛正二 著 柳悦 译

195. 古代中国的宇宙论 ［日］浅野裕一 著 吴昊阳 译
196. 中国思想的道家之论:一种哲学解释 ［美］陈汉生 著 周景松 谢尔逊 等译 张丰乾 校译
197. 诗歌之力:袁枚女弟子屈秉筠(1767—1810) ［加］孟留喜 著 吴夏平 译
198. 中国逻辑的发现 ［德］顾有信 著 陈志伟 译
199. 高丽时代宋商往来研究 ［韩］李镇汉 著 李廷青 戴琳剑 译 楼正豪 校
200. 中国近世财政史研究 ［日］岩井茂树 著 付勇 译 范金民 审校
201. 魏晋政治社会史研究 ［日］福原启郎 著 陆帅 刘萃峰 张紫毫 译
202. 宋帝国的危机与维系:信息、领土与人际网络 ［比利时］魏希德 著 刘云军 译
203. 中国精英与政治变迁:20世纪初的浙江 ［美］萧邦奇 著 徐立望 杨涛羽 译 李齐 校
204. 北京的人力车夫:1920年代的市民与政治 ［美］史谦德 著 周书垚 袁剑 译 周育民 校
205. 1901—1909年的门户开放政策:西奥多·罗斯福与中国 ［美］格雷戈里·摩尔 著 赵嘉玉 译
206. 清帝国之乱:义和团运动与八国联军之役 ［美］明恩溥 著 郭大松 刘本森 译